JN086884

重要概念・用語・法令で学ぶ

SDGs/ESG経営とルール活用戦略

真和総合法律事務所
弁護士 高橋大祐

商事法務

はじめに

SDGs/ESG経営の「質」が問われる時代へ

　SDGs（持続可能な開発目標）やESG（環境・社会・ガバナンス）投融資が普及する中で，現在，多くの企業においてSDGs/ESG経営が掲げられ，SDGs/ESGと関連付けた商品・サービスも数多く提供されるようになっている。

　しかしながら，このような企業の取組みが環境・社会課題の解決に本当に役立っているのか不明であり，企業イメージを上げるために偽装を行う「SDGs/ESGウォッシュ」ではないかという懸念や批判も国内外で上がっている。

　世界は今，気候変動・コロナという2つの危機に直面し，貧富の格差が拡大し社会が分断され，各地で紛争が生じている。企業のパーパス（存在意義）が問われる中，企業には，株主のみならず，ステークホルダーの利益にも配慮すべきとする「ステークホルダー資本主義」が支持を拡大している。このような中で，企業は，いかにステークホルダーの利益に配慮しながら環境・社会課題を解決できるかが問われている。

　一方，社会が急速に変化する中で，企業も生き残りをかけて，自社を持続可能な組織に変革することも求められている。そのような中で，企業は，いかにSDGs/ESGに関するリスクを管理しつつ，機会を実現し，中長期的に企業価値を向上できるかも問われている。

　以上のように環境・社会課題の解決と企業価値の向上という企業に問われている2つの目標の達成をいかに両立させ，真の意味で持続可能性（サステナビリティ）を実現できるか，SDGs/ESG経営の「質」が問われるようになっている。

鍵はSDGs/ESGルールの戦略的活用（ダイナミック・コンプライアンス）

　環境・社会課題の解決を企業価値の向上にもつなげるための重要な鍵は，ダイナミックなSDGs/ESGルール形成のプロセスを分析し，そのルールを戦略的に活用することだ。

　企業は，SDGsの目標達成に向けて環境・社会課題の解決に貢献することが期待されている。しかし，現状のルールのままで企業の自主性に委ねているだけでは目標達成や課題解決は図れないという懸念から，近年，非常に速いスピードで，様々なSDGs/ESGルールが形成されている（**ルールの流動化**）。

　注意が必要なのは，企業活動に影響を与えるルールは，国内の法規制に限られないことだ。企業活動の国境を超えた環境・社会への影響が生じる中，海外の政府は，様々な手法により，自国のルールをその法域外の企業活動にも適用するようになっており，**ルールの国際的な交錯**が生じている。

　また，SDGs/ESGルールは，**国際規範**から，**調達基準**，**投融資基準**，**契約条項**，**規格・認証**，**ガイドライン**，**キャンペーン・イニシアチブ**などの**ソフトロー**に至るまで**多様化**し，取引ルールにも組み込まれている。このようなルール形成を担う**労働者・地域住民・消費者・NGO・企業・投資家**など様々な**ステークホルダー等**の動向が企業活動に多大な影響を与えている。

　以上のようなダイナミックなSDGs/ESGルール形成プロセスを分析した上で，ルールに戦略的に対応し活用することによってこそ，企業は，その直面するリスクを管理し，また取引先や投融資先としての魅力を高めて収益機会の実現にもつなげることができる。環境・社会価値と企業価値の双方を実現できる可能性が大きく広がる。本書ではこのようなルールの戦略的活用を，従来の法令遵守と異なる概念として，「**ダイナミック・コンプライアンス**」として整理している。

SDGs/ESG経営実践のための3つのステップ

　以上のSDGs/ESGに関する課題やルールの動向をふまえ，本書は，ESG/SDGs経営を実践するために，以下の3つのステップとこれに関連するテーマを提示し，解説している。

① **環境・社会価値の提供**：企業活動のステークホルダーへの影響に関して両面的に対応する

　　負の影響の対処として**サプライチェーンDD（人権・環境デュー・ディリジェンス）**，正の影響の促進として**SDGsインパクト管理**を実施することが重要である。

② **企業価値の創造**：SDGs/ESGリスクを管理しかつ機会を実現することを通じて，企業価値を向上させる

　　非財務情報開示を積極的に行い，かつ**ESG投融資／サステナブルファイナンス**を活用することが重要である。

③ **ガバナンス改革**：組織的な基盤として企業の**サステナブルガバナンス**を構築する

　ステークホルダー資本主義時代において，企業がステークホルダーの利益にも配慮した真の意味でサステナブルな経営を実現するためには，上記の通り，SDGs/ESG経営実践のためのステップとして，企業価値の創造のみならず，環境・社会価値の提供やサステナブルガバナンスの構築を重視する必要がある。ただし，環境・社会課題の解決を企業価値の向上にもつなげるためには，これら全てのステップを通じて，SDGs/ESGルールを戦略的に活用する「ダイナミック・コンプライアンス」の視点が重要となる。

重要概念・用語・ルールで学ぶ

　SDGs/ESGに関する多くの概念・用語・ルールは，グローバルに生み出されていることもあり，外来の英文字・カタカナ語でかつ抽象的なものが多く，わかりにくい。

　日々新しい概念・用語・ルールが次々と生み出されている中で，そ

れぞれがどのような関係にあるのかも理解が困難な場合もある。

　本書では，SDGs/ESGに関する重要概念・用語・ルールを網羅的・体系的に解説することも試みている。

本書が目指すもの

　以上をふまえ，本書は，SDGs/ESG経営やルール活用戦略を実践するための手引を解説している。

　サステナビリティ・経営戦略・法務・コンプライアンス・財務・監査・人事・調達・広報・IRなどに関わる幅広い企業関係者・専門家，これらの企業内外のプロフェッショナルを目指す学生・社会人の方々を広く対象としている。

　上述の通り，SDGs/ESGルールの戦略的な対応・活用を行っていくためには，SDGs/ESG経営において「法務」の視点を活用することも重要である。ただし，本書で説明する「ルール活用戦略（ダイナミック・コンプライアンス）」は，狭義の法令遵守とは性格を異にしており，法務関係者・法律実務家のみならず，全てのビジネスパーソンにとってより一層重要となるものだ。法務関係者・法律実務家も，企業価値の創造のために積極的な役割を果たすために業務の変革や他部門との協働が求められている。そのような観点から，本書は，SDGs/ESGにおける経営と法務の関係についても解説を行っている。

「SDGs/ESG経営」に関する考え方の相対性

　上述した「SDGs/ESG経営」やその一環としての「ルール活用戦略（ダイナミック・コンプライアンス）」の概念は，各人のバックグラウンドや経験に応じて異なり，過去から将来にわたって絶えず変化しているものであり，必ずしも普遍的・固定的な概念ではないことには留意願いたい。

　筆者は，米国・ドイツ・フランス・イタリアなどの欧米諸国に留

学し，メキシコ人弁護士のパートナーと結婚したことなどを通じて，公私ともに多様性に向き合う環境に身を置く機会をいただいてきた。弁護士として，企業法務・訴訟を含む法実務に広く関わる一方で，学際的なアプローチに基づく問題解決の重要性も強く自覚し，これを学んできた。

また，従来の弁護士の業務の枠組みを超えて，社外役員，サステナビリティ委員会委員，サステナビリティ関係のアドバイザー，苦情処理メカニズムの助言委員，ステークホルダーダイアローグの社外有識者など様々な役割で企業のSDGs/ESG経営をサポートする機会もいただいてきた。さらに，弁護士会・国際機関・政府・公的機関・企業団体・NGOなど多様なセクターにおける活動に関与し，SDGs/ESGに関連するルール形成にも関わらせていただいてきた。

以上のようなバックグラウンドの下で，現在に至るまで，企業・金融機関から国内外のコンプライアンス・サステナビリティ分野のご相談をいただいている。その際には，単なる適用法令の解釈・適用にとどまらない，ルールの国際的交錯・多様化・流動化への対応を意識した助言を行うよう心掛けてきた。

本書における「SDGs/ESG経営」とは，以上のような筆者の経験をふまえた執筆時点での１つの解釈であり，筆者もまた，今もなお，実務への関与を通じて学び続けている立場にあることをご理解いただきたい。

本書が，読者の皆様がそれぞれの経験・役割に応じた「SDGs/ESG経営」や「ルール活用戦略（ダイナミック・コンプライアンス）」を実践し，持続可能な社会の実現や企業価値の向上に貢献していくにあたっての一助となれば幸いである。

謝辞

本書の執筆内容の多くは，様々な方々にお世話になりながら私が続けているサステナビリティ・コンプライアンスに関する業務やそ

の他の活動を通じて得た知識や経験に基づいている。クライアント企業の皆様，業務や活動をご一緒させていただいている国内外の専門家・関係者の方々，所属事務所の同僚弁護士・事務局をはじめとする多くの方々に深く感謝したい。本書の企画についてお声がけいただき，編集作業にご尽力をいただいた井上友樹氏，澁谷禎之氏や宮尾悠子氏はじめ株式会社商事法務の皆様にも御礼申し上げる。最後に，いつも私に寄り添ってきてくれた家族，多様性に富んだカラフルな世界に私を導いてくれた妻のラケル，そしてSDGsが目指す先の未来に目を向けさせてくれる2人の息子ヨシヤ（義矢）とルカ（龍和）に感謝したい。

　2022年4月

高 橋 大 祐

目　次

▢ **第1部　総論　SDGs/ESG経営における**
　　　　重要概念・ルール・視点

第1　SDGsの概念・ルールと企業への影響⋯⋯⋯⋯⋯⋯⋯2

　1　SDGsとは何か⋯⋯⋯⋯⋯⋯⋯⋯⋯⋯⋯⋯⋯⋯⋯⋯2
　⑴　「2030アジェンダ」として掲げられた世界の目標⋯⋯⋯⋯2
　⑵　SDGsにおける持続可能性（サステナビリティ）の意味⋯⋯⋯2
　⑶　SDGsの目標達成を促す仕組みの整備⋯⋯⋯⋯⋯⋯⋯⋯2
　⑷　日本政府におけるSDGsの実施⋯⋯⋯⋯⋯⋯⋯⋯⋯⋯3

　2　企業にも求められるSDGsへの貢献⋯⋯⋯⋯⋯⋯⋯⋯4
　⑴　SDGsの各目標と企業活動の密接関連性⋯⋯⋯⋯⋯⋯⋯4
　⑵　2030アジェンダにおける企業の位置付け⋯⋯⋯⋯⋯⋯⋯4

　3　SDGsが企業にもたらすリスクと機会⋯⋯⋯⋯⋯⋯⋯4
　⑴　リスク⋯⋯⋯⋯⋯⋯⋯⋯⋯⋯⋯⋯⋯⋯⋯⋯⋯⋯⋯4
　⑵　機会⋯⋯⋯⋯⋯⋯⋯⋯⋯⋯⋯⋯⋯⋯⋯⋯⋯⋯⋯5

　4　SDGsに関するルール形成と企業への影響⋯⋯⋯⋯⋯5
　⑴　ビジネスと人権に関する指導原則⋯⋯⋯⋯⋯⋯⋯⋯⋯6
　⑵　気候変動に関するパリ協定とTCFD⋯⋯⋯⋯⋯⋯⋯⋯9

第2　ESGの概念・ルールと企業への影響⋯⋯⋯⋯⋯⋯⋯12

　1　ESGとは何か⋯⋯⋯⋯⋯⋯⋯⋯⋯⋯⋯⋯⋯⋯⋯⋯12
　⑴　PRIによるESG投資の提唱⋯⋯⋯⋯⋯⋯⋯⋯⋯⋯⋯12
　⑵　企業価値を関連付けられるESG要素⋯⋯⋯⋯⋯⋯⋯⋯14
　⑶　相互に関連するESGの各要素⋯⋯⋯⋯⋯⋯⋯⋯⋯⋯15

　2　ESG投資からサステナブルファイナンスへの拡大・多様化
　　⋯⋯⋯⋯⋯⋯⋯⋯⋯⋯⋯⋯⋯⋯⋯⋯⋯⋯⋯⋯⋯⋯15
　⑴　ESG投資資産の拡大⋯⋯⋯⋯⋯⋯⋯⋯⋯⋯⋯⋯⋯15
　⑵　ESG投融資／サステナブルファイナンスへの拡大⋯⋯⋯⋯16

(3) 新しいファイナンス手法の拡大 ································· 17

(4) ESG投融資拡大の要因 ······································· 17

3　ESGに関連したルール形成と企業への影響 ············· 18

(1) 非財務情報開示・評価ルール ······························· 18

(2) 各商品・投資手法に関する原則 ··························· 19

(3) サステナブルファイナンスの開示・分類規制 ··················· 19

(4) 2つのコードへのESGの組入れ ····························· 19

第3　SDGs/ESGルールの戦略的活用 ── ダイナミック・
　　　コンプライアンス ·· 20

1　環境・社会価値と企業価値をつなげるルールの形成 ········ 20

(1) SDGsとESGの重点の違い ································· 20

(2) 非財務情報開示におけるマテリアリティの違い ··················· 20

(3) ダイナミック・マテリアリティ：環境・社会価値と企業価値の流動
　　 的な関係 ·· 21

(4) ダイナミック・マテリアリティの原動力としてのルール形成 ··· 22

(5) 「ダイナミック・コンプライアンス」の視点の重要性 ············· 22

2　ダイナミックなSDGs/ESGルール形成プロセス ············ 23

(1) ルールの国際的交錯 ······································· 23

(2) ルールの多様化 ·· 24

(3) ルールの流動化 ·· 25

3　SDGs/ESGルールの活用及びルール形成への関与の重要性
　　 ·· 26

(1) ルールの活用 ·· 26

(2) ルール形成への参加 ······································· 27

4　「ダイナミック・コンプライアンス」の特徴 ················· 27

(1) 法令遵守との比較 ·· 27

(2) ダイナミック・マテリアリティとの比較 ··················· 28

第4　SDGs/ESG経営実践のための重要ステップ ············ 28

1　①環境・社会価値の提供：企業活動のステークホルダーへの
　　 影響に関して両面的に対応する ··························· 29

(1) 意義 ……………………………………………………………… 29

(2) 内容 ……………………………………………………………… 30

(3) ダイナミック・コンプライアンスの視点 …………………… 30

2 ②企業価値の創造：SDG/ESGリスクを管理しかつ機会を実
現することを通じて，企業価値を向上する ………………… 31

(1) 意義 ……………………………………………………………… 31

(2) 企業価値創造プロセス ………………………………………… 32

(3) ダイナミック・コンプライアンスの視点 …………………… 33

3 ③ガバナンス改革：組織的な基盤としてサステナブル
ガバナンスを強化する ………………………………………… 34

(1) 意義 ……………………………………………………………… 34

(2) 内容 ……………………………………………………………… 34

(3) ダイナミック・コンプライアンスの視点 …………………… 35

4 ステークホルダー等とのエンゲージメントの重要性 ……… 35

第2部　各論　SDGs/ESG経営の実践ステップと
関連ルールの動向・活用

第1章　サプライチェーンDD ………………………………………… 38

第1　サプライチェーンDDの意義 ………………………………… 38

1 SDGs/ESG経営における位置付け ………………………… 38

2 ダイナミック・コンプライアンスの視点 ………………… 38

第2　サプライチェーンDDに関するルール形成 ……………… 39

1 国際規範 ……………………………………………………… 39

(1) 指導原則が求める人権DD ………………………………… 39

(2) OECD多国籍企業行動指針 ………………………………… 41

(3) ILO多国籍企業宣言 ………………………………………… 41

2 海外規制の動向と影響 ……………………………………… 42

(1) 英国現代奴隷法 ……………………………………………… 43

目　次

⑵　EU非財務情報開示指令 ··· 45
⑶　フランス注意義務法 ··· 46
⑷　ドイツ・サプライチェーンDD法 ·· 47
⑸　EUサステナビリティ DD指令案（CSDDD） ······················ 48
⑹　米国関税法 ··· 50

3　日本国内の動向 ··· 52
⑴　東京五輪調達コードにおけるサプライチェーンDDの要請 ······· 52
⑵　ビジネスと人権行動計画における人権DDの推奨 ·················· 53
⑶　環境省の環境DDガイダンスの発表 ···································· 53
⑷　経済産業省の人権DDガイドラインの発表予定 ····················· 53

4　ソフトローの動向 ·· 53
⑴　サプライチェーンDDに関する基準・認証 ··························· 53
⑵　個別の商品に関する認証 ·· 54
⑶　格付・評価基準 ··· 55
⑷　マルチステークホルダーイニシアティブ（MSIs） ················· 55

第3　サプライチェーンDDの実務対応 ································ 55
1　OECD・DDガイダンスが提示する6つのDDステップ ····· 55
2　ステップ1：方針策定・体制整備 ·· 56
3　ステップ2：負の影響の評価 ·· 57
⑴　スコーピング（範囲確定作業） ·· 58
⑵　重大なリスク領域における詳細評価 ···································· 58
4　ステップ3：負の影響の停止・防止・軽減 ·························· 58
5　その他のステップ ··· 59
6　専門家の活用・ステークホルダーとの対話の重要性 ······· 60
7　DDを補完する契約条項の有益性 ······································ 61
8　サプライチェーンDDを通じたESGリスク管理 ·············· 62
⑴　DDとESGリスクの関係 ·· 62
⑵　ダイナミック・コンプライアンスの視点の重要性 ················· 63
⑶　リスクベース・アプローチに基づく対応の有益性 ················· 63

第2章　SDGsインパクト管理 ……………………………………… 66

第1　SDGsインパクト管理の意義 ……………………………… 66

　1　SDGs/ESG経営における位置付け ……………………… 66

　2　ダイナミック・コンプライアンスの視点 ………………… 66

第2　SDGsインパクト管理に関するルール形成と実務 …… 67

　1　SDGs貢献に関する行動指針「SDGsコンパス」 ………… 67

　2　社会的インパクトを定義するIMP共通規範 ……………… 68

　3　GIINによるインパクト測定・マネジメント（IMM）の
　　　推奨 …………………………………………………………… 70

　4　UNDP「SDGsインパクト基準」 ………………………… 70

　⑴　意義 …………………………………………………………… 70

　⑵　内容 …………………………………………………………… 71

　5　SIMI「社会的インパクト・マネジメント・ガイドライン」
　　　………………………………………………………………… 72

第3　インパクト投資／ファイナンスに関するルール形成と
　　　実務 …………………………………………………………… 73

　1　GIINによるインパクト投資の推進 ……………………… 73

　⑴　インパクト投資の定義 …………………………………… 74

　⑵　インパクト投資の4つの特徴 …………………………… 74

　⑶　インパクト投資の手法・ツールの提供 ………………… 74

　2　GSGによるインパクト投資の推進 ……………………… 74

　3　UNEP-FI「ポジティブインパクト金融原則」 ………… 75

　4　IFCインパクト投資の運用原則 …………………………… 77

　5　環境省「インパクトファイナンスの基本的考え方」 ……… 77

第4　EUタクソノミーに関するルール形成と影響 ………… 78

　1　タクソノミー導入の背景と影響 ………………………… 78

　2　EUグリーン・タクソノミー規則 ………………………… 79

(1)　タクソノミーの基準 ……………………………………………… 79

(2)　タクソノミーレポートの公表 ………………………………… 79

(3)　企業・投資家・金融機関の開示義務 ……………………… 80

　3　ソーシャルタクソノミー導入及びグリーンタクソノミー拡張
　　　の可能性 …………………………………………………………… 80

(1)　ソーシャルタクソノミーに関する報告書 ………………… 81

(2)　グリーンタクソノミーの拡張に関する報告書 ……………… 82

第3章　非財務情報開示 ……………………………………………… 85

第1　非財務情報開示の意義 ……………………………………… 85

　1　SDGs/ESG経営における位置付け ………………………… 85

　2　非財務情報開示に関する2つのマテリアリティ ………… 85

(1)　財務マテリアリティ …………………………………………… 86

(2)　環境・社会マテリアリティ …………………………………… 86

　3　ダイナミック・コンプライアンスの視点 ……………… 87

第2　非財務情報開示に関するルール形成 …………………… 87

　1　情報開示の国際的な枠組み ………………………………… 87

(1)　FSB・TCFD提言書 ……………………………………………… 88

(2)　IIRC統合報告フレームワーク ……………………………… 92

(3)　SASBスタンダード …………………………………………… 95

(4)　ISSBサステナビリティ基準 ………………………………… 96

(5)　GRIスタンダード ……………………………………………… 98

(6)　主要5団体による共同声明：ダイナミック・マテリアリティの提唱

　　………………………………………………………………………… 100

　2　非財務情報開示規制 ………………………………………… 101

(1)　EU非財務情報開示指令 ……………………………………… 101

(2)　その他のサプライチェーン開示規制 ……………………… 104

　3　日本国内の動向 ……………………………………………… 104

(1)　コーポレートガバナンス・コード ………………………… 104

⑵　価値協創ガイダンス ··105

⑶　開示府令 ···106

⑷　日弁連ESGガイダンス ··107

4　ESG評価機関の役割と種類 ···107

第3　非財務情報開示の実務対応 ·······································109

1　マテリアリティの種類に応じた開示とその流動性 ········110

2　ビジネスモデルをふまえたマテリアリティの特定 ········111

⑴　環境・社会マテリアリティの特定 ····································111

⑵　財務マテリアリティの特定 ···111

⑶　ダイナミックなルール形成の影響の分析と説明 ···············112

3　重要課題への対応状況の説明 ··112

⑴　環境・社会マテリアリティへの対応状況の説明 ···············112

⑵　財務マテリアリティへの対応状況の説明 ························113

⑶　SDGs/ESGルールの対応・活用状況の説明 ····················113

4　重要業績指標（KPI）の特定 ···113

⑴　意義 ···113

⑵　SDGs/ESGルールの参照 ···114

⑶　独自のKPIの設定の可能性 ··115

5　開示媒体 ···116

⑴　様々な開示媒体における開示の可能性 ····························116

⑵　開示媒体以外での情報開示 ··118

第4章　ESG投融資／サステナブルファイナンス ········120

第1　ESG投融資／サステナブルファイナンスの意義 ·····120

1　SDGs/ESG経営における位置付け ··································120

2　ダイナミック・コンプライアンスの視点 ·····················120

第2　ESG投融資／サステナブルファイナンスの種類と
原則 ··121

1　ESG投資の種類と関連原則 ···121

(1) 責任投資原則（PRI）による提唱 ･･････････････････････ 121

(2) ESG投資の種類 ･････････････････････････････････････ 122

2 **ESG債券の種類と関連原則** ･･････････････････････ 124

(1) グリーンボンド ･････････････････････････････････････ 125

(2) ソーシャルボンド ･･････････････････････････････････ 125

(3) サステナビリティボンド ････････････････････････････ 126

(4) サステナビリティリンクボンド ･･･････････････････････ 127

3 **ESG融資の種類と関連原則** ･･････････････････････ 127

(1) 責任銀行原則（PRB） ･･････････････････････････････ 128

(2) グリーンローン ･･･････････････････････････････････ 128

(3) ソーシャルローン ････････････････････････････････ 129

(4) サステナビリティリンクローン ･･･････････････････････ 129

4 **クライメート・トランジション・ファイナンス** ･･････････ 130

(1) ICMA「クライメート・トランジション・ファイナンス・ハンド
ブック」･･ 130

(2) 日本政府「クライメート・トランジション・ファイナンスに関する
基本指針」･･ 131

5 **インパクト投資／ファイナンス** ･･･････････････････････ 131

第3 **その他のESG投融資／サステナブルファイナンスに
関するルール**･･･････････････････････････････････････ 132

1 **受託者責任に関連するルール：スチュワードシップ
コード等** ･･ 132

(1) SSコードの概要 ････････････････････････････････････ 132

(2) SSコードとESGの関係の明確化 ･･･････････････････････ 133

(3) 価値協創ガイダンスにおけるESGの位置付け ･･････････ 134

(4) 日弁連ESGガイダンス ･･････････････････････････････ 135

2 **金融市場の安定化の観点からのルール──TCFD等** ･･････ 135

(1) TCFD策定の背景 ･･････････････････････････････････ 135

(2) NGFSの金融監督ガイドの発表 ･･･････････････････････ 135

(3) 金融庁による監督強化の可能性 ･････････････････････ 136

　3　責任ある企業行動に関するルール─赤道原則等 ············ 136
　⑴　投資家・金融機関にも求められる人権・環境DD ··············· 136
　⑵　プロジェクトファイナンスにおける赤道原則等 ················· 137
　⑶　OHCHRによる指導原則の適用の明確化 ····················· 138
　⑷　OECD多国籍企業行動指針の適用の明確化 ··················· 138
　⑸　日弁連ESGガイダンス ··································· 139
　4　EUサステナブルファイナンス規制 ························· 139
　⑴　 EUサステナブルファイナンス開示規則（SFDR） ·············· 139
　⑵　EUタクソノミー規則に基づく開示 ······················· 141
　⑶　SFDR規制技術基準（RTS）報告書 ······················ 142

第5章　サステナブルガバナンス ································ 145

第1　サステナブルガバナンスの意義 ······················ 145
　1　SDGs/ESG経営における位置付け ························· 145
　2　ダイナミック・コンプライアンスの視点 ····················· 145

第2　サステナブルガバナンスを巡るルール・議論の
　　　動向 ·· 146
　1　パーパス経営とステークホルダー資本主義への支持の拡大
　　　 ··· 146
　⑴　「パーパス経営」に対する注目 ··························· 146
　⑵　米国BRTによる「企業のパーパスに関する声明」 ·············· 147
　⑶　世界経済フォーラム「ダボス・マニフェスト2020」············ 148
　⑷　ステークホルダー資本主義に対する批判 ···················· 149
　2　企業統治ルールにおけるサステナビリティの考慮 ······· 149
　⑴　コーポレートガバナンス・コード（CGコード） ·············· 149
　⑵　会社法 ·· 152
　⑶　ICGNグローバル・ガバナンス原則 ······················· 153
　⑷　EUサステナビリティDD指令案 ························· 155

第3　サステナブルガバナンスに関する個別論点と
実務対応 ·· 155

1　サステナビリティ委員会等の組織体制の整備 ············· 156
(1)　概要・意義 ··· 156
(2)　関連ルール ··· 157
(3)　実践方法 ·· 157

2　独立専門家・ステークホルダーの活用 ····················· 159
(1)　概要・意義 ··· 159
(2)　関連ルール ··· 159
(3)　実践方法 ·· 159

3　取締役会・従業員の多様性の確保 ··························· 160
(1)　概要・意義 ··· 160
(2)　関連ルール ··· 161
(3)　実践方法 ·· 162

4　役員報酬へのサステナビリティ指標の組入れ ············· 163
(1)　概要・意義 ··· 163
(2)　関連ルール ··· 164
(3)　実践方法 ·· 164

5　従業員エンゲージメント ······································· 166
(1)　概要・意義 ··· 166
(2)　関連ルール ··· 167
(3)　実践方法 ·· 168

6　内部通報・苦情処理制度 ······································· 169
(1)　概要・意義 ··· 169
(2)　関連ルール ··· 170
(3)　実践方法 ·· 171

7　サステナビリティに関する株主総会対応 ··················· 173
(1)　意義 ··· 173
(2)　関連ルール ··· 173
(3)　実践方法 ·· 174

第6章　個別分野（環境・労働・人権・腐敗防止・地域経済）に関する重要概念・ルール……………178

第1　環境……………………………………………………178

　1　総論…………………………………………………178
　(1)　SDGsとの関係………………………………………178
　(2)　他の分野との関係……………………………………179
　2　気候変動……………………………………………179
　(1)　概要…………………………………………………179
　(2)　国際ルールの動向……………………………………180
　(3)　国内のルール動向……………………………………182
　3　循環経済（サーキュラーエコノミー）………………183
　(1)　概要…………………………………………………183
　(2)　国際ルールの動向……………………………………184
　(3)　国内ルールの動向……………………………………185
　4　森林・海洋・水及び生物多様性保全…………………187
　(1)　概要…………………………………………………187
　(2)　森林保全に関するルール……………………………187
　(3)　海洋保全に関するルール……………………………188
　(4)　水資源に関するルール………………………………188
　(5)　生物多様性に関するルール…………………………189
　(6)　個別の商品に関するルール…………………………189
　5　再生可能エネルギー…………………………………191
　(1)　概要…………………………………………………191
　(2)　海外ルールの動向……………………………………191
　(3)　国内ルールの動向……………………………………192

第2　労働……………………………………………………195

　1　総論…………………………………………………195
　(1)　SDGsが掲げる「ディーセント・ワーク」…………195
　(2)　国際労働基準と人権…………………………………195

　⑶　人的資本としての従業員 ································ 196
　⑷　他の分野との関係 ····································· 196
　2　個別課題 ··· 196
　⑴　同一価値労働同一報酬 ································ 196
　⑵　ハラスメント対策 ···································· 197
　⑶　長時間労働・メンタルヘルス対策 ···················· 197
　⑷　ギグワーカー・クラウドワーカー問題 ················ 198
　⑸　健康経営・ウェルビーイング経営 ···················· 198

第3　人権 ··· 201
　1　総論 ··· 201
　⑴　SDGsとの関わり ····································· 201
　⑵　指導原則に対する支持の拡大 ························ 201
　⑶　日本国内の動向 ····································· 201
　⑷　他分野との関係 ····································· 202
　2　個別課題 ··· 203
　⑴　現代奴隷・強制労働・児童労働 ······················ 203
　⑵　ウイグル問題 ······································· 204
　⑶　外国人労働者・技能実習生問題 ······················ 205
　⑷　コロナ危機と人権 ··································· 206
　⑸　気候変動と人権 ····································· 207
　⑹　AI・DXと人権 ······································ 208
　3　社会的に脆弱なグループの人権 ························ 210
　⑴　SDGs/ESG経営における意義 ························· 210
　⑵　女性の権利 ··· 210
　⑶　性的少数者（LGBT） ································· 212
　⑷　障害者の権利 ······································· 212
　⑸　子どもの権利 ······································· 213
　⑹　外国人 ··· 215
　⑺　人種・民族 ··· 216

第4　腐敗防止等 ··· 218

1　総論 ……………………………………………………… 218
(1)　SDGs 目標16と企業の関わり …………………………… 218
(2)　他の分野との関係 ………………………………………… 219
2　腐敗防止 ………………………………………………… 219
(1)　概要 ………………………………………………………… 219
(2)　関連ルール ………………………………………………… 220
3　紛争鉱物 ………………………………………………… 221
(1)　概要 ………………………………………………………… 221
(2)　関連ルール ………………………………………………… 221
4　その他 …………………………………………………… 222

第5　地域経済 …………………………………………………… 224
1　総論 ……………………………………………………… 224
2　個別課題 ………………………………………………… 225
(1)　地方創生SDGs …………………………………………… 225
(2)　地方公共団体による登録認証制度 …………………… 225
(3)　地方創生SDGs金融 ……………………………………… 225
(4)　持続可能な公共調達 …………………………………… 226
(5)　里山里海 ………………………………………………… 226

第3部　SDGs/ESG経営とルール活用戦略の実践方法

第1　Q&AでわかるSDGs/ESG経営における実務上の工夫 ……………………………………………………… 230
1　Q1：SDGs/ESG経営について経営陣からコミットメントを得るためにはどのような工夫が可能か？ ………… 230
(1)　SDGs/ESGルールの企業価値への影響を可視化する ………… 230
(2)　SDGs/ESGを取締役の善管注意義務に関連付ける …………… 231
(3)　SDGs/ESGの要素を役員報酬の決定において考慮する ……… 231
(4)　SDGs/ESGを企業の経営理念や既存の活動に関連付ける …… 231

(5)　社外役員・外部専門家等から協力を受ける ························· 232

2　Q2：様々な部門の役職員をSDGs/ESG取組みに巻き込む
　　　ためにはどのような工夫が可能か？ ··················· 232
(1)　社員研修の戦略的な活用 ······································· 233
(2)　社内手続規程の整備 ··· 234

3　Q3：法務担当者がSDGs/ESG取組みを実践するにあたって
　　　留意すべき事項は何か？ ····························· 234
(1)　SDGs/ESG取組みを法務機能の強化につなげる ················· 235
(2)　日常業務においてSDGs/ESG取組みを実践する ················· 236
(3)　従来の法務とSDGs/ESG課題対応の違いを理解する ··········· 237

4　Q4：リソースが十分ではない中小企業等がSDGs/ESG経営
　　　を推進するためにはどのような工夫が可能か？ ····· 237
(1)　経営者が強いリーダーシップを発揮する ······················· 237
(2)　マテリアリティの高さに応じたメリハリのある対応を徹底
　　　する ·· 238
(3)　外部のリソースを積極的に活用する（ガイダンス・外部機関・
　　　外部専門家） ·· 238
(4)　独自の取組みを推進・発信し，外部とつながる ················· 239

5　Q5：サプライチェーンDDにあたって，多数あるサプライ
　　　ヤーなどの取引先を，二次以下のサプライヤーも含め
　　　どのように管理すればよいか？ ························· 239
(1)　リスクベースでのサプライヤー管理の重要性 ···················· 240
(2)　サプライチェーンのリスク評価における工夫 ···················· 240
(3)　二次以下のサプライヤーに対する調査や影響力の行使における
　　　工夫 ·· 241
(4)　苦情処理メカニズム整備の有用性 ···························· 242

6　Q6：企業がステークホルダーからの苦情申立て・問題提起
　　　に対応し，ステークホルダーの救済に取り組むにあ
　　　たってどのような工夫が考えられるか？ ············· 242
(1)　DDと一体的なリスクベースの苦情処理 ························· 242

(2) 対話の重視と外部専門家の活用の検討 ……………………… 243
(3) 責任と救済の問題を分けて考える ……………………………… 243

7 Q7：企業の非財務情報開示にあたって環境・社会への負の
影響やESGに関するリスクを開示するためにはどのよ
うな工夫が考えられるか？ …………………………………… 244
(1) リスク情報を開示しないことの不利益を明確化する ………… 244
(2) リスク情報を開示することによる不利益を回避する ………… 245

8 Q8：SDGs目的達成に貢献する企業の事業活動を企業の収
益機会につなげるためにはどのような工夫が可能か？
………………………………………………………………………… 246
(1) 企業の既存の活動から発展させる ……………………………… 246
(2) 多様な役職員を巻き込む ………………………………………… 246
(3) SDGs/ESGルールを活用する …………………………………… 247

第2 事例を通じたステークホルダー対応の実践手法 …… 247
1 サプライチェーン上の人権問題とNGOとの対話 ………… 248
(1) 苦情内容の深刻度の評価 ………………………………………… 248
(2) 苦情処理の実践方法 ……………………………………………… 249
(3) 新疆ウイグル自治区の工場での問題である場合 ……………… 251
2 気候変動問題とアクティビスト株主との対話 …………… 252
(1) 問題の深刻度の評価 ……………………………………………… 252
(2) ESGアクティビスト株主対応の実践方法 ……………………… 253

コラム デュー・ディリジェンス（DD）とは何か ………………… 7
コラム ステークホルダー（利害関係者）とは誰か ……………… 8
コラム カーボンニュートラル（炭素中立）とは何か ………… 11
コラム エンゲージメントとは何か ……………………………… 13
コラム OECDによる日本企業のDD実務の事例分析 ………… 61
コラム サプライチェーンCSR条項の提唱 …………………… 64
コラム インパクト評価の意義に切り込む「企業における人間の安
全保障インデックス（CHSI）」……………………………… 82

コラム　日弁連ESGガイダンスとESGリスクの管理・開示……118
コラム　不祥事の予防・対応とESG投融資の役割………………142
コラム　サステナブルガバナンスにおける外部専門家の役割…175
コラム　ルーツとしての企業環境法務とステークホルダー合意
　　　　形成………………………………………………………193
コラム　SDGs/ESGルール形成が広げる労使間の対話協働の
　　　　可能性……………………………………………………199
コラム　ビジネスと人権に関する行動計画における合意形成…216
コラム　企業と投資家の対話を促す「贈賄防止アセスメント
　　　　ツール」…………………………………………………223
コラム　里山・里海と持続可能な地域の活性化…………………227
コラム　地政学リスクの高まりとSDGs/ESG経営の未来………255

　　用語集（事項索引）……………………………………………257

著者略歴

　真和総合法律事務所パートナー弁護士。法学修士（米・仏・独・伊）。日本証券アナリスト協会認定アナリスト（CMA）。

　企業・金融機関に対し，環境・労働・人権・腐敗防止・ガバナンスなどのESG分野やその他関連分野を含めグローバルコンプライアンス・サステナビリティに関する助言・危機管理・紛争解決を担当。

　日本弁護士連合会において，弁護士業務改革委員会CSRと内部統制PT副座長として「ESGガイダンス」，「人権DDガイダンス」，「海外贈賄防止ガイダンス」の策定に関わる。

　OECD金融企業局責任ある企業行動センター・コンサルタント，外務省「ビジネスと人権に関する行動計画に係る作業部会」構成員，ジェトロSDGs研究会委員，東京オリンピック・パラリンピック競技大会組織委員会「持続可能性に配慮した調達コード」通報受付窓口に係る助言委員会委員長なども歴任。

　国際法曹協会（IBA）ビジネスと人権委員会Vice Chair，第一東京弁護士会環境保全対策委員会委員長，海外贈賄防止委員会（ABCJ）運営委員，ビジネスと人権ロイヤーズネットワーク運営委員，CSOネットワーク評議員，2025年日本国際博覧会協会「持続可能な調達ワーキンググループ」委員も務める。

　主な関連著書に，「グローバルコンプライアンスの実務」（金融財政事情研究会，2021年），「日弁連ESGガイダンスの解説とSDGs時代の実務対応」（商事法務，2019年，共著）がある。

　環境（E）分野では上智大学法学部において企業環境法務，社会（S）分野では青山学院大学法学部においてビジネスと人権，ガバナンス（G）分野では国税庁税務大学校において商法・会社法に関連する講座も非常勤講師として担当している。

第1部

総論

SDGs/ESG
経営における
重要概念・
ルール・視点

第 1　SDGs の概念・ルールと企業への影響

1　SDGs とは何か

（1）「2030アジェンダ」として掲げられた世界の目標

　2015年，ニューヨーク国連本部において，「**国連持続可能な開発サミット**」が開催され，150を超える加盟国首脳の参加の下，その成果文書として，「我々の世界を変革する：持続可能な開発のための2030アジェンダ」（以下「**2030アジェンダ**」）が採択された。

　持続可能な開発目標（SDGs：Sustainable Development Goals），とは，この2030アジェンダにおいて掲げられた，2030年までの世界全体の環境・社会課題を解決するための**17の目標**である。各目標を具体化する**169のターゲット**も設定されている。

（2）SDGsにおける持続可能性（サステナビリティ）の意味

　2030年アジェンダの前文は，SDGsは，「誰一人取り残さない（no one will be left behind)」という誓約の下で，**全ての人々の人権を実現**することを目指すものであることを掲げている。

　また，SDGsの各目標は統合され不可分のものであり，経済，社会及び環境という三側面を調和させるものであることも言及している。

　このように「誰一人取り残さない」，「経済，社会及び環境の調和」という点が，SDGsにおける持続可能性（サステナビリティ）の意味するところである。

（3）SDGsの目標達成を促す仕組みの整備

　SDGsは目標にとどまり，法的拘束力のあるものではないが，目

図表 1-1　持続可能な開発目標（SDGs: Sustainable Development Goals）

（出典）国連広報センター

標達成を促すためのいくつかの仕組みを整備している。

　SDGsの各目標の達成度を測るための**グローバル指標**が設定されており[1]，各国における目標の達成度が測定され，可視化されている。

　また，2030アジェンダは，各国に，定期的にSDGsを巡る進捗に関する**自発的国家レビュー**（VNR：Voluntary National Review）を行うことを促しており，日本も定期的にレビュー結果を発表している。

（4）日本政府におけるSDGsの実施

　日本政府も，2016年，「SDGs推進本部」を設置し，**SDGs実施指針**を発表した（2019年に改定版を発表）また，毎年，**SDGsアクショ**

---

1) グローバル指標のフレームワークが国連総会において採択されている。
　　https://unstats.un.org/sdgs/indicators/indicators-list/

ンプラン（行動計画）も公表している。

　2016年実施指針の付表では，SDGsの各目標を達成するための具体的施策とその達成度を測るための指標と関係省庁が特定されている。

2　企業にも求められる SDGs への貢献

（1）SDGsの各目標と企業活動の密接関連性

　SDGsの目標は，図表1-1の3段のうち2段目に記載のある目標を中心に，企業活動と密接に関連している目標が多い。すなわち，**エネルギー（目標7）**，**経済成長・雇用（目標8）**，**インフラ・産業化・イノベーション（目標9）**，**都市（目標11）**，**消費・生産（目標12）**は企業活動と切り離すことができない。

　また，企業活動の環境・社会への影響が増大する中で，**水（目標6）**，**気候変動（目標13）**，**生物多様性（目標14・15）**，**平和・公正（目標16）**などの目標も，企業との関連性が深まっている。

　さらに，**目標17**は，SDGsの目標達成に向けた関係者間の連携を掲げており，企業にもSDGsの実施に向けた貢献が期待されている。

（2）2030アジェンダにおける企業の位置付け

　SDGsの根拠文書である「2030アジェンダ」67段落も，企業に対し，労働者の権利や環境，保健基準を遵守しつつ，SDGsの課題解決のための創造性とイノベーションを発揮することの期待が表明されている。

3　SDGs が企業にもたらすリスクと機会

（1）リスク

　企業がSDGsに逆行する行動をとった場合，SDGsに取り組むス

テークホルダー等から懸念を持たれ，顧客からの取引停止や投融資の引揚げなどを受けるリスクが生じている。このようなリスクは，後述の通り，サプライチェーンDDやESG投融資／サステナビリティファイナンスに関するルールが形成されている現在，顕在化している。

　また，第2章第6でも説明する通り，環境・人権・労働・腐敗防止などの分野はSDGsの目標と密接に関連しているところ，すでに企業に対する法規制などのルールが存在している。現状のルールではSDGsの目標が達成できないとの懸念から，より一層の取組を求めるルールが形成される可能性も高まっている。

（2）機会

　SDGsが，共通言語化する現在，企業がSDGsを本業に取り込み，SDGsの目標に整合した形で環境・社会課題の解決に資する製品・サービスを提供したり，事業プロセスを改善したりすることにより，市場の拡大やプロジェクト受注などの収益機会にもつながる可能性がある。

　特にサプライチェーンDDやESG投融資／サステナビリティファイナンスに関するルールが形成されている現在，取引先・顧客からの評価を高め競争優位性を確保し，また投資家・金融機関にとっての投融資先としての魅力を高めることにもつながり得る。

4　SDGs に関するルール形成と企業への影響

　SDGsに関連するグローバルルールとして，特に「ビジネスと人権に関する指導原則」と「気候変動に関するパリ協定とTCFD」があり，他の様々なSDGs/ESGルールに大きな影響を与えている。

（1）ビジネスと人権に関する指導原則
（A）指導原則が企業に求める人権デュー・ディリジェンス

　グローバルな企業活動のステークホルダーへの負の影響に関する懸念の高まりをふまえて，2011年に，国連人権理事会において「**ビジネスと人権に関する指導原則**」（UNGP: United Nations Guiding Principles on Business and Human Rights）[2] が全会一致で承認された。

　指導原則は，企業に**人権尊重責任**があることを明確にし，その責任を果たすために，企業に対し，企業活動が，ステークホルダーの人権に対して及ぼす負の影響を評価・対処するという，**人権デュー・ディリジェンス（人権DD）**を実施することを求めている。

　人権DDに関して特に重要な点は，自社やグループ会社のみならず，**調達先（サプライチェーン）**や**投融資先（インベストメントチェーン）**などの取引先を通じた間接的な人権への負の影響を防止することも求めていることである。

　なお，指導原則において企業が尊重すべき人権とは，「**国際的に認められた人権**」を基準としており，**国際人権章典**において表明された人権や**ILO中核的労働基準**が広く含まれる。そのため，企業の人権尊重には，環境・社会課題の対応が広く含まれる。DDの概念も，**人権・環境DD**に拡大している。

　2030アジェンダも，指導原則に基づく人権尊重を，SDGsの実施における企業の基本的責任として位置付けている[3]。

---

2) UN Guiding Principles on Business and Human Rights (https://www.ohchr.org/documents/publications/guidingprinciplesbusinesshr_en.pdf)。和訳はヒューライツ大阪ウェブサイト（https://www.hurights.or.jp/japan/aside/ruggie-framework/）を参照。
3) 「持続可能な開発のための 2030 アジェンダ」 67 段落（民間企業活動）。

column

デュー・ディリジェンス（DD）とは何か

　日本においてはデュー・ディリジェンス（DD）といえば，企業買収における調査を連想する読者も多いかもしれない。しかし，「デュー・ディリジェンス」とはそもそも相当な注意を意味し，企業が相当な注意を払うべき場面は企業買収の場面に限られず，事業活動全般に及び得る。

　特に，人権DDとは，第2部第1章でも説明する通り，企業活動の人権への負の影響（人権リスク）に関して影響評価，影響の停止・予防・軽減，追跡評価，情報開示を繰り返す動的なプロセスであり，「人権リスクの内部統制」とも評価できる（日弁連人権DDガイダンス参照）。

　DDは「相当な注意」や内部統制に関するものであるがゆえ，企業の注意義務や取締役の善管注意義務とも関連し得る。実際，第2部第6章で説明するオランダ・ハーグ地裁のシェル社に対する脱炭素判決は，人権DDを企業の注意義務の解釈基準として採用した。指導原則の原則17の解説でも，人権DDをしかるべく実行すること，申立てをされるような人権侵害への関与を回避するためにしかるべき手段を全て講じてきたことを示すことにより，企業が自社に対する訴訟リスクに対処する助けとなることを説明している。ただし，そのようなDDを実施する企業は，それをもって，人権侵害を引き起こし，あるいは助長することに対する責任から自動的にそして完全に免れると考えるべきではないとも注意している。

（B）サプライチェーンDDルールの拡大

以上の指導原則が要請する，サプライチェーンを通じて企業活動

のステークホルダー（利害関係者）への負の影響を対処するDDの要素は，**OECD多国籍企業行動指針**，**ILO多国籍企業宣言**など他の国際的な企業行動基準にも要素として組み込まれている。

　このような国際規範の形成を背景として，第2部第1章でも詳説するとおり，欧米諸国を中心に，人権・環境分野でのサプライチェーンDDを法的義務又は開示義務とする**サプライチェーンDD開示規制**が導入されている。

　また，後述の通り，**EUサステナブルファイナンス開示規則**では，投資家に対し，投融資の場面において，環境・社会への負の影響の防止に関する開示を求めている。

　以上のように，サプライチェーンやインベストメントチェーンを通じて環境・社会DDの要請が拡大している。その中で，日本企業も，欧米企業から直接的・間接的にこれらの規制の遵守を求められるという点で，実質的な影響を受けている。

column

ステークホルダー（利害関係者）とは誰か

　SDGs/ESG経営において頻出する概念に「ステークホルダー（利害関係者）」がある。しかし，何をもって企業と利害関係を有するといえるのかについては異なる考え方がある。

　ステークホルダーを「**企業活動によって影響を受ける主体**」と狭義にとらえる場合には，**労働者・地域住民・消費者**（これらの者を代理する**NGO**や**メディア**なども含む）が含まれるが，投資家が含まれるとは一般的に考えられない。企業活動のステークホルダーへの負の影響の評価・対処を求める指導原則におけるステークホルダーとは，この狭義の意味のステークホルダーを意味する。サステナビリティ報告に関する情報開示の枠組

GRIスタンダード2021年改訂版やEUサステナビリティDD指令案でも、ステークホルダーがこの狭義の意味であることが明記された。

ステークホルダーを「企業活動によって影響を受ける主体」のみならず**「企業に影響を与える主体」**も含むと広義にとらえる場合には、ステークホルダーには、労働者・地域住民・消費者のみならず、**投資家**や**取引先・顧客**[4] なども含まれることになる。

本書では、狭義の概念を**「ステークホルダー」**、広義の概念を**「ステークホルダー等」**と区別して使用する。

広義のステークホルダー（ステークホルダー等）
狭義のステークホルダー 労働者・地域住民・消費者等
取引先・投資家・金融機関

なお、関連する概念として、人権を享有する主体を意味する「ライツホルダー（権利保持者）」がある。ステークホルダーがライツホルダーであることをふまえて、人権DDにおいては、企業活動の人権への負の影響を評価・対処することが必要になる。

（2）気候変動に関するパリ協定とTCFD
（A）パリ協定が促す脱炭素社会への移行

SDGsが採択されたのと同じ年に、2020年以降の温室効果ガス排出削減等のための新たな国際枠組みとして**パリ協定**が採択された。

---

4) 取引先が中小の下請先・サプライヤーの場合には、企業活動によって影響を受ける主体として、狭義の意味の「ステークホルダー」にも含まれる可能性がある。

SDGs目標13の気候変動対策に関連するものである。パリ協定は，世界全体の長期目標として，**2℃目標**（産業革命後の気温上昇を2℃以内に抑えること）を設定し1.5℃に抑える努力を追求すること（**1.5℃目標**），そのために今世紀後半に**カーボンニュートラル**（人為的な発生源による排出量と吸収源による除去量との間の均衡）を実現することを明記した。その上で各国に排出削減目標の提出を義務付けている。

　日本も，2020年，首相の所信表明演説において，**2050年カーボンニュートラル**を宣言した。これをふまえ，2021年4月の気候サミットで，2030年度目標として温室効果ガスの**2013年度比46％削減**を目標とすることを宣言した。

　パリ協定は，**脱炭素社会への移行**を加速化するものであり，経済活動の主体である企業にも対応が求められている。企業の自主的な取組みに委ねているだけでは目標が達成できないという懸念から，企業の排出削減を促しまた義務付けるルールも急速に導入されている。このような脱炭素社会への移行は，企業にも様々なリスクや機会をもたらすものであり，企業には，移行に対応するための変革が求められている。

（B）TCFDが求めるリスク管理と非財務情報開示

　第2部第3章で説明する通り，気候変動リスクに関する情報の不透明性が市場不安をもたらし，金融危機を引き起こしかねないという問題意識から，各国政府の金融当局から構成される**金融安定理事会（FSB）**は，2017年，**TCFD（気候変動関連財務情報開示）**提言書[5]を公表し，企業や金融機関に対し，気候変動のリスク管理状況の開示のための枠組みを提示した。

---

5) Task Force on Climate-related Financial Disclosures Recommendations。原文は，https://www.fsb-tcfd.org/ 参照。（株）グリーンパシフィックが一部の文書について和訳を作成・公開している（https://www.fsb-tcfd.org/wp-content/uploads/2016/12/Recommendations-of-the-Task-Force-on-Climate-related-Financial-Disclosures-Japanese.pdf）。

TCFDは，脱炭素社会への移行が企業に生じさせるリスクとして，**政策・規制リスク，市場リスク，技術リスク及びレピュテーションリスク**を挙げる。企業が**シナリオ分析**を通じて様々なシナリオにおけるリスクを予測しこれを管理することを前提として，①**ガバナンス**，②**戦略**，③**リスク管理**，④**指標・目標**に関して情報開示を求めている。

　TCFDは，他の様々なESG非財務情報開示の枠組にも影響を与えている。また，各国で，企業に対し，TCFDをふまえた非財務情報開示を求めるルールも導入されている。日本でも，**コーポレートガバナンス・コード2021年改訂**により，プライム市場上場企業は，TCFDに基づく開示又はそれと同等の開示が求められた。

column

カーボンニュートラル（炭素中立）とは何か

　環境省の定義によれば，**カーボンニュートラル**とは，「市民，企業，NPO/NGO，自治体，政府等の社会の構成員が，自らの責任と定めることが一般に合理的と認められる範囲の温室効果ガス排出量を認識し，主体的にこれを削減する努力を行うとともに，削減が困難な部分の排出量について，他の場所で実現した温室効果ガスの排出削減・吸収量等を購入すること又は他の場所で排出削減・吸収を実現するプロジェクトや活動を実施すること等により，その排出量の全部を埋め合わせた状態」をいう。

　カーボン・ニュートラルにおいては，まず排出削減の努力を行うことが前提となっている。それでも削減が困難な部分については，**カーボンオフセット**，すなわち「他の場所で実現した温室効果ガスの排出削減・吸収量等を購入すること又は他の場所で排出削減・吸収を実現するプロジェクトや活動を実施する

ことで埋め合わせる」ことが許容されている。

　他の場所での活動により削減・吸収された温室効果ガスは，一定のルールに基づき定量化することで「**カーボンクレジット**」として認証される（日本では**J-クレジット制度**が整備）。認証されたカーボンクレジットについて売買が可能となる。

第2　ESGの概念・ルールと企業への影響

1　ESGとは何か

（1）PRIによるESG投資の提唱

　ESG投資（**サステナブル投資**）とは，投資家が投資先企業に対する投資判断や株主としての意思決定のプロセスにおいてESG（環境・社会・ガバナンス）の要素を組み込む投資手法をいう。

　ESG投資は，2006年に発足した**国連責任投資原則**（PRI：Principles for Responsible Investment）を中心に提唱されてきたものである。

　PRIは，①投資分析と意思決定のプロセスにESGの課題を組み込むこと（第1原則），②**アクティブ・オーナー**（活動的な株主）となり，**議決権行使・エンゲージメント**にESGの課題を組み入れること（第2原則），③投資先企業に対してESGに関する**非財務情報開示**を求めること（第3原則）など6つの原則から構成される。PRIに署名した投資家にはその実施が求められる。

エンゲージメントとは何か

SDGs/ESGにおいてはエンゲージメント（engagement）という用語が頻繁に使用されるが，この用語ほど日本語で同じ意味の用語を探すことが難しいものは他に見当たらない。

ケンブリッジ辞典[6] によれば，engagementは，結婚の約束，会合の約束，戦闘状態，関与，従事，愛着，雇用など，文脈に応じてかなり異なる意味で使用される。共通しているのは，「深い関係」を意味することである。

SDGs/ESG経営においては，企業と投資家・取引先・従業員その他のステークホルダーとの間の「エンゲージメント」が重要とされる。この文脈では，「エンゲージメント」は一般的に対話や協議という意味で使われるが，以下の通り，単なる対話・協議を超えた深い関係を築き上げることを目的している。

企業と投資家のエンゲージメントについては，第2部第4章で説明する通り，スチュワードシップ・コードにおいて，建設的な目的を持った対話（中長期的視点から投資先企業の企業価値及び資本効率を高め，その持続的成長を促すことを目的とした対話）が必要とされる。一方，PRIの第2原則が求めるエンゲージメントは，「ESGの慣行に影響を与えるあるいはESGの開示を改善するためのコミュニケーション」を意味する。

企業とステークホルダーのエンゲージメントについては，第2部第1章で説明する通り，指導原則は，企業に対し，人権・環境DDを通じて，「意義あるエンゲージメント」を求めている。このような協議は，企業活動から潜在的に影響を受けるステークホルダーの懸念を理解しこれに対応するために効果的に行わ

---

6) https://dictionary.cambridge.org/dictionary/english/engagement

れる必要がある。

　企業とサプライヤーなどの取引先のエンゲージメントも，第2部第1章で説明する通り，人権・環境DDの一環として行われる。この場合のエンゲージメントは，サプライヤーなどの取引先が人権・環境への負の影響に対処するように働きかけるという意味も含めて使用されることが多い。

　企業と従業員の間のエンゲージメントについては，第2部第5章で説明する通り，英国版コーポレートガバナンス・コードが示すように，従業員に企業の意思決定のプロセスに関与する機会を付与することも含めて使用されている。また，従業員の企業に対する愛着を示すものとして，「従業員エンゲージメント」という用語も使用される。

　以上のように，企業は，各ステークホルダー等との間で，目的をもってエンゲージメントを行うことがSDGs/ESG経営の鍵となる。

(2) 企業価値を関連付けられるESG要素

　ESGは，**企業の社会的責任（CSR）**が取り扱う課題と共通している。しかし，ESG投資を行う投資家の最終的な目的は，中長期的な企業価値の向上を通じた投資リターンの回収にあることから，企業価値と密接に関連付けられる。この点が，企業の本業ではない慈善活動なども含むCSRとは大きな違いがある。

　ESGの要素のうち**ガバナンス（G）**の要素が企業価値に影響を与えることは，従前より一般的に認識されていた。コーポレートガバナンス・コードも，企業価値を向上させるために，日本の成長戦略の一環として，策定されたものである。

　一方，**環境（E）・社会（S）**の要素については，企業価値にどのように影響するのか従前は明確ではなかった。しかし，前述の通り，

SDGsの採択やこれに関連するルール形成を通じて，環境・社会課題が企業に生じさせるリスクや機会が高まり，明確化されてきた。その結果，ESGの3つの要素が一体として企業価値に影響を与えるものとして着目されるようになった。ESGがSDGsと関連付けて言及されることが多いのもこれが理由である。

（3）相互に関連するESGの各要素

環境・社会（E・S）とガバナンス（G）は独立した要素ではなく，相互に影響を及ぼし合っていることにも留意が必要である。

ガバナンス（G）は，企業が環境・社会課題に組織的に対応するために必要な基盤として，環境・社会（E・S）に影響を与え得る。CSRに関する国際規格である**ISO26000**も，環境・社会分野の課題を解決するための共通基盤としての中核主題としてガバナンスを位置付けている。

一方，企業の環境・社会（E・S）の課題対応は，企業の存在意義（パーパス）を明確にし，経営者や役職員のモチベーションを向上し，ガバナンス（G）を強化することにつながる可能性もある。

2　ESG投資からサステナブルファイナンスへの拡大・多様化

（1）ESG投資資産の拡大

PRIに署名した投資家等は，年々増加しており，2021年時点で4000社を超えている[7]。

Global Sustainable Investment Review 2020によれば，2020年時点で全世界のESG投資に関連する資産は約35.3兆米ドルであった。日本でも，世界最大のアセットオーナーであるGPIF（年金

---

7) https://www.unpri.org/signatories/signatory-directory

図表 1-2　ESG 投融資／サステナブルファイナンスの種類

ESG 投融資／サステナブルファイナンス

ESG 投資／サステナブル投資	ESG 債券
・ネガティブ／排除的スクリーニング ・ポジティブ／ベスト・イン・クラスの 　スクリーニング ・規範に基づくスクリーニング ・サステナビリティ・テーマ投資 ・ESG インテグレーション ・議決権行使・エンゲージメント	・グリーンボンド ・ソーシャルボンド ・サステナビリティボンド ・サステナビリティリンクボンドなど ESG 融資 ・グリーンローン ・ソーシャルローン ・サステナビリティ・リンク・ローンなど

拡大

インパクトファイナンス
トランジション（移行）ファイナンス

積立金管理運用独立行政法人）が2015年にPRIに署名して以降，ESG
投資が急拡大しており，2016年の0.5兆米ドルから2020年2.8兆米
ドルに5倍以上増加している[8]。

　また，図表1-2のESG投資の項目に記載があるように，ESG投資
には様々な手法が存在している。

（2）ESG投融資／サステナブルファイナンスへの拡大

　ESG要素の考慮は，株式投資に加えて，**債券（ボンド）投資**，**融
資（ローン）**など様々な金融商品において行われるようになり，全
体として，**ESG投融資**又は**サステナブルファイナンス**と呼ばれるよ
うになっている（図表1-2参照）。

　2019年には，UNEP FIによって，銀行業務をSDGsとパリ協定が
定める社会的ゴールに整合することを目標に，PRIの銀行版として，
国連責任銀行原則（PRB：Principles for Responsible Banking）も

---

8)　　Global Sustainable Investment Review 2018

発足した。

（3）　新しいファイナンス手法の拡大

さらに，近年，財務的リターンと並行して社会的及び環境的インパクトを同時に生み出すことを意図する「**インパクト投資／ファイナンス**」や脱炭素への移行を行う企業に対する投融資として「**トランジション（移行）ファイナンス**」などの新たなファイナンス手法も，商品横断的に，導入されている。

（4）　ESG投融資拡大の要因

以上のようにESG投融資が近年急速に拡大している背景には以下の3つの要因が挙げられる。

（A）　ESGの企業価値との関連性の明確化

従前，ESG投資が拡大しなかった要因としては，ESG投資が，機関投資家が受託者として負っている投資リターンを最大化する受託者責任に反するという意見があったことにも基づく。米国労働省は，企業年金基金に関する**ERISA法**（Employee Retirement Income Security Act of 1974）の法解釈通知において，従前，ESG 投資は受託者責任に反するという見解をとっていた。

しかし，米国でも**2015年労働省通知**により投資判断においてESG要素を考慮することが許容された。また，前述のとおり，SDGs/ESGに関するルール形成を通じて，ESG要素が企業に生じさせるリスクや収益機会が広がり，明確化されてきた。その結果，**日本版スチュワードシップコード2020年改訂**では，投資判断にESG要素を考慮することがむしろ受託者責任に沿うという判断の下で，サステナビリティの考慮がスチュワードシップ責任の内容として明記された。さらに，2021年10月に発表された**米国ERISA法労働省規則案**ではESG要素を考慮することが中長期的な投資リターンにつながることが明確化された。

（B）金融監督の強化

　気候変動リスクの不透明性が金融危機を引き起こしかねないとい
う問題意識から，**金融安定理事会（FSB）**が**TCFD提言書**を公表し
た。投資家・金融機関は，金融当局の監督への対応の観点からも，気
候変動などのESGリスクの管理・開示が求められている。

（C）責任ある投融資の要請の高まり

　投資家・金融機関にも，指導原則などの国際規範に基づき，投融
資を通じて環境・社会に負の影響を及ぼさないように**人権・環境DD**
を実施することが期待されている。近年，市民社会からも，投資家・
金融機関による責任ある投融資に関する要請が高まっている。

3　ESG に関連したルール形成と企業への影響

　ESGに関連しても，以下の通り，非財務情報開示・サステナブル
ファイナンスなどに関する様々なルールが形成され，企業に影響を
与えている。

（1）非財務情報開示・評価ルール

　企業は，投資家・金融機関によるESG投融資にあたって，財務情
報だけではなく，ESGに関する非財務情報の開示を求められるよう
になっている。

　企業のESG非財務情報開示に関しては，前述したTCFDに加え
て，IIRC，SASB，GRIなど国際的な枠組みが導入されており，国
際会計基準を策定する**IFRS財団**が**ISSB**を設立することが発表され
サステナビリティ基準の検討が進められている。また，**ESG評価機
関**等は，企業が開示した非財務情報を基に，企業の取組みを評価し，
その結果を投資家などに提供している。そのため，企業が，投資家
からの評価を高めるためには，このようなルールをふまえた取組み・
開示が必要になっている。

また，EUでは**非財務情報開示指令**（**NFRD**：Non-Financial Reporting Directive）に基づいて，環境・労働・人権・腐敗防止に関する情報開示が法的にも義務付けられている。

(2) 各商品・投資手法に関する原則

ESG投資については**PRI**，ESG融資に関しては**PRB**が策定されている。また，例えば，**グリーンボンド原則**のような各商品・投資手法に応じて準拠すべき原則やガイドラインが策定されている。

(3) サステナブルファイナンスの開示・分類規制

ESG投融資／サステナブルファイナンスが急拡大する中で，金融商品が環境や社会への配慮を誇張しているという「**ESGウォッシュ**」に関する懸念が生じている。この懸念に対応するために，EUでは，2019年，**サステナブルファイナンス開示規則**（**SFDR**：Sustainable Finance Disclosure Regulation）が採択され，機関投資家もESG投融資に関して情報開示を義務付けられた。

また，並行して，サステナブルファイナンスの対象となる経済活動がいかなる場合にサステナブルといえるのかを分類する**タクソノミー規則**も2020年に採択されている。

(4) 2つのコードへのESGの組入れ

機関投資家の行動原則である**スチュワードシップ・コード2020年改訂**や上場企業の企業統治に関する行動原則である**コーポレートガバナンス・コード2021年改訂**においても，ESGに関する考慮や開示が明確に組み入れられた。

第3　SDGs/ESG ルールの戦略的活用 ── ダイナミック・コンプライアンス

1　環境・社会価値と企業価値をつなげるルールの形成

（1）SDGsとESGの重点の違い

　留意が必要なのは，SDGsとESGは，環境・社会課題を取り扱っている点では共通しているものの，その重点には違いがあることだ。

　SDGsは，主に環境・社会全体の価値を向上していくことに重点を置いている。これに対して，ESG投融資は，投融資先企業に対し，企業の環境・社会課題への対応を促しつつも，究極的には，中長期的な企業価値を向上するに重点を置いている。

　企業がSDGsへの貢献とESG投融資の活用の双方を促進するためには，ステークホルダーの利益に配慮し，環境・社会に価値を提供できるように事業活動を変革しつつも，これを企業価値の向上に効果的につなげる方法を模索する必要がある。

（2）非財務情報開示におけるマテリアリティの違い

　以上のSDGsとESGにおける重点の違いは，企業の非財務情報開示の対象となる重要課題（マテリアリティ）の違いにもつながる（詳細は，第2部第3章を参照）。

　図表1-3に示されるように，**財務マテリアリティ**とは，環境・社会問題がいかに企業価値に影響（リスク・機会双方を含む）を与えているかという観点からの重要課題である。投資家・金融機関は，ESG投融資において，この財務マテリアリティに特に関心を有している。

　環境・社会マテリアリティとは，企業活動がいかに環境・社会に

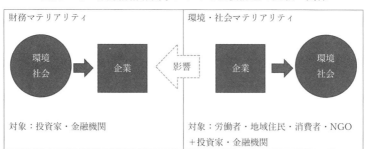

影響（正・負双方の影響を含む）を与えているかという観点からの重要課題である。労働者・地域住民・消費者・NGOは，この環境・社会マテリアリティに特に関心を有している。

　TCFD，IIRC，SASB，ISSB，GRIなどのESG非財務情報開示の枠組みやEU規制においては，いずれのマテリアリティを重視した開示を求めるか考え方が分かれている。

（3）ダイナミック・マテリアリティ：環境・社会価値と企業価値の流動的な関係

　非財務情報開示におけるマテリアリティの対立を克服するため，2020年，GRI, IIRC, SASBを含む主要5団体において「包括的な企業報告のための共同意思表明」[9] が発表された。

　この声明は，「ダイナミック・マテリアリティ」という概念を提唱している。従前は企業価値には影響がないと考えられていた環境・社会課題が，徐々に又は時には急速に，企業価値ひいては財務情報にも影響を与える可能性がある点で，マリテリアリティが動的（ダイナミック）な概念であることを主張し，これをふまえた包括的な企

---

9) Statement of Intent to Work Together Towards Comprehensive Corporate Reporting

業開示を推奨している。

　図表1-3の中央に描かれている矢印のとおり，環境・社会マテリアリティは，財務マテリアリティに影響を与える可能性がある。企業活動が環境・社会に負の影響を与えている場合には，ステークホルダー等の懸念・反発を招き，企業にとってのリスクとなり得る。一方，企業活動が環境・社会の正の影響を与えている場合には，ステークホルダー等から期待・評価を受け，企業にとっての機会を生み出す。そのような観点では，環境・社会課題の解決は，投資家・金融機関ひいては企業経営者にとっても重要な関心事項となり得る。

（4）ダイナミック・マテリアリティの原動力としてのルール形成

　それでは，上述した環境・社会価値が企業価値に影響を与えるダイナミック・マテリアリティはいかにして生み出されるのか。

　上述した環境・社会課題に関する「ステークホルダー等の懸念・反発・期待・評価」はルールとして具体化されることにより，企業活動にリスク・機会双方の面で大きな影響を与え，企業価値に影響を与える。

　ただし，ここで，説明するルールとは法規制のみを意味するものではない。以下で説明するように，SDGs/ESGルールは，国際的に交錯し，多様化し，そして流動化している。このようなダイナミックSDGs/ESGルールの形成こそ，ダイナミック・マテリアリティの重要な原動力となっている。

（5）「ダイナミック・コンプライアンス」の視点の重要性

　このことからすれば，ダイナミックなSDGs/ESGルール形成プロセスを分析し，ルールを戦略的に活用・対応することによってこそ，環境・社会課題の解決を企業価値の向上につなげることができる。

　以下ではこのようなプロセスを「ダイナミック・コンプライアンス」と位置付けて，具体的に説明する。

2　ダイナミックな SDGs/ESG ルール形成プロセス

　以下の通り，SDGs/ESGルールは，国内の法規制にとどまらず，国際的交錯，多様化，流動化し，様々な方法で企業に影響に与えており，これを分析することがダイナミック・コンプライアンスの出発点となる。

（1）ルールの国際的交錯
　企業活動のグローバル化・デジタル化が急速に進展する中で，企業活動の環境・社会に与える影響も国境を超えて生じている。このような問題に対処するために，各国の政府は，以下の通り，様々な手法により，自国のルールをその法域外の企業活動にも適用することを試みており，日本企業にも影響が生じている。

（A）サプライチェーンなどの取引先管理規制
　例えば，欧米諸国のサプライチェーン管理規制は，日本企業が当該規制の適用を直接受けない場合も，規制が適用される取引先の欧米企業から，サプライチェーン管理の一環として，当該規制の遵守を要求される可能性がある。

（B）規制の域外適用
　例えば，英国現代奴隷法は，英国で事業の一部を行っている非英国企業に広く域外適用される。また，人権侵害・腐敗に関与する個人・団体に制裁を科す米国OFAC規制（グローバルマグニツキー制裁）は，米ドル・米国企業・米国原産品などの米国接点がある場合に広く域外適用され，遵守が求められる。

（C）経済制裁・貿易制限措置
　例えば，米国関税法は，強制労働により生産された商品の輸入を制限している。日本企業は規制の適用を直接受けるわけではないものの，米国への輸出が制限されるという観点で，実質的に影響を受

図表1-4　SDGs/ESG ルールの多様化

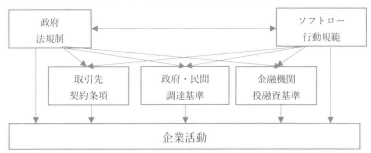

け得る。

（D）規制の調和

　例えば，パリ協定，TCFD，指導原則などのSDGsに関連するグローバルルールは，各国の規制を一定程度調和させている。日本もパリ協定をふまえて2050年カーボンニュートラル宣言を行うなど気候変動対策を強化し，TCFDに基づく開示を促進している。また，日本政府は,指導原則を実施するための行動計画を発表している。また，日本EU経済連携協定（EPA）のような貿易協定にもサステナビリティ条項が導入されており，その履行のための基準が強化される可能性もある。

（2）ルールの多様化

　図表1-4の通り，SDGs/ESGルールは，政府による規制のみならず，**調達基準**，**投融資基準**，**契約条項**，**規格・認証**，**ガイドライン**，**キャンペーン・イニシアチブ**などの**ソフトロー**に至るまで多様化しており，企業の取引ルールにも組み込まれ，企業活動に影響に及ぼしている。このようなルール形成には，**労働者・消費者・NGO・企業・投資家**など様々な**ステークホルダー等**が関与し，その利害関係や影響力に応じて企業活動に多大な影響を与えている。

　以下ではいくつかのルールについて，その特徴を解説する。

（A）国際機関が策定した規範・基準

国際機関や政府間組織が策定した行動規範（例:SDGs, TCFD, 指導原則，OECD多国籍企業行動指針，ILOの国際労働基準など）は，ソフトローであっても，各国の関与の下で策定した正当性の高いものであるため，各国法規制やその他の基準に大きな影響を与えている。

（B）契約条項・調達基準・投融資基準

企業を法的に拘束しないソフトローの基準であったとしても，特にこれが契約条項・調達基準・投融資基準などの取引ルールに組み込まれた場合には，企業はこれに違反をした場合に取引や資金調達に支障が生じるという観点でリスクとなる。

逆に，このようなルールに率先して対応していることを効果的にステークホルダー等に対し開示することができれば，取引先としての競争優位性や投融資先としての魅力を高める点で機会を生み出す。

（C）ステークホルダーの要求事項

NGOなどのステークホルダーによる企業に対する要求事項も，その内容が広く支持を受けている場合には注意が必要である。企業が当該要求事項に対応しない場合，キャンペーンの対象になり，企業のレピュテーションリスクに直接影響を生じさせる場合もある。

（3）ルールの流動化

SDGsに関して共通している認識は，現状をそのまま維持しているだけでは目標は達成できないことである。各目標達成のためには，政府の施策や企業慣行などが変わることが不可欠である。現状のルールのままで企業の自主性に委ねているだけでは目標達成や課題解決は図れないという懸念から，ルールが導入・強化される可能性が高い。

また，あるルールが他のルールに組み込まれる形で影響が生じる場合もある。

企業活動は一朝一夕に変わることが難しいのが一般的である。上

記のような変化に乗り遅れれば，企業には法的コスト・経済的な損失が生じてしまう可能性がある。そのため，今から将来を見据えた対応を検討しておく必要がある。

　ただし，どの程度目標が達成されるか，どの程度今後規制や市場環境が変容していくかについては，様々なシナリオが想定される。そのため，企業が強靭性を備えつつ，適時に変化に対応するためには，様々なシナリオをふまえ，将来の規制・市場環境の変化を想定した長期的な戦略や活動を検討していくことが重要である。

3　SDGs/ESG ルールの活用及びルール形成への関与の重要性

　2で詳述したようなダイナミックなSDGs/ESGルール形成プロセスを理解し，ルールを戦略的に活用することによってこそ，環境・社会課題の解決を企業価値の向上にもつなげることができる。

（1）ルールの活用
　SDGs/ESGルールは，受動的に対応するだけではなく，むしろ積極的に機会の実現や企業価値の向上のために活用することができる。

　特にSDGs/ESGルールが契約条項・調達基準・投融資基準などの取引ルールに組み込まれた場合には，企業がルールを率先して遵守することを積極的に開示することで，取引先としての競争力を高め，投融資先としての魅力を高めることができる。

　SDGsの目標達成に向けてルールが流動化する中で，将来のルールの変化を的確に予測し，環境・社会課題の解決に向けた事業活動を先手を打って推進すれば，競争優位性を確保し，収益機会を拡大できる可能性がある。

（2）ルール形成への参加

　企業が自社の先行者としての利益を確保するためには，自社が率先して取り組んでいる活動を，他社にも求めるべく，ルール形成に関与していくことが重要である。

　ルール形成とは，ロビイング活動のような政府の立法過程への関与のみを意味するものではない。

　ルールが多様化している現在，ソフトロー，契約条項，調達基準，投融資基準などの企業がルール形成に関与しやすいルールも多く存在する。契約条項に関しては，交渉によってその内容の変更の余地がある。調達・投融資基準に関しても，たとえ取引先・投資家・金融機関・ESG評価機関が提示する基準に形式的に合致していなくとも，企業が自社の個別的状況をふまえた取組状況を積極的に開示・説明することで，自社に有利な形でのルールを形成できる可能性がある。

　当該ルール形成がSDGs目標達成に資するものである限り，他のステークホルダー等からもこのような企業の活動に支持を得ることも可能なはずである。

4　「ダイナミック・コンプライアンス」の特徴

（1）法令遵守との比較

　以上で解説した「ダイナミック・コンプライアンス」は，従前の法令遵守とは，ルールへの対応という関連では共通しているものの，3つの観点で違いがある。

　第1に，国際的交錯・多様化・流動化するルールを，場所・種類・時間という3つの軸において，動的（ダイナミック）な性格を有するものとして多角的に分析する必要がある点である。

　第2に，ルールに受動的に対応するだけではなく，ステークホルダー等とコミュニケーションをとりながら，能動的にその活用・形

成に関与する必要がある点である。

　第3に，このようなルールの多角的分析や能動的な対応・活用には，法務担当者・法律実務家の知見を活かしつつも，部署横断的な対応が不可欠である点である。その意味で，ダイナミック・コンプライアンスは，全てのビジネスパーソンにとって重要になるものだ。法務関係者・法律実務家も，企業価値の創造のために積極的な役割を果たすために業務の変革や他部門・他分野の専門家との協働が求められている。

(2) ダイナミック・マテリアリティとの比較

　本書における「ダイナミック・コンプライアンス」は，非財務情報開示において提唱されている「ダイナミック・マテリアリティ」と関連しているものの違いもある。

　「ダイナミック・マテリアリティ」はマテリアリティが動的であるという現象を指すものである。

　これに対し，「ダイナミック・コンプライアンス」は，そのような現象の原因としてのダイナミックなルール形成プロセスを分析し，これを戦略的に活用する実務を指す点で，「ダイナミック・マテリアリティ」の概念を深堀りし，これに対応しようとするものである。

第4　SDGs/ESG 経営実践のための重要ステップ

　以上のSDGs/ESGに関する概念・ルールや企業の関わりをふまえると，企業が真の意味でサステナブルなSDGs/ESG経営を実践するためには，図表1-5のとおり，**環境・社会価値の提供，企業価値の実現，ガバナンス改革**に関わる3つのステップが重要である。第2部で解説する，サプライチェーンDD（第1章），SDGsインパクト管理（第2章），非財務情報開示（第3章），ESG融資／サステナブルファイ

図表 1-5　SDGs/ESG 経営実践のための重要ステップ

重要ステップ	第 2 部　各論での解説内容・箇所
① **環境・社会価値の提供**：企業活動のステークホルダーへの影響に関して両面的に対応する	第1章　サプライチェーンDD 第2章　SDGsインパクト管理
② **企業価値の創造**：SDG/ESG リスクを管理しかつ機会を実現することを通じて，企業価値を向上する	第3章　非財務情報開示 第4章　ESG投融資／サステナブルファイナンス
③ **ガバナンス改革**：組織的な基盤として企業のサステナブルガバナンスを構築する	第5章　サステナブルガバナンス
全てのステップ：「**ダイナミック・コンプライアンス**」の視点の重要性	各章でルール形成の動向を説明すると共に，第6章で個別分野（環境・労働・人権・腐敗防止・地域経済）のルール形成の動向についても解説。

ナンス（第4章），サステナブルガバナンス（第5章）はこれらのステップを実践する要素を構成する。

　いずれのステップにおいても上述したSDGs/ESGルールを戦略的に分析・対応・活用する「**ダイナミック・コンプライアンス**」が重要な視点となる。

　以下では，それぞれのステップの意義・概要・留意点を解説する。その詳細は，第2部各論の各章で説明することとする。

1　①環境・社会価値の提供：企業活動のステークホルダーへの影響に関して両面的に対応する

（1）意義

　世界は今，気候変動・コロナという2つの危機に直面し，貧富の格差が拡大し社会が分断され，各地で紛争が生じている。

　そのような中で，企業は，社会やステークホルダー等に対して価値を創造するために何を行っているのか**パーパス（存在意義）**が問われている。企業のパーパスは，株主のみならずステークホルダーにも価値を提供する点にもあるとする「**ステークホルダー資本主義**」の支持が拡大している（第2部第5章参照）。

　また，企業活動のステークホルダーへの負の影響に対処する**人権・環境DD**がルール化されている。また，企業価値のみを重視した企業の取組みには「**SDGs/ESGウォッシュ**」の批判も生じている。

　以上からすれば，企業には，環境・社会に価値を提供するために，企業活動のステークホルダーへの影響に関して両面的に対応することが求められている。本書では，あえてこのステップを，企業価値創造に先行して，SDGs/ESG経営の実践における最初のステップとして位置付けている。

（2）内容

　具体的には，ステークホルダーに対する負の影響を対処するにあたって，サプライチェーンを通じた**人権・環境DD**を実施する必要がある。その詳細は，第2部第1章**サプライチェーンDD**で説明する。

　ステークホルダーに対する正の影響を促進し，SDGsに貢献するにあたって，可能な限り客観的にその影響を測定・評価する必要がある。その詳細は，第2部第2章**SDGsインパクト管理**で説明する。

　なお，いずれの取組みにあたっても，影響を受け得る立場にあるステークホルダーが企業活動の影響を最も知り得る立場にあることから，ステークホルダーとの対話が重要となる。

（3）ダイナミック・コンプライアンスの視点

　第2部第1章で説明するように，人権・環境DDに関しては，指導原則の採択を契機として，他の国際規範，サプライチェーン管理・開示規制，貿易規制など様々なルールに組み込まれている。このよ

うなルールに対応し活用することが，企業自身のリスク管理・機会実現双方の観点からも重要になっている。

　また，第2章で説明するように，SDGsインパクト管理についても，「SDGs/ESGウォッシュ」を防ぐ観点から，インパクト投資／ファイナンスに関するルールが形成されている。EUではサステナブルファイナンス開示規則（SFDR）やタクソノミー規則などでは，サステナブルな経済活動の分類が具体化され，企業活動に影響を与えている。このようなルールに戦略的に対応し活用することで，ESG投融資の呼込みにもつながり得る。

2　②企業価値の創造：SDG/ESG リスクを管理しかつ機会を実現することを通じて，企業価値を向上する

（1）意義

　第1ステップで説明した企業の環境・社会価値の提供は，中長期的な観点で企業価値の維持・向上にもつながるものでなければ，企業にとって持続可能なものとはなり得ない。社会が急速に変化する中で，企業自身も生き残りをかけて変革を行い，自社の持続可能性を高めることが求められている。

　そのような観点で，企業は，SDGs/ESG経営において企業自身の企業価値を創造することも不可欠である。具体的には，**価値創造プロセス**を通じて，SDGs/ESGの**リスクを管理**しつつ，**機会を実現**し，中長期的に企業価値を向上することが必要である。企業の価値創造にあたっては，**非財務情報開示**を積極的に行いステークホルダー等の信頼を確保し，かつ**ESG投融資／サステナブルファイナンス**を活用することも重要となる。

　非財務情報開示の詳細は，第2部第3章で解説する。**ESG投融資／サステナブルファイナンス**の詳細は，第2部第4章で解説する。

図表 1-6　IIRC 統合報告フレームワークが提示した価値創造プロセス

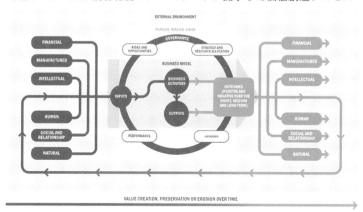

（出典）IIRC 統合報告フレームワーク 2021 年改訂版

(2) 企業価値創造プロセス

(A) IIRCフレームワークが提示する価値創造プロセス

　第2部第3章で詳説する通り，財務情報と非財務情報を統合的に報告する統合報告書の開示枠組みである**IIRC統合報告フレームワーク**は，図表1-6の通り，**オクトパスモデル**という**企業価値創造プロセス**を提示している。蛸足の先で記載されているのが，**人的資本・知的資本・社会関係資本**のような**無形資産**である。

　企業価値創造にあたっては，財務資本のみならず，企業がこのような無形資産をいかに創造するかも重要な視点となる。

(B) 価値創造ストーリー

　第2部第3章で詳説する通り，**経済産業省「価値協創ガイダンス」**は，図表1-7の通りIIRC統合報告フレームワークもふまえながら，**「価値創造ストーリー」**に関する6つの要素として①**価値観**，②**ビジネスモデル**，③**持続可能性・成長性**，④**戦略**，⑤**成果とKPI**，⑥**ガバナンス**を挙げている。このような枠組もふまえて，企業価値創造を検討し，かつ開示することも重要である。

図表 1-7 「価値協創ガイダンス」が提示する価値創造ストーリー

要素	
1. 価値観	企業理念，ビジョン，企業文化等の「価値観」は，進むべき方向や戦略を決定する際の判断軸
2. ビジネスモデル	競争優位性の確立・維持，企業の価値観〔1.〕を事業化し，"稼ぐ力"を示す設計図（青写真）
3. 持続可能性・成長性	企業として成長しつつ，持続的な価値創造を実現するために求められる要素→**ESG の要素やステークホルダーとの関係は，リスク要因，競争力の源泉**
4. 戦略	リスクに備えつつ，競争優位の源泉となる経営資源・無形資産やステークホルダーとの関係を維持・強化し，持続的なビジネスモデル〔2.〕を実現する方策
5. 成果と重要な成果指標（KPI）	自社がこれまで経済的価値をどのぐらい創出してきたか，経営者が財務的な業績をどのように分析・評価しているかを示す指標
6. ガバナンス	ビジネスモデル〔2.〕を実現するための戦略〔4.〕を着実に実行し，持続的に企業価値を高める方向に企業を規律付ける仕組・機能

　価値創造ガイダンスにおいて，ESGの要素やステークホルダーとの関係は，③持続可能性・成長性におけるリスク要因，競争力の源泉として位置付けられている。

　企業は，自社の価値観・ビジネスモデルもふまえながら，SDGs/ESGがもたらすリスク・機会を理解し，リスクを管理・機会を実現するための戦略を策定・実施していくことが必要となる。

(3) ダイナミック・コンプライアンスの視点
　前項第1で説明した環境・社会価値の提供を，本項で説明している企業価値創造におけるSDGs/ESGが企業にもたらすリスクの管理や機会の実現につなげていくためには，SDGs/ESGルールの形成の企業への影響を分析し，ルールを戦略的に対応・活用するという

「ダイナミック・コンプライアンス」の視点が不可欠である。

　また，第2部第3章・第4章で説明する通り，非財務情報開示やESG投融資／サステナブルファイナンスに関しても，現在，様々なルールが形成されており，これを対応・活用することも企業価値の向上の観点で重要である。

3　③ガバナンス改革：組織的な基盤としてサステナブルガバナンスを強化する

(1) 意義

　企業が，以上のように環境・社会価値の提供と企業価値の創造という2つの目的を同時に達成するためには，その組織的な基盤としてのガバナンスも変革・強化していく必要がある。

　第2部第5章サステナブルガバナンスで説明する通り，経営トップのSDGs/ESGに関するコミットメントを強化しつつ，組織としての意識決定の実効性・透明性・多様性・包摂性を高めるという観点で，**「サステナブルガバナンス」**を強化することが期待されている。

(2) 内容

　「サステナブルガバナンス」は，広義にはSDGs/ESG経営そのものを意味すると理解できるが，本書では，企業統治や組織体制に焦点を当てた狭義の意味で使用する。

　第2部第5章で説明する通り，サステナブルガバナンスの課題には，**①サステナビリティ委員会等の組織体制**，**②外部専門家・ステークホルダーの参加**，**③取締役会・従業員の多様性の確保**，**④役員報酬へのサステナビリティ指標の組入れ**，**⑤従業員エンゲージメント**，**⑥内部通報・苦情処理制度の強化**，**⑦サステナビリティを巡る株主総会対応**などが含まれるが，これに限られない。

（3）ダイナミック・コンプライアンスの視点

　サステナブルガバナンスにおいては，SDGs/ESGルールの分析・対応・活用を効果的に実施する観点から，組織体制の強化を検討することも有益である。

　また，第2部第5章で説明する通り，サステナブルガバナンスやその個別課題に関しては，企業統治に関するルールその他のルールが導入・強化されており，このようなルールに対応し活用することも企業価値の向上の観点で重要である。

4　ステークホルダー等とのエンゲージメントの重要性

　SDGs/ESG経営の実践やその一環としてのルールの戦略的活用（ダイナミック・コンプライアンス）においては，企業とステークホルダー等の間の関係性を理解し，ステークホルダー等と効果的にコミュニケーションをとっていくことが不可欠である。

　図表1-8は，上述したSDGs/ESG経営実践のためのステップが，ステークホルダー等との関係でどのように位置付けられるのかを示している。

図表 1-8　企業・ステークホルダー等との関係性

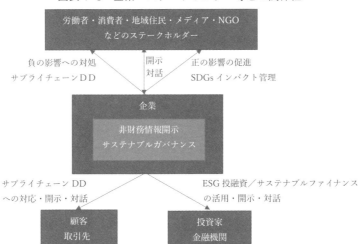

第2部

各論

SDGs/ESG 経営 の実践ステップと 関連ルールの 動向・活用

第 1 章
サプライチェーン DD

第 1　サプライチェーン DD の意義

1　SDGs/ESG 経営における位置付け

　企業活動の環境・社会やそれに関わるステークホルダーに対する負の影響に対処するためには，人権・環境への負の影響を評価・対処するプロセスである人権・環境DDの実施が必要である。

　人権・環境DDにおいては，自社の事業活動のみならず，サプライチェーン等の取引関係を通じた負の影響を評価・対処することが必要であり，サプライチェーン等の取引先管理が重要となる。

2　ダイナミック・コンプライアンスの視点

　指導原則の承認を契機として，DDに関する規制・ソフトローなど様々なルールが形成され，企業に影響を与えている。

　また，取引先・顧客のサプライチェーン管理，投資家・金融機関のサステナブルファイナンスなどにおいても，企業に対するDDの期待・要求が高まっている。

　労働者・地域住民・消費者などのステークホルダーやメディア・NGOにおいても，企業活動の環境・社会への負の影響に関する懸念が高まっていると共に，これに対処するための企業の取組みに対する期待・要求が高まっている。

　このようなステークホルダー等の動向やルール形成を理解し，ルールに積極的に対応し活用する形でDDを実施することで，企業自身のリスク管理や機会実現にもつながる。

第 2　サプライチェーン DD に関するルール形成

1　国際規範

（1）指導原則が求める人権DD
（A）人権DDの要素
　前述の通り，指導原則は，**人権尊重責任**を果たすために，企業活動が，ステークホルダーの人権に対して及ぼす負の影響を評価・対処するという，**人権デュー・ディリジェンス**（「**人権DD**」）を実施することを求めている。

　図表2-1-1の通り，人権DDは，**影響評価→影響の停止・防止・軽減→追跡調査→情報開示**を繰り返す動的なプロセスである。

　また，人権DDの前提として，**人権方針**の策定が要求される。また，人権への負の影響が実際に発生した場合には**是正・救済**やその協力が求められる。

図 2-1-1　人権 DD のプロセスとこれを支える手段

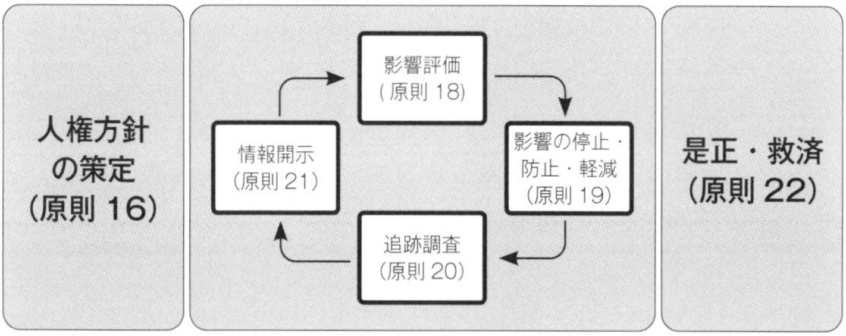

（B）サプライチェーンなどの取引関係を通じたDD

　図表2-1-2のとおり，指導原則は，企業と人権への負の影響の関係を「Cause（引き起こす），Contribute（助長する），Linkage（関係する）」の3つに分類し，サプライチェーンなどの取引関係先において人権侵害のリスクがある場合もその対処を求めている。

図表 2-1-2　企業と人権への負の影響の分類

企業の人権への負の影響の関係	企業に求められる行動
(1) 負の影響を引き起こしている場合（Cause）	影響の停止及び被害回復
(2) 負の影響を助長している場合（Contribute）	影響の助長の停止及び被害回復
(3) 負の影響と取引関係を通じてつながっている場合（Linkage）	取引先に対する影響力（Leverage）の行使

（C）指導原則の意義

　従来，企業にとって，各国法規制の水準を超えて環境・社会課題を取り組むことやサプライチェーン等を通じて環境・社会課題に関して働きかけを行うことは，企業の社会的責任（CSR）に基づく取組みとして，法的責任の範囲を超える倫理上の責任として位置付けられ，任意の自主的な取組みに委ねられていた。

　これに対し，指導原則は，図表2-1-3の通り，普遍的・前国家的な「人権」という概念を用いて，人権尊重責任を国内法令の遵守義務の上位規範として位置付け（原則11解説参照），人権尊重の取組みを国内法令の遵守に優先する「コンプライアンス課題」として対処することを要求した（原則23）。このように，CSRやサプライチェーン管理を企業の自主的取組みからコンプライアンス課題に昇華した点に指導原則の大きな意義がある。

図表2-1-3　CSRと人権尊重責任の比較

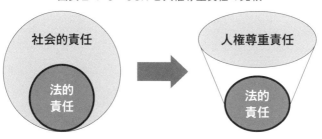

（2）OECD多国籍企業行動指針

　指導原則の承認と並行して，2011年に**OECD多国籍企業行動指針**（「**OECD指針**」）が改訂され，指導原則のDDの要素は，OECD指針にも組み込まれた。OECD指針は人権のみならず，環境・労働・腐敗防止などの様々な責任ある企業行動の分野に関する行動規範を規定している。OECD指針は，このような環境・社会分野が広くサプライチェーンを通じたDDの対象となることをより明確にした点に意義がある。

　OECDは，2018年，OECD指針が勧告するDDの内容を具体的に解説する「**責任ある企業行動のためのOECDデュー・ディリジェンス・ガイダンス**」（「**OECD・DDガイダンス**」）[1] を発表し，DDの方法をより具体化している。また，OECDは，紛争鉱物の調達をはじめセクター別のDDガイダンスも発表している。

（3）ILO多国籍企業宣言

　ILO多国籍企業宣言は，国際労働基準に根ざしつつ，ディーセント・ワークを実現するための企業の国際規範である。

　同宣言は，多国籍企業等に対し，一般方針，雇用，訓練，労働条

---

1) OECD Due Diligence Guidance for Responsible Business Conduct（https://www.oecd.org/investment/due-diligence-guidance-for-responsible-business-conduct.htm）

件・生活条件，労使関係の5つの分野に関する指針を示している。
2017年改訂により，指導原則に基づくサプライチェーンを通じた人
権DD等の要素も組み込まれている。

2　海外規制の動向と影響

　以上のような国際規範の形成を背景として欧米諸国を中心に，図
表2-1-4の通り，人権・環境分野でのサプライチェーン管理を法的
義務又は開示義務として課すルールが導入されている。以下では，特
に企業に影響を与えているルールの解説を行う。

図表 2-1-4　サプライチェーン DD・開示規制の概要

規制	時期	規制分野	規制内容
EU・RoHS 指令	2003 年採択・2011 年改正	有害化学物質	輸入禁止
EU・REACH 規則	2006 年採択	化学物質	認可・登録制度
米国・レイシー法	2008 年改正	違法伐採林	DD 義務・輸入禁止
EU・木材規則	2010 年採択	違法伐採林	DD 義務・輸入禁止
米国・紛争鉱物規制	2010 年採択	紛争鉱物	DD・開示義務
米国カリフォルニア州・サプライチェーン透明化法	2010 年採択	強制労働	開示義務
EU・非財務情報開示指令	2014 年採択	環境・労働・腐敗防止・人権	開示義務
英国・現代奴隷法	2015 年採択	強制労働	開示義務
米国・貿易円滑化貿易執行法	2016 年採択	強制労働・児童労働	輸入禁止
フランス・注意義務法	2017 年採択	人権・環境	DD 義務
EU・紛争鉱物規則	2017 年採択	紛争鉱物	DD・開示義務

オーストラリア・現代奴隷法	2018 年採択	強制労働	開示義務
オランダ・児童労働 DD 法	2019 年採択	児童労働	DD・開示義務
ドイツ・サプライチェーン DD 法	2021 年採択	人権・環境	DD 義務
EU サステナビリティ DD 指令案	2022 年提出	人権・環境	DD 義務

(1) 英国現代奴隷法
(A) 概要

　2015年に英国で採択された**現代奴隷法**[2] は，企業に対し，現代奴隷の排除に関する取組状況の開示を法的に義務付けるものであり，域外適用の余地も大きく，日本企業にも大きな実務影響を与えている。

　同法**54条**は，企業に対し，自社の事業及びサプライチェーンにおける現代奴隷の排除の取組状況に関する声明を毎年度発表することを要求している。また，英国内務省は，「**サプライチェーンの透明性に関する実務ガイド（Practical Guide）**」[3] を発表している。

(B) 域外適用の可能性

　日本企業を含む非英国企業も英国で事業の一部を行っていれば適用される。実務ガイド第3章は，「**明白な事業の実体（demonstrable business presence）**」があれば，事業の一部を行っていると判断されると規定する。2019年3月発表のガイダンス[4] では，その具体的な例示として，①英国登記所に登録している場合，②英国に事務所を有している場合，③英国でサービス・サポート機能を提供してい

---

2) Modern Slavery Act of 2015
3) Transparency in supply chains : a practical guide
4) https://www.gov.uk/guidance/publish-an-annual-modern-slavery-statement

る場合，④英国で所得を得ている場合，⑤ウェブサイトなど他の英国における目に見える事業の実体がある場合を広く列挙している。

（C）開示内容

法54条5項によれば，声明において開示すべき要素は以下の6つの要素である。これは，強制労働・人身取引の廃止の観点からの指導原則に基づく人権DDの実施のプロセスそのものを情報開示の要素として列挙していると評価でき，企業のDDを促すものとなっている。同法のDDのプロセスを情報開示の対象とする枠組みは，後述の通り，他のサプライチェーンDDや非財務情報開示ルールでも踏襲されている。

---

① 企業の組織，事業及びサプライチェーン

② 現代奴隷に関する方針

③ 自社の事業及びサプライチェーンにおける現代奴隷に関するDDプロセス

④ 現代奴隷が発生しているリスクのある自社の事業及びサプライチェーンの部分及び企業がリスクを評価・対処するために実施した手続

⑤ 適切と考えるパフォーマンス指標で測定した，自社の事業又はサプライチェーンで現代奴隷が発生していないことを確実にする手続の実効性

⑥ 従業員に対する現代奴隷に関する研修

（D）執行状況

英国現代奴隷法は，サプライチェーンDD・非財務情報開示に関するグローバルなルール形成に大きな影響を与えた[5]。その一方で，

---

5) 詳細は，拙著「英国現代奴隷法がもたらした『ゲームチェンジ』」経営管理93号（2019年）2頁参照。

法令執行上の課題も認識されており，現在，執行の強化や法改正が検討されている。

　2019年5月には，英国現代奴隷法に関する独立監査の最終報告書が発表された。法54条に関して，法改正を含めた様々な提言が行われている[6]。

　2019年9月には，英国Government Commercial Function及びCivil Serviceより，公共調達におけるガイダンス[7]が発表され，公共調達を通じてDDを実施することが規定された。

　2021年3月には，英国政府は，公的なレジストリーを設置し，企業に対しレジストリーへの声明の登録を推奨した。

　2021年6月には，現代奴隷法を改正する議員立法案が英国議会に提出された。改正法案は，開示内容を拡大すると共に，罰則を強化する内容になっている。

（2）EU非財務情報開示指令

　第5章で詳細に説明する通り，2014年にEUで採択された**EU非財務情報開示指令**（NFRD）[8]は，環境，労働，人権尊重，腐敗・贈賄防止，取締役会の多様性に関するサプライチェーンにおける非財務情報に関する情報開示を要求したものであり，EU加盟国各国で国内法化されている。

　また，2021年に欧州委員会よりEU非財務情報開示指令改正案が公表されたところ，DDのプロセスの開示を要求することを明確化している。

6）https://www.gov.uk/government/publications/independent-review-of-the-modern-slavery-act-final-report
7）Tackling Modern Slavery In Government Supply Chains
8）Directive 2014/95/EU

(3) フランス注意義務法
(A) 概要

　2017年にフランスで採択された**注意義務法**[9] は，フランスの大企業に対して，企業活動の人権・環境への影響に関するDDを義務付けたものであり，人権・環境DDそのものを世界で初めて法的に義務付けた点で重要な意義がある。

(B) DDの対象・内容

　企業がDDを実施すべき対象は，親会社自身，直接的・間接的な子会社（フランス商法L 233-16 II），及び安定的な取引関係を有している下請業者・サプライヤーが広く含まれる。

　企業は，DDに関する計画（Le plan de vigilance）を策定・実施・公表する必要があるところ，これには，以下のDDの要素が含まれている。

---

① リスクの認識，評価，分析のマッピング

② リスクマッピングに従って子会社や下請業者・サプライヤーの状況を定期的に評価する手続

③ リスクを緩和し，深刻な侵害を予防するための適切なアクション

④ 関係会社の労働組合代表者との協働を通じて潜在的・現実的なリスクを収集するための通報メカニズム

⑤ 実施措置をフォローアップしその効率性を評価するためのモニタリングスキーム

(C) 制裁

注意義務法が適用される企業がDDを実施していない又は実施が

---

9) Loi relative au devoir de vigilance des sociétés mères et des entreprises donneuses d'ordre（親会社及び支配力を有する会社によるデュー・ディリジェンスの義務に関する法律）であり，フランス商法を改正するもの

十分でない場合，いかなる関係者も，関係する管轄の裁判所に対し，訴訟を提起できる。

　裁判所から法令遵守の正式通知を受領した場合，企業はその義務を果たすために3か月の期間を与えられる。

　もし企業が3か月を経過した後も義務を遵守しなかった場合，裁判官は，1000万ユーロを上限とする民事制裁金を企業に対し，科すことができるとされている。

（4）ドイツ・サプライチェーンDD法

（A）概要

　2021年にドイツで採択された**サプライチェーンDD法**[10] は，ドイツの大企業に対して，企業活動の人権・環境への影響に関するDDを義務付けたものである。フランス・注意義務法と比較して，DDの内容をより具体化し，かつDDを実施しなかった場合の制裁も強化している。

（B）DDの対象・内容

　ドイツ・サプライチェーンDD法は，DDの範囲を自社の事業や直接的なサプライヤーのみならず，間接的なサプライヤーも含めている（ただしDDの義務は軽減）。また，DDの分野として，**人権（ILO基本条約，国際人権規約）**のみならず，**環境（特に水銀，残留性有機汚染物質，有害廃棄物の影響移動）**を含めている。

　また，企業に対するDDの要求事項を拡大，具体化している。

---

1. リスク管理システムの整備
2. 内部の責任者の指定
3. 定期的なリスク分析の実施
4. 方針書の提出

---

10) Entwurf eines Gesetzes über die unternehmerischen Sorgfaltspflichten in Lieferketten

5. 自己の事業，及び直接的なサプライヤーに対する予防措置の実施
6. 是正措置の実施
7. 苦情処理メカニズムの整備
8. 間接的なサプライヤーに関するリスクに関するDDの実施
9. 文書化及び報告

（C）制裁

　企業がサプライチェーンDD法に違反した場合，行政命令，公共調達からの排除，80万ユーロ以下又は平均年間売上高が4億ユーロ超の企業の場合は平均年間売上高の2％以下の制裁金など様々な制裁の対象となり得る。

（5）EUサステナビリティ DD指令案（CSDDD）
（A）概要

　EUで事業を行う一定規模の企業に対してバリューチェーンを通じた人権・環境DDを義務付ける**サステナビリティDD指令案**（**CSDDD**：Corporate Sustainability Due Diligence Directive）が，欧州委員会より，2022年2月に提出された。同指令案は，DDの義務付けに合わせて，気候変動への対応及び取締役の義務についても規定している。

（B）適用範囲

　適用範囲は，EU企業については，グループ1（500名超の従業員を有し，1.5億ユーロ超の全世界売上を有する企業）及びグループ2（250名超の従業員を有し，4000万ユーロ超の全世界売上を有する企業で，繊維・農業・採鉱などの高インパクト業種で一定割合以上の事業を行う企業）である。グループ2はグループ1の2年後に規制が適用される。

　非EU企業についても，EU域内での売上が1.5億ユーロ超である場合にはグループ1と同様に規制が適用される。EU域内での売上が

4000万ユーロ超で，高インパクト業種で一定割合以上の事業を行う場合にはグループ2と同様に規制が適用される。

（C）適用分野

　指令案は，人権への負の影響のみならず，環境への負の影響に関するDDを義務付けている。いかなる場合が人権・環境に対する負の影響に該当するかについては，指令案の付属書において特定されている。

（D）DDに関する要求事項

　DDの実施内容としては，(a) DDの方針への統合，(b) 負の影響の特定・評価，(c) 負の影響の防止・軽減・停止，(d) 苦情処理メカニズムの整備，(e) DDの方針・措置の実効性のモニタリング，(f) DDに関する情報開示が義務付けられている。

　DDの対象としては，自社及び子会社の事業に加えて，バリューチェーンにおける確立した取引関係が含まれる。バリューチェーンとは上流・下流の双方を含み，金融機関においては融資を含む（ただし中小企業融資を除く）。確立した取引関係は，直接・間接いずれの関係も含まれ得る。

　負の影響の防止のためには，ステークホルダーとの対話をふまえた予防策の策定に加えて，取引先との間で行動規範や予防策の遵守を義務付ける契約条項を導入することが求められる（取引先が同内容の契約条項を関連するバリューチェーンを通じて連鎖的に導入することを求めることも含む）。

　実際に生じた負の影響の停止のためには，ステークホルダーとの対話をふまえた是正策の策定に加えて，取引先との間で行動規範や是正策の遵守を義務付ける契約条項の導入に努めることが求められる（連鎖的な契約条項の導入も含む）。

　苦情処理メカニズムについては，自社及び子会社の事業やバリューチェーンにおける負の影響に関して，影響を受けた当事者，労働組合及び市民社会組織からの苦情を広く受け付けることが求めら

れる。

（E）気候変動対策

　企業には，気候変動への影響に対処するために，パリ協定における1.5度目標を達成するための移行に整合した計画の採択が求められる。この計画には，一定の場合には温室効果ガスの削減に関する計画を含むべきとされる。

（F）制裁

　本指令案の執行を確保するために，各国の監督当局において監督が行われる。監督当局は，違反の停止命令，制裁金などの行政処分，重大で回復し難い損害を回避するための仮処分を実施することが求められる。

　また，企業のDDの義務違反により被害が生じた被害者は，被害がEU域外で生じた場合であっても，当該企業に対して，民事上の責任を追及できる。

（G）取締役の義務

　取締役は，善管注意義務を果たすにあたって，その決定が人権，気候変動及び環境を含むサステナビリティに生じさせる結果を考慮することが求められる。また，取締役は，人権・環境DDを導入・監督し，取締役会に報告することが求められる。

（6）米国関税法

（A）概要

　米国関税法307条[11] は，強制労働によって生産された商品の米国への輸入を禁止している。しかし，同条には従前「**消費需要に関する条項（Consumptive Demand Clause）**」が存在し，米国の消費需要に応える観点から，米国内で同量商品が生産されていない場合には，一定の強制労働・児童労働によって生産された商品の輸入を認

---

11) Tariff Act of 1930 (19 U.S.C. § 1307)

められていた。

2016年に発効した**米国貿易円滑化貿易執行法**[12] は，消費需要に関する条項を廃止し，強制労働によって生産された商品について例外なく米国への輸入を禁止した。

同法により，米国に商品を輸入にするにあたって，禁輸措置を回避するために，サプライチェーンを通じて強制労働の有無に関するDDの実施が事実上求められる。

（B）　執行状況

強制労働によって生産された商品が米国に輸入されている，またはその可能性が高いと信じる理由がある場合，誰でも**税関国境取締局**（CBP：Custom and Boarder Protection）にその旨を通報できる。CBPは，情報が合理的に真実であると認められる場合は，**保留命令**（Withhold Release Order）を発することができる。結論を出すに十分な証拠が提供された場合，その正式な**認定**（Finding）を連邦官報上で発表する。

米国貿易円滑化貿易執行法の発効後，CBPは，より頻繁に，強制労働によって生産された疑いのある商品について保留命令を出すようになっている。特に新疆ウイグル自治区での少数民族に対する強制労働に対する懸念の高まりをふまえ，CBPは，2021年1月，新疆ウイグル自治区から調達された綿・綿製品，トマト・トマト製品に関して包括的に保留命令を発行し，企業実務にも大きな影響を与えている。さらに，2021年12月，**ウイグル強制労働防止法**[13] が採択され，新疆ウイグル自治区から調達された全ての製品が強制労働によって生産されたものとみなされ，輸入が原則として禁止された。

---

12) Trade Facilitation and Trade Enforcement Act of 2015
13) Uyghur Forced Labor Prevention Act

3　日本国内の動向

（1）東京五輪調達コードにおけるサプライチェーンDDの要請
（A）概要

　東京2020組織委員会は，2017年3月，「**持続可能性に配慮した調達コード**」を発表し，その後，逐次改訂された。調達コードの趣旨は，SDGs目標12である持続可能な消費及び生産の達成に貢献することに加え，指導原則をはじめ持続可能性に関わる国際規範を尊重する点にある。

　調達コードの遵守事項は，「4．持続可能性に関する基準」の通り，環境・人権・労働・経済というESGの各分野を広くカバーしている。

（B）サプライチェーンを通じた遵守の必要性

　調達コードは，「5．担保方法」に規定された方法に沿ってサプライチェーンを通じて遵守する必要があり，指導原則を意識した内容となっている。

　調達コード5（3）は，持続可能性に関連するリスクの高さに応じた調達コードの遵守体制の整備を要請している。その前提として，指導原則が要求する人権DDの手法の参照を推奨することが有益である旨規定している。

　調達コード5（5）は，サプライチェーンへの調達コード遵守に関する働きかけを要請しており，働きかけを確実なものとするために，調達契約等に**サステナビリティ条項**を導入することを推奨している。

　調達コード5（6）は，取組状況の記録化，5（7）は取組状況の開示を要請している。

（C）　執行体制

　調達コードの不遵守については，組織委員会のモニタリングと通報受付窓口に対する通報の双方を通じて認識される可能性がある。

　調達コード不遵守に関する通報を受け付け，対応するための通報

受付窓口も運用したところ，こちらも指導原則が要請する救済メカニズムを参照したものとなっている。

（2）ビジネスと人権行動計画における人権DDの推奨

2020年，日本政府は，指導原則を実施するための**ビジネスと人権に関する行動計画（NAP）**を発表した。NAP第3章においては，日本政府の日本企業に対する人権DDの期待が表明されている（詳細は第6章で解説）。

（3）環境省の環境DDガイダンスの発表

2020年，環境省は，OECDのDDガイダンスをふまえた環境DDに関するガイダンスとして，「**バリューチェーンにおける環境デュー・ディリジェンス入門**」を発表している。

（4）経済産業省の人権DDガイドラインの発表予定

2022年2月，経済産業省は，夏ころまでに，人権DDに関する業種横断的なガイドラインを策定することを発表している。

4　ソフトローの動向

（1）サプライチェーンDDに関する基準・認証

民間団体（業界団体,マルチステークホルダー組織）が策定した企業行動規範としては，**ISO26000，ETIベースコード，RBA行動規範，FLA職場行動規範**などが挙げられる。

これらの基準の多くは，サプライチェーン管理・DDにおける監査項目として活用されており，基準に準拠していることに関する認証制度も設けられている。

発行主体	基準	内容
ISO（国際標準機構）	ISO26000	CSR に関する国際規格。環境・人権・労働慣行・公正な事業慣行・消費者課題・コミュニティ参画及び開発
Ethical Trading Initiative（ETI：倫理取引イニシアティブ）	ETI ベースコード	ILO の国際労働基準をふまえた労働慣行に関する行動機関
Responsible Business Alliance（RBA 責任ある企業同盟）	RBA Code of Conduct(行動規範)	電子機器業界を中心としたサプライチェーンを対象とした環境，環境その他責任ある企業行動に関する基準
Fair Labor Association（厚生労働協会）	FLA Workplace Code of Conduct（事業場行動規範）	ILO の国際労働基準をふまえた労働慣行に関する規範
JEITA（電子情報技術産業協会）	責任ある企業行動ガイドライン	日本の電子機器業界を対象としたサプライチェーン全体の CSR を具現化するためのモデル行動規範

（2）個別の商品に関する認証

　個別の商品に関する国際認証としては，森林に関する**FSC**（Forest Stewardship Council：**森林管理協議会**）**認証**，漁業に関する**MSC**（Forest Stewardship Council：**海洋管理協議会**）**認証**，パーム油に関する**RSPO**（Roundtable on Sustainable Palm Oil：**持続可能なパーム油のための円卓会議**）**認証**，紛争鉱物に関して**RMI**（Responsible Minerals Initiative：**責任ある鉱物イニシアティブ**）**に基づく精錬所／精製所リスト**などが存在する（詳細は第6章参照）。

　いずれも，認証を取得することにより，サプライチェーンにおけるリスクの低減を確保できることから，サプライチェーン管理にあたって利用されることがある。

（3）格付・評価基準

　企業の人権DDを評価する基準として**CHRB（企業人権ベンチマーク）**がある。企業のサプライチェーンにおける強制労働の廃止の取組みを評価する基準として，**Know The Chain（KTC：サプライチェーンを理解せよ）**がある。CHRB，KTC共に，特定の業種の企業取組を点数化・ランキング化することにより企業の取組みを促している。

（4）マルチステークホルダーイニシアティブ（MSIs）

　企業及びその他のステークホルダーにおいて，サプライチェーンDDに関して合意を行う**マルチステークホルダーイニシアティブ（MSIs）**が採択されている。

　例えば，バングラデッシュで2013年に発生した縫製工場崩落事故である**ラナプラザ事件**を通じて，縫製工場での劣悪な労働環境が注目された。先進国のアパレルブランド企業が縫製工場から調達していたことが判明し，サプライチェーンを通じて人権侵害に加担しているとして国際的な批判が生じた。

　この事件を通じて，アパレルブランド企業は，サプライチェーン上にある縫製工場の労働環境や建物の安全性の改善について誓約を行う，**バングラデッシュアコード**を，労働組合などの他のステークホルダーとの間のMSIとして合意している。

第3　サプライチェーンDDの実務対応

1　OECD・DDガイダンスが提示する6つのDDステップ

　OECD・DDガイダンスでは，指導原則に基づく人権DDやOECD

図表 2-1-5　OECD・DD ガイダンスにおける DD の 6 つのステップ

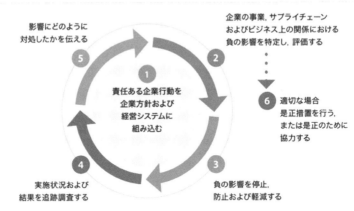

(出典) OECD・DD ガイダンス日本語版

多国籍企業行動指針をふまえて，DD等のプロセスを6つのステップ（**①方針策定・体制整備**，**②影響の評価**，**③影響の停止・防止・軽減**，④**追跡調査**，⑤**情報開示**，⑥**是正**）に分類している。

　人権・環境DDを実施するにあたっては，このステップに沿った取組みが国際規範との整合性の確保の観点から重要である。以下各ステップの留意点を説明する。

2　ステップ1：方針策定・体制整備

　人権・環境DDの前提として，人権方針を含むサステナビリティに関する方針を策定することが重要である（**OECD・DDガイダンスのステップ1**に該当）。

　人権方針に関しては，**指導原則の原則16**が以下の5つの基準を満たす必要があると規定している。この基準は，より広く環境・社会分野に関するサステナビリティ方針を策定するにあたっても参考となる。

> (a) 企業の最上級レベルで承認されている。
> (b) 社内及び／又は社外から関連する専門的助言を得ている。
> (c) 社員，取引先，及び企業の事業，製品又はサービスに直接
>   関わる他の関係者に対して企業が持つ人権についての期待を
>   明記している。
> (d) 一般に公開されており，全ての社員，取引先，他の関係者
>   に向けて社内外にわたり知らされている。
> (e) 企業全体にこれを定着させるために必要な事業方針及び手
>   続の中に反映されている。

　上記（c）の基準を満たす観点からは，企業全体の方針に加えて，サプライヤーその他の取引関係先に対する期待事項を明確にした調達方針を策定することも必要となる。

　また，このような方針に基づきDDを実施するための組織体制を整備することも重要である（詳細は，第5章サステナブルガバナンス参照）。

3　ステップ2：負の影響の評価

　次に企業活動の人権・環境への負の影響（人権・環境リスク）を評価するリスク評価が必要である（**OECD・DDガイダンスのステップ2**に該当）。

　リスク評価の上で，リスクの高い分野で重点的に対応を行うリスクベース・アプローチをとることは，指導原則などの国際規範に基づいて要求されるのみならず，実務上も有益である。すなわち，SDGs/ESG課題は広範な分野に及んでおり，全ての項目を一様に対応するには限界がある。サプライチェーンも含めた対応を検討した場合には，サプライヤーは多数かつ重層的に及ぶ場合が多くなおさら一様な対応は限界がある。DDを効果的・効率的に実施するため

には，リスク評価を前提に，リスクの高さに応じたメリハリのある
対応を取ることが有益である。

（1）スコーピング（範囲確定作業）

　リスク評価の出発点としては，企業の事業活動・サプライチェーンを通じて，スコーピング（範囲確定）のための全社的なリスク評価を実施することが必要となる。

　政府・NGOなど様々な主体が発行するレポート・データを活用したり，自社の事業部門・子会社・サプライヤー等に対してアンケート調査等を実施することにより，いかなるセクター，国・地域，製品及び取引先で特にリスクが高いかを評価し，重大なリスク領域を特定することが重要である。

（2）重大なリスク領域における詳細評価

　上記で特定した重大なリスク領域については，より詳細なリスク評価を実施する必要がある。

　詳細なリスク評価にあたっては，自社のサプライチェーンが原材料の調達に至るまでどのようにつながっているのかを遡る「**サプライチェーンマッピング**」を行うことも必要となり得る。また，契約関係の先にあるビジネス上の関係先（二次以下のサプライヤー）に関するリスク情報を取得することが必要な場合もある。

　重層的なサプライチェーンにおいては，「**コントロール・ポイント**」（例えば，紛争鉱物のサプライチェーンにおける精錬所・精製所）に対して，リスク情報の調査を行ったり，対話を行うことが有益である。

4　ステップ3：負の影響の停止・防止・軽減

　上記リスク評価の結果をふまえて，企業には，実際の又は潜在的な負の影響を停止・防止・軽減することが求められる（OECD・DD

ガイダンスのステップ**3**に該当)。

　前述の通り，(1) 負の影響を引き起こしている場合（**Cause**），(2) 負の影響を助長している場合（**Contribute**），(3) 負の影響と取引関係を通じてつながっている場合（**Linkage**）いずれであるかによって企業に求められる行動は異なる。自社ではなくサプライヤーなどの取引関係先が負の影響を生じさせている場合にも，当該サプライヤー等に対し影響力の行使が求められる。

　ただし，留意が必要なのは，指導原則は，サプライチェーン等において人権侵害が発生した場合に直ちに当該人権侵害を発生させたサプライヤー等との取引関係を終了させることを常には要求していないことである。安易に取引関係を終了することは人権侵害の状態を放置することになりかねない。むしろ様々な方法により影響力を行使して人権侵害企業に是正措置を求めることを推奨している（原則19解説，OECD・DDガイダンス30頁参照）。

　日本企業は，サプライチェーン等において，共存共栄の理念に基づき，サプライヤー等との中長期的な信頼関係を重視する傾向にある。企業は，発注企業に対し，問題を起こしたサプライヤー等に調達基準を**執行**（**Enforcement**）し直ちに排除するといった対応ではなく，**対話**（**Engagement**）を通じて忍耐強く是正を促したり，問題解決や能力強化を**支援**（**Empowerment**）したりするといった方法で働きかけを促す方が受け入れられやすいかもしれない。

5　その他のステップ

　以上の影響の評価・対処は継続的な取組みとして実施する必要があり，**OECD・DDガイダンスのステップ4**に該当する**追跡調査**が重要となる。

　また，**ステップ5**として，ステークホルダーに対しDDのプロセスに関して**情報開示**を行うことも必要となる（詳細は，第3章非財務情

報開示参照）。

　さらに，ステークホルダーに実際に負の影響が生じた場合には，**是正措置**を行い，又は是正に協力することが必要な場合がある。この**ステップ6**の是正のプロセスは，DDとは独立しつつもDDと関連しこれを支えるものとして位置付けられている。ステークホルダーからの苦情を受け付けて処理する**苦情処理メカニズムの整備**が，早期警報システムとしてリスク評価（ステップ2）のための情報収集に有益であると共に，是正のためにも必要となる（詳細は，第5章サステナブルガバナンスで説明）。

6　専門家の活用・ステークホルダーとの対話の重要性

　他の分野でのリスク管理と人権・環境DDが大きく異なるのは，人権・環境リスクが企業側のリスクではなく，ステークホルダー側が受ける負の影響のリスクを意味することである。すなわち，人権・環境リスクの評価にあたっては，「ステークホルダーが企業活動による影響をどのように受けているか」が重要な判断基準となる。企業がこれを独自に判断するとリスクを過小評価し，後になって適切な評価・対処を行わなかったとステークホルダー側から懸念・反発を招き，企業自身にとってもリスクが生じる危険性がある。

　そのため，指導原則は，人権DDにあたって，専門家の活用やステークホルダーとの対話を行うことを強く推奨している（原則18）。

```
column
```

OECDによる日本企業のDD実務の事例分析

　OECD責任ある企業行動センターは，日本企業の環境DDの実施状況に関して，OECD・DDガイダンスの各ステップと照合する事例分析を実施し，その結果を「環境デュー・ディリジェンス事例研究：日本企業の取組事例」として発表している[14]。筆者もOECDのコンサルタントとしてその調査や執筆を担当する機会をいただいた。

　この事例研究を通じて，多くの日本企業が，ステップ1方針策定やステップ2の影響評価のうちスコーピング（範囲確定作業）に関して，DDを意識せずとも，CSR調達や環境管理などの一環として取組みを進めていることが判明した。とはいえ，重大なリスク領域における詳細評価，ステークホルダーとのエンゲージメント，是正・救済などの取組については，いまだ課題も存在する。日本企業は，既存の実務を基礎としつつ，指導原則・OECD指針などの国際規範とのギャップを分析した上で，DDの取組みを強化していくことが期待される。

7　DDを補完する契約条項の有益性

　DDを補完する観点から，サプライヤー等との契約の条項を工夫することも有益である。契約条項は，サプライヤー等の取引先に対する期待を明確にし（ステップ1），リスク評価にあたってのサプラ

---

14) 日本語版は，https://mneguidelines.oecd.org/case-studies-on-environmental-due-diligence-case-japanese-version.pdf を参照。

イヤー等からの情報収集を可能にし（ステップ2），またサプライヤー
等に対する影響力の行使を容易にする（ステップ3）。OECD・DDガ
イダンスも契約条項の活用が有益であることを明記している。

　日弁連人権DDガイダンス第5章は，調達契約における**サプライ
チェーンCSR条項モデル条項**を提示している。これをふまえて，**東
京五輪調達コード**においても調達契約における**サステナビリティ条
項のモデル条項**が提示されている。

　留意が必要なのは，CSR条項は，人権・環境問題を引き起こした
取引先企業との取引を解消するための手段としてのみ利用されては
ならないことである。前述の通り直ちに契約を解消することは問題
を放置・悪化させることにつながりかねない。以上の観点から，日
弁連CSR条項モデル条項も，調達基準の違反の場合に，まず是正措
置を要求し，是正措置が取られなかった場合に初めて解除を認める
という段階的措置と規定している。

　さらに，報告義務，監査・調査権，情報提供義務などの情報促進
ツールを導入することで，企業間の情報交換を促進している。

　また，日本の企業文化になじみやすいように，サプライヤーへの
一方的な押付けではなく，サプライヤー・発注企業の共同の取組み
の促進を目的としていることも明記している。

8　サプライチェーンDDを通じたESGリスク管理

（1）DDとESGリスクの関係

　企業価値創造のための企業が直面するESGリスクの管理におい
ても，サプライチェーンDDの実施を起点とすることがその高度化
につながる。

　一般的に，企業活動が環境・社会に負の影響を与えている場合に
は，ステークホルダーの懸念・反発を招き，中長期的には企業自身
のリスクとなり得る。

　DDに関するルールが国際的に交錯・多様化し，企業に影響を与えている状況下では，負の影響が企業リスクに直結する可能性がある。

　一方，DDに関するルールが調達・投融資基準に組み込まれていることをふまえると，DDを適切に実施することにより，取引先との関係で競争優位性を確保し，投資家・金融機関との関係で投融資先としての魅力を高め，機会実現にもつながる。

(2) ダイナミック・コンプライアンスの視点の重要性

　ESGリスク管理にあたっては，DDを起点としつつも，企業自身のリスクの管理や機会の実現につなげる必要がある。

　そのために，上述したDDに関するルールの形成やステークホルダー等の動向が，企業活動にどのような影響を与えているのかを分析する必要がある。その上で，DDルールに対応し活用しながら，リスク管理や機会実現を図るというダイナミック・コンプライアンスの視点が重要となる。

(3) リスクベース・アプローチに基づく対応の有益性

　ESG課題は広範な分野に及んでおり，全ての項目に一様に対応するには限界がある。サプライチェーンも含めた対応を検討した場合には，サプライヤーは多数かつ重層的に及ぶ場合が多くなおさら一様な対応は限界がある。そのため，ESGリスク管理にあたっても，DDの実施と同様，自社の事業・サプライチェーンにおけるESGリスクを評価しESGリスクが高い領域で重点的な対応を行うリスクベース・アプローチを実施することが効果的・効率的である。

column

サプライチェーン CSR 条項の提唱

　筆者は，日本企業におけるサプライチェーン管理実務の向上のために，2013年に，環境法務のパイオニアである佐藤泉弁護士と共同で，NBL1001・1002・1003号に「サプライチェーンにおけるCSR法務戦略」と題する論稿を執筆する機会をいだいた。同論稿では，サプライチェーン契約におけるCSR条項モデル条項を提唱し，これまで多くの日本企業が導入してきた暴力団排除条項と比較分析しながらその留意点を論述した。

　幸運にも同論稿に関して「ビジネスと人権」のパイオニアである齋藤誠弁護士をはじめ多くの関係者から共感をいただき，発注企業・サプライヤーなど異なる立場にある多数の企業やNGOと対話を行い，CSRモデル条項をさらにブラッシュアップをして，日本弁護士連合会が2015年に発表した「人権デュー・ディリジェンスのためのガイダンス（手引）」の第5章に組み入れていただいた。

　従前は有形無形に行われてきたサプライチェーン管理を契約条項として明文化することにより，その法的・実務的課題があぶり出され，より具体的・実質的な議論が可能となった。CSR条項は，問題を引き起こした取引先企業との取引を解消するための手段としてのみ利用されてはならない一方で，発注企業とサプライヤーの共同取組推進のためのコミュケーションを促進するために活用できる可能性があることについて，共通理解を深めることができた。

　当時は，海外でもCSR条項のあり方に関して法的な議論がなされてきていなかったようであり，CSR条項の検討は海外の法律家・専門家からも注目いただき，国際法曹協会2014年年次大

会のショーケースセッション，国連ビジネスと人権2015年年次フォーラムでも発表の機会をいただいた。

　その後，2017年に発表された東京五輪調達コードでも，サプライチェーンへの働きかけやコミュニケーションのための調達契約におけるサステナビリティ条項の導入の有益性が明記され，調達コードの解説では，日弁連CSR条項を参考にサステナビリティ条項のモデル条項が掲載された。

　現在，多くの企業がサプライチェーン契約においてCSR条項やそれに準じた法的取決めを導入するようになっており，SDGs/ESGルール形成の進展を実感している。法律家としての知見が持続可能な社会の実現や企業実務の向上のために少しでも役立つのであれば幸いである。今後も，持続可能な社会の実現に向けて，少しでも貢献していきたい。

第 2 章
SDGs インパクト管理[15]

第 1　SDGs インパクト管理の意義

1　SDGs/ESG 経営における位置付け

　企業には，その事業を通じて，ステークホルダーに対し正の影響（インパクト）を促進し，環境・社会価値を提供することにより，SDGsの目的達成に貢献できる可能性がある。

　SDGsへの貢献に取り組むにあたって，そのインパクトを可能な限り客観的に測定・評価し，開示することによってこそ，ステークホルダーの利益に配慮し，環境・社会価値を提供することを確実にできる。

　本書では，SDGsへの正の影響を評価し，これを促進する取組みを「SDGsインパクト管理」と位置付けて，解説する。

2　ダイナミック・コンプライアンスの視点

　ステークホルダーへの正の影響を促進するという意味でのSDGsへの貢献は，負の影響の対処と比較すると，これまで企業の自主性に委ねられていた部分が多かった。そのため，第1章で説明したよ

---

15) 日本経済団体連合会「SDGs への取組みの測定・評価に関する現状と課題」（2021 年）を参照。

うにサプライチェーンDDに関してルール形成が進展・拡大してい
る状況とは異なり，SDGsインパクト管理に関するルール形成は，指
導原則に比類するような国際規範が存在しているとまでは言い難い。
　しかし，「SDGs/ESGウォッシュ」の批判も生じる中で，以下の
通り，SDGsインパクト管理に関するルール形成が，特に「インパ
クト投融資／ファイナンス」の発展と共に急速に進みつつある。EU
のサステナブルファイナンス開示規則（SFDR）やタクソノミー規則で
は，サステナブルな経済活動の分類を具体化しており，世界の投融
資や取引ルールに重大な影響を与えている。
　このようなルール形成を理解し，先立って対応・活用することで，
取引先として競争力を高め，ESG投融資の呼込みにもつながり得る。

第2　SDGs インパクト管理に関するルール形成と実務

1　SDGs 貢献に関する行動指針「SDGs コンパス」

　企業がSDGsを経営戦略と整合させ，SDGs への貢献を図るため
の行動指針として国際的に普及しているものが，グローバル・レポー
ティング・イニシアティブ（GRI），国連グローバルコンパクト
（UNGC），持続可能な発展のための世界経済人会議（WBCSD）が，
2016年に策定した「SDGsコンパス」である[16]。
　図表2-2-1のとおり，SDGsコンパスは，SDGs への貢献を測定・
管理するために，①**SDGsを理解する**，②**優先課題を決定する**，③**目
標を設定する**，④**経営へ統合する**，⑤**報告とコミュニケーション**を行

16）https://sdgcompass.org/wp-content/uploads/2016/04/SDG_
Compass_Japanese.pdf

図表 2-2-1　SDGs コンパスが提示する 5 つのステップ

ステップ	
第 1 ス テ ッ プ：SDGs を理解する	・企業が SDGs を利用する理論的根拠の把握 ・企業の基本的責任の理解
第 2 ステップ：優先課題を決定する	・**バリューチェーンをマッピングして，企業が SDGs に対して及ぼすインパクトを評価する。** ・指標を選択し，データを収集する ・優先課題を決定する
第 3 ステップ：目標を設定する	・目標範囲を設定し，KPI（主要業績評価指標）を選択する ・ベースラインを設定し，目標タイプを選択する ・意欲度を設定する ・SDGs へのコミットメントを公表する
第 4 ステップ：経営へ統合する	・持続可能な目標を企業に定着させる ・全ての部門に持続可能性を組み込む ・パートナーシップに取り組む
第 5 ステップ：報告とコミュニケーションを行う	・効果的な報告とコミュニケーションを行う ・SDGs 達成度についてコミュニケーションを行う

う，という5つのステップを提示している。

　特に，バリューチェーンをマッピングして企業がSDGsに対して及ぼすインパクトを評価し，これをふまえて優先課題を設定し，目標を設定することを推奨している。

　インパクトの評価・管理の具体的な方法までは規定しておらず他の基準を参照する必要がある。しかし，企業がSDGs への貢献を促進するための全体的な行動枠組みとしては参考となるものである。

2　社会的インパクトを定義する IMP 共通規範

　多数の国際機関・団体が参加する社会的インパクトマネジメントに関する国際的なイニシアティブである　IMP（Impact

図表 2-2-2　社会的インパクトに関する 5 つの側面・15 のデータ項目

インパクトの 5 側面	インパクトの 15 のデータ項目
何を（What）	1. 期間中のアウトカムの水準 2. アウトカムの閾値 3. ステークホルダーにとってのアウトカムの重要性 4. SDGs その他のグローバル目標
誰が（Who）	5. ステークホルダー 6. 地理的範囲 7. 事前の基礎となるアウトカム水準 8. ステークホルダーの特性
どの程度（How Much）	9. 規模 10. 深度 11. 期間
企業の貢献度（Contribution）	12. 貢献がない場合の深度 13. 貢献がない場合の期間
リスク（Risk）	14. リスクの種類 15. リスクの水準

Management Project）は，**社会的インパクトに関する共通規範**を策定している[17]。

　IMP規範によれば，「インパクト」とは，組織によって引き起こされる変化のことであり，ポジティブなものとネガティブなもの，意図したものと意図せざるものがある，と定義する。

　図表2-2-2のとおり**IMP規範**は，インパクトを「**何を（What）**」，「**誰が（Who）**」，「**どの程度（How Much）**」，「**貢献度合い（Contribution）**」，「**リスク（Risk）**」という**5つの側面**から測定できるとする。その上で，企業及び投資家は，**15の項目のデータ**を評価・測定することにより，そのインパクトの成果を評価できるとする。

---

17) https://impactmanagementproject.com/impact-management/impact-management-norms/

3　GIIN によるインパクト測定・マネジメント（IMM）の推奨

　インパクト投資を推進する機関投資家の国際イニシアティブ Global Impact Investing Network（GIIN）は，インパクト投資にあたって，**インパクト測定・マネジメント（IMM）**を実施することを推奨している。

　GIINによれば，IMMは①インパクト・ゴールと期待値の設定，②戦略策定，③測定指標の決定と目標値の設定，④インパクト・パフォーマンスの管理という4つの行動から構成され，これらを反復しながら実施されるものである[18]。

　また，GIINは，IMM の総合ツールとして，**IRIS＋（アイリス・プラス）**を 2019 年にリリースしている。IRIS＋は，SDGs各目標にも応じたアウトカムに関する指標のカタログを提供している。また，IMP の「インパクトの 5つの側面」に沿って指標のセットも提示している。

4　UNDP「SDGs インパクト基準」

（1）意義

　国連開発計画（UNDP）は，2021年，企業と投資家がインパクト管理を実践しながらSDGsに対し最良な貢献を行うための行動基準として，「**SDGsインパクト基準**」を策定している[19]。

　プライベート・エクイティファンド向け，**債券向け**，及び**企業・事業体向け**SDGsインパクト基準が発表されている。

---

18) https://thegiin.org/imm/#what-is-imm
19) https://www.jp.undp.org/content/tokyo/ja/home/sdg-impact/sdg-impact_activities.html

　基準に合致した企業等の認証及び「**SDGsインパクト認証ラベル**」を提供することも予定している。

(2) 内容

　SDGsインパクト基準は，「**持続可能な事業運営とSDGsに対する積極的な貢献**」を基本要素として掲げる。

　その上で，図表2-2-3の通り，**戦略，アプローチ（執行・管理），透明性，ガバナンス**という4つのテーマにより構成し，各テーマについて推奨指標を列挙している。また，企業・事業体に対する「**実践のための12の行動**」を挙げている。

　企業が，インパクト管理を実践しながらSDGsへの貢献を推進するにあたって参考となる。

図表 2-2-3　SDGs インパクト基準における 4 つのテーマ・12 の行動

4 つのテーマ	12 の行動
戦略：上記の基本要素を組織のパーパスや戦略に組み込むこと	1．事業に責任を持ち持続可能な形態で運営する。積極的に SDGs に貢献し，最善のインパクトを出す。
	2．ステークホルダーにとって，そして SDGs の達成に向けて何が重要か，また組織が現在どの領域でインパクトを生み出しているかを把握する。そうすることで将来，価値の高いインパクトをどの領域で発揮できるかを見極める。
	3．インパクトを組織のパーパスと戦略に組み込む。
	4．一体化したパーパスと戦略に沿って，インパクト目標を設定する。
	5．最善のインパクトを生み出すため，必要に応じて戦略とインパクト目標を調整する。

アプローチ（執行・管理）：上記の基本要素をアプローチ（執行・管理）に統合すること	6. 組織の文化，構造，能力，システム，インセンティブをパーパスと戦略に合致させる。
	7. インパクトを効果的に測定するための方法，プロセスやシステムを構築し，意思決定に組み入れる。
	8. 外部のベンチマーク指標，及びステークホルダーの大グループや小グループの指標に照らして，重要なインパクトを長期的に評価，比較，モニタリングする。インパクト拡大のための選択肢を設定し，どれを採用するか決定する。
	9. 改善を続け，インパクトマネジメントのあり方を刷新するためのプロセスを，必要に応じて業務に組み入れる。
透明性	10. 責任あるビジネス慣行，サステナビリティ，SDGs への積極的な貢献をどのように意思決定とパフォーマンス報告に組み込んでいるかを開示する。
ガバナンス：上記の基本要素に対するコミットメントを，ガバナンスの実践を通して強化すること	11. 責任ある事業活動とインパクトマネジメントの取組みをガバナンスの枠組みに組み込む。
	12. 組織のガバナンス機構が責任を持って組織運営の模範を示す。

5　SIMI「社会的インパクト・マネジメント・ガイドライン」

　日本における「社会的インパクト・マネジメント」を普及させるためのマルチセクター・イニシアチブである**社会的インパクト・マネジメント・イニシアチブ**（**SIMI**：Social Impact Management Initiative：SIMI）は，2018年に，**社会的インパクト・マネジメント・ガイドライン**を策定した（2021年第2版発表）。

　SIMIガイドラインでは，**社会的インパクト・マネジメント**を，「事

業や取組みがもたらす変化や価値に関する情報を，各種の意思決定や改善に継続的に活用することにより，社会的インパクトの向上を目指す体系的な活動」と定義した上で，これを実践する上での考え方や実際の進め方を解説している。

　SIMIガイドラインは，社会的インパクト・マネジメントの実践を，7つのステップ・4つのステージに分けて説明している。

図表 2-2-4　SIMI ガイドラインにおける 7 つのステップ・4 つのステージ

7つステップ	4つのステージ
Step1	社会的インパクト・マネジメントの目的設定
Step2	問題分析と課題の特定（第 1 ステージ：計画）
Step3	戦略策定・検証（第 1 ステージ：計画）
Step4	事業計画と評価計画の策定（第 1 ステージ：計画）
Step5	事業実施とモニタリング（第 2 ステージ：実行）
Step6	データ分析（第 3 ステージ：効果の把握）
Step7	報告・活用（第 4 ステージ：報告・活用）

第 3　インパクト投資／ファイナンスに関するルール形成と実務

　インパクト投資／ファイナンスの拡大を通じて，投資／ファイナンスの環境・社会に対するインパクトを評価・管理するためのルールも策定されている。企業は，このようなルールに沿った形でSDGsインパクト管理を実施することで，ESG投融資／サステナブルファイナンスを通じた資金調達が容易になり得る。

1　GIIN によるインパクト投資の推進

　Global Impact Investing Network（GIIN）は，インパクト投資に関する枠組みやツールを提供しており，インパクト投資の実務

に多大な影響を与えている。

（1）インパクト投資の定義[20]

　GIINは，インパクト投資を，「財務的リターンと並行して，ポジティブで測定可能な社会的及び環境的インパクトを同時に生み出すことを意図する投資行動」と定義する。

（2）インパクト投資の4つの特徴[21]

　GIINは，インパクト投資の特徴を以下の4つに定義付ける。
1. 意図：ポジティブな社会的・環境的インパクトに意図を持って貢献する。
2. 投資設計において，エビデンスとインパクトデータを活用する。
3. インパクトの創出状況（インパクト・パフォーマンス）を管理する。
4. インパクト投資の成長に貢献する。

（3）インパクト投資の手法・ツールの提供

　前述の通り，GIINは，インパクト投資にあたって，インパクト測定・マネジメント（IMM）を実施することを推奨している。またそのためのツールとしてIRIS＋を提供している。

2　GSGによるインパクト投資の推進

　GIINと並んでインパクト投資の実務を率先しているのが，2013年に当時のG8の議長国であった英国・キャメロン首相の呼びかけにより設立された機関投資家の国際イニシアティブであるGSG

---

20) https://thegiin.org/impact-investing/need-to-know/#what-is-impact-investing
21) https://thegiin.org/characteristics

(Global Steering Group for Impact Investment) である。日本にも
GSG 国内諮問委員会が設置されている。

　GSG 国内諮問委員会IMM ワーキンググループは，前述のGIIN
のインパクト測定・マネジメント（IMM）の枠組み・ツールを参考
としながら，**「インパクト投資におけるインパクト測定・マネジメン
ト実践ガイドブック」**を発表しており，参考となる[22]。

3　UNEP-FI「ポジティブインパクト金融原則」

　国連環境計画・金融イニシアティブ（UNEP-FI）では，2017 年,
「ポジティブ・インパクト金融原則」を公表した[23]。同原則は，イン
パクト投資のみならず，全ての業態あるいは形態の金融機関と金融
商品に適用されるハイレベルの原則である。

　持続可能な開発の3つの側面を総合的に考慮し，プラス面とマイ
ナス面両方の影響評価に基づいた，持続可能性の課題に総合的なア
プローチを提案するものである。

　図表2-2-5の通り，本原則の内容は，4つの原則から構成される。

---

22) https://impactinvestment.jp/user/media/resources-pdf/
　　Guidebook_for_Impact_Measurement_and_Management.pdf
23) https://www.unepfi.org/wordpress/wp-content/uploads/2018/09/
　　POSITIVE-IMPACT-PRINCIPLES-JAPANESE-WEB.pdf

図表 2-2-5　ポジティブ・インパクト金融原則の内容

原則	内容
原則 1　定義	ポジティブ・インパクト金融とは，ポジティブ・インパクト・ビジネスのための金融であり，持続可能な開発における 3 つの側面（経済，環境，社会）のいずれかについて，潜在的なマイナスの影響が適切に特定され緩和され，なおかつ，少なくともそれらの 1 つの面でプラスの貢献をもたらすものである。 　ポジティブ・インパクト金融では，持続可能性の課題を総合的に評価することから，SDGs における資金面での課題に対する直接的な対応策の 1 つとなる。
原則 2　枠組み	ポジティブ・インパクト金融を実施するには，銀行，投資家等の事業主体が，それらの事業活動，プロジェクト，プログラム，及び／又は投融資先の事業主体のポジティブ・インパクトを特定し，モニターするための十分なプロセスや方法，ツールが必要である。
原則 3　透明性	ポジティブ・インパクト金融を提供する主体（銀行，投資家等）は，以下について，透明性の確保と情報開示が求められる。 • ポジティブ・インパクトとして資金調達した活動，プロジェクト，プログラム，及び／又は投融資先の事業主体の意図したポジティブ・インパクト（原則 1 に関連）。 • 適格性を判断し，影響をモニターし検証するために確立されたプロセス（原則 2 に関連）。 • 資金調達した活動，プロジェクト，プログラム，及び／又は投融資先の事業主体が達成したインパクト（原則 4 に関連）。
原則 4　評価	ポジティブ・インパクト金融を提供する主体（銀行，投資家等）は，以下に銀行，投資家等の事業主体が提供するポジティブ・インパクト金融は，意図するインパクトの実現度合いによって，評価されなければならない。

図表 2-2-6　「インパクト投資の運用原則」の内容

戦略上の意図	組成とストラクチャリング	ポートフォリオマネジメント	エグジット時のインパクト
1. 戦略的なインパクト目標を、投資戦略に沿って定義すること。 2. 戦略的インパクトは、ポートフォリオ単位で管理すること。	3. インパクトの実現に対するマネジャーの貢献を明確にすること。 4. 各投資から予想されるインパクトを、一貫したアプローチに基づき評価すること。 5. 各投資がもたらしうる、潜在的なネガティブ・インパクトを評価、対処、モニタリングおよび管理すること。	6. 各投資のインパクト実現への進捗度を、予想に照らし てモニタリングし、それに応じ適切な 対策を取ること。	7. インパクトの持続性への影響を考慮しながら、エグジットを実行すること。 8. 投資の意思決定とプロセスをレビューし、文書化し、さらに、実現したインパクトと得られた知見に基づいて、改善すること。

独立した検証

9. 本運用原則との整合状況を開示するとともに、整合状況について、独立した検証を定期的に実施すること。

（出典）IFC ウェブサイト

4　IFC インパクト投資の運用原則

　国際金融公社（IFC）も，2019年，「**インパクト投資の運用原則**」を公表した。図表2-2-6のとおり，インパクト投資を行うに際して必要となる運用管理の要件を，5つの局面における9つの要件として取りまとめたものである。

　署名機関に対し，年1回の順守状況の公表と，独立機関による検証を義務付けている。

5　環境省「インパクトファイナンスの基本的考え方」

　環境省は，2020年，「**インパクトファイナンスの基本的考え方**」を

発表した[24]。上述したインパクトファイナンスに関する国際的な組織・イニシアティブと整合性を図りつつ，国内固有の事情にも配慮し，インパクトファイナンスに取り組むにあたって共通する考え方を中心に整理している。

　また，環境省は，2021年，上記「考え方」をふまえ，インパクト評価の実践のガイドとして「**グリーンから始めるインパクト評価ガイド**」も発表した[25]。

第4　**EU タクソノミーに関するルール形成と影響**

1　**タクソノミー導入の背景と影響**

　上述の通り，企業のSDGsへの貢献に関する取組みや投資家・金融機関のインパクト投資に関しては，様々な枠組み・原則・ツールが導入され始めているものの，統一的な枠組みや法規制が存在する状況にはなかった。

　このような状況では，SDGsへの貢献やインパクトを偽装して表示する「**SDGsウォッシュ**」を防止できないという懸念から，EUでは，サステナブルな経済活動を分類する「**タクソノミー（分類）**」に基づき，企業・投資家・金融機関に開示を義務付ける規制が導入されており，今後これが強化・拡大される可能性がある。

　このタクソノミーが今後浸透した場合，サステナブルな経済活動と分類された活動については資金調達や取引にあたって優位性を確保できる可能性がある一方，そうでない活動は不利な立場に置かれ

---

24) http://www.env.go.jp/press/files/jp/114284.pdf
25) https://www.env.go.jp/press/109376.html

る可能性があり，企業に大きな影響を与える可能性がある。

2　EU グリーン・タクソノミー規則

（1）タクソノミーの基準

　EUでは，2020年に，**グリーン・タクソノミー規則**[26] が採択された。
タクソノミー規則は，図表2-2-7の通り，4つの基準を満たす経済活動を「環境面でサスナブルな経済活動」であると分類している（3条）。

図表2-2-7　グリーン・タクソノミー規則の4つの分類基準

① 6つの環境目的の1つ以上への重要な貢献：**気候変動緩和，気候変動適応，水・海洋資源管理，循環経済，汚染防止，生態系保全**

② 他の環境目的のいずれにも重大な損害を与えないこと（DNSH：Do Not Significant Harm）

③ **最低限のセーフガード（指導原則・OECD多国籍企業行動指針）**を遵守していること

④ テクニカル・エキスパート・グループ（TEG）のタクソノミーレポートにおける「**技術的スクリーニング基準**」を満たしていること

（2）タクソノミーレポートの公表

　2020年に，欧州委員会サステナブルファイナンスに関するテクニカル・エキスパート・グループ（TEG）は，**タクソノミーレポート**の最終報告書を公表した[27]。

---

26) https://eur-lex.europa.eu/legal-content/EN/TXT/?uri ＝ celex：32020R0852
27) https://ec.europa.eu/info/sites/default/files/business_economy_euro/banking_and_finance/documents/200309-sustainable-finance-teg-final-report-taxonomy_en.pdf

このタクソノミーレポートの付属書[28] は，タクソノミー規則が規定する6つの環境目的のうち，気候変動緩和と気候変動適応に貢献する各種の経済活動に関して先行して，サステナブルであると分類するための「**技術的スクリーニング基準**」を特定している。

　個別の経済活動について，緩和や適応に貢献すると評価できるための基準として要件・指標・閾値やその根拠が特定されているほか，DNSHの関係での考慮事項も具体的に記載されている。

(3) 企業・投資家・金融機関の開示義務

　第3章でも説明する通り，**EU非財務情報開示指令**（**NFRD**）の対象となる企業は，タクソノミーに整合する活動の売上高の割合及びタクソノミーに整合する活動の資本支出と事業運営費の割合を開示することが求められる（タクソノミー規則8条）。

　第4章でも説明する通り**EUサステナブルファイナンス開示規則**（**SFDR**）の対象となる投資家・機関投資家は，投資におけるタクソノミーに整合する活動への投資の状況・割合等を開示することが求められる一方，タクソノミーに整合しない活動への投資については，E環境面でサステナブルな経済活動のEU基準を考慮していないことを開示することが求められる（タクソノミー規則5-7条）。

3　ソーシャルタクソノミー導入及びグリーンタクソノミー拡張の可能性

　欧州委員会のサステナブルファイナンスプラットフォームは，2021年7月，以下の通り，2つの報告書を発表し，タクソノミーの範囲を拡張することを提案している。

---

28) https://ec.europa.eu/info/files/200309-sustainable-finance-teg-final-report-taxonomy-annexes_en

（1）ソーシャルタクソノミーに関する報告書[29)]

　ソーシャルタクソノミーに関するレポートは，社会目的に貢献するサステナブルな経済活動を分類することを提案するものである。

　ソーシャルタクソノミーに関し，垂直的な側面と水平的な側面の2つの側面から構成されるとする。

（A）垂直的な側面

　垂直的な側面は，①基本的な人間のニーズに対応する製品とサービスのアクセシビリティを向上し，適切な生活水準を促進する（例：下水処理を含む水道，食物，住宅，介護を含むヘルスケア，職業訓練を含む教育），②基本的な経済インフラへのアクセスを改善する（例：輸送，電気通信とインターネット，クリーン電力，包摂的な金融）ことを提示している。

（B）水平的な側面

　一方，水平的な側面は，ステークホルダーに対する正の影響を促進し，負の影響を回避・対処することを提示している。ディーセント・ワークの確保，消費者利益の促進，包摂的で持続的なコミュニティの確保を挙げている。

（C）DNSH

　DNSH（他の目的に重大な悪影響を与えないこと）を条件とし，包括的なDNSH（Generic DNSH）として特に指導原則に基づく人権DDを要請している。

（D）ガバナンス

　良いサステナブルガバナンスと透明で健全な納税慣行を条件としている。

---

29) https://ec.europa.eu/info/sites/default/files/business_economy_
　　euro/banking_and_finance/documents/sf-draft-report-social-
　　taxonomy-july2021_en.pdf

（2）グリーンタクソノミーの拡張に関する報告書[30]

　グリーンタクソノミーはグリーンかグリーンではないかを二分してしまう問題点が指摘されている。

　脱炭素への移行を行う企業に対する投融資として「**トランジションファイナンス**」も導入されている。このことをふまえて，レポートでは，**重大な貢献（グリーン），重大な悪影響（レッド）**，その中間として重大な貢献とはいえないものの**移行を目指す経済活動（イエロー）**に分類することを提案している。

---

column

インパクト評価の意義に切り込む「企業における人間の安全保障インデックス（CHSI）」

　東京大学持続的平和研究センターとビジネスと人権ロイヤーズネットワークは，「企業における人間の安全保障インデックス（CHSI：Corporate Human Security Index）」という指標を策定する研究プロジェクトを実施しており，筆者もその主事を務めさせていただいている。

　本書で解説している，企業がステークホルダーに対する負の影響を対処しつつ正の影響を促進するという両面的な役割は，人びと一人ひとりに焦点を当て，その安全を最優先（保護）すると共に，人びと自らが安全と発展を推進する能力を強化（エンパワーメント）するという，人間の安全保障における「保護」，「エンパワーメント」の視点からも整理できる。このような視点

---

30) https://ec.europa.eu/info/sites/default/files/business_economy_euro/banking_and_finance/documents/sustainable-finance-platform-report-taxonomy-extension-july2021_en.pdf

はSDGsの「誰一人取り残さない」の理念にもつながっている。
　これをふまえ，CHSIインデックスは，企業の取組みを「ベース評価」と「エンパワーメント評価」という2つの側面から評価している。

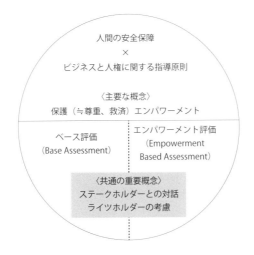

　ベース評価は第1章でも解説した指導原則に基づく人権尊重のためのサプライチェーン人権DDの取組みを評価するものである。
　一方，エンパワーメント評価は，企業の代表的な3つのプロジェクトを抽出し，ステークホルダーの潜在能力と自由を強化し，権利の促進に貢献する取組みを，「権利の明確化」，「持続可能性の確保」，「企業方針と組織体制」，「インパクトの明確化」，「ステークホルダーとの対話」の5つの側面から評価する。本章で解説している企業のSDGsインパクト管理の取組みを評価するものであるといえるが，「誰のいかなる権利を促進することを目的としているのか」，「それをどのように企業価値の向上につ

なげようとしているのか」というインパクト管理の意義に切り込もうとするものである。

　このように，インパクト管理をステークホルダーの権利を促進するためのものとして明確化することにより，人権DDにおけるステークホルダーの権利尊重と連続した取組みとして整理できる。いずれの取組みでも，社会的に脆弱な人々への配慮やステークホルダーとの対話・救済が重要な視点となる。

　多くの日本やアジアの企業は，伝統的に，様々なステークホルダーの権利の実現に資する社会貢献活動を推進してきた。このような活動を人権の尊重・促進を連続した取組みの一環として明確に捉え直し推進することにより，日本やアジアの企業における「ビジネスと人権」に関する積極的な推進につながることも期待される。

　CHSIプロジェクトは，若手からベテランまで幅広い実務家・研究者から構成される作業部会，各界の有識者・専門家から構成される諮問委員会，東京大学の学生チームにもご協力いただき，2021年10月，報告書を発表した[31]。

　今後，CHSIの考え方をインパクト管理・投資などの国内外の実務に普及させることを通じて，日本企業の積極的な取組み・発信を促進・支援することができれば幸いである。

---

31) https://www.bhrlawyers.org/chsi-index

第3章
非財務情報開示

第1　非財務情報開示の意義

1　SDGs/ESG経営における位置付け

　企業が，投資家・金融機関によるESG投融資／サステナブルファイナンスに対応し，投融資先としての評価を向上するためには，ESGに関する非財務情報を開示していくことが求められている。

　また，企業は，ステークホルダーの企業に対する懸念・期待に対応する観点からも，非財務情報開示が求められる。さらに，第1章で説明した通りサプライチェーンDDの実務が拡大しており，企業は，顧客・取引先からの要請・期待に応える観点からも，非財務情報開示が必要になる場合がある。

2　非財務情報開示に関する2つのマテリアリティ

　企業会計においては，「重要性の原則」に基づきマテリアリティ（重要性）の高い項目について詳細な開示を行うことが求められる。ESGに関する非財務情報開示においても，マテリアリティの高い課題を特定した上で，その課題を中心に開示が求められる。

　第1部第3でも説明した通り，非財務情報開示においては，財務マテリアリティと環境・社会マテリアリティがあり，この2つは関連している。

（1）財務マテリアリティ

　財務マテリアリティとは，環境・社会問題がいかに企業価値に影響（リスク・機会双方を含む）を与えているかという観点からの重要課題について開示を行う考え方である。投資家・金融機関は，ESG投融資において，この財務マテリアリティに特に関心を有している。

　財務マリテリアリティの考え方をふまえると，企業は，企業価値創造プロセスを通じて，いかにSDGs/ESGの企業に対するリスクを管理しつつ機会を実現することで企業価値を創造しているのかについて開示することが重要となる。

　非財務情報に関する国際的な開示枠組の多くでは，この財務マテリアリティを特に重視している。

（2）環境・社会マテリアリティ

　一方，環境・社会マテリアリティとは，企業活動がいかに環境・社会に影響（正・負双方の影響を含む）を与えているかという観点からの重要課題である。労働者・地域住民・消費者・NGOは，この環境・社会マテリアリティに特に関心を有している。

　環境・社会マテリアリティの考え方をふまえると，企業は，いかにステークホルダーに対する影響に両面的に対応し，環境・社会価値を提供しているのかについて開示することが重要となる。

　第1章で説明した通り，負の影響の対処であるサプライチェーンDDに関しては，EU非財務情報開示指令をはじめサプライチェーン開示規制でも開示が法的に義務付けられている。

　第2章で説明した通り，正の影響の対処であるSDGsインパクト管理に関しては，「SDGs/ESGウォッシュ」とならないように客観的な開示が求められており，EUタクソノミー規則などに基づくサステナブル経済活動を分類した上で開示を求めるルールも導入されている。

3　ダイナミック・コンプライアンスの視点

　第1部でも説明した通り，環境・社会マテリアリティは財務マテリアリティにも影響を与える場合があり，マテリアリティが動的な概念であるという観点から，ダイナミック・マテリアリティの概念が提唱されている。

　このようなダイナミック・マテリアリティの動的な現象の原因には，ダイナミックなSDGs/ESGルール形成プロセスがある。これを分析し，ルールに対応し活用するという「ダイナミック・コンプライアンス」の実施と開示を通じて，環境・社会価値の提供が企業価値の創造につながっていること，すなわち環境・社会マテリアリティが財務マテリアリティにつながっていることを効果的に説明することができる。

第2　非財務情報開示に関するルール形成

1　情報開示の国際的な枠組み

　図表2-3-1の通り，企業の非財務情報開示に関しては，国際的なの開示枠組みが策定されている。ESG投融資／ファイナンスにおいて，投資家は，これらの開示枠組みに従って開示された非財務情報を活用することが多い。開示枠組みは法的な拘束力を有しないソフトローであるものの，企業は，投融資先としての魅力を向上する観点からも，枠組みに沿った開示を行うことが求められている。

図表 2-3-1　非財務情報に関する国際的な開示枠組みの種類

開示基準	発行主体		内容
TCFD 提言書 (1)	FSB（金融安定理事会）		気候変動に関連する財務情報開示の枠組
統合報告フレームワーク（2）	IIRC（国際統合報告評議会）	VRF（価値報告財団）に統合	統合報告書に関する開示枠組を提供
SASB スタンダード（3）	SASB（サステナビリティ会計基準審議会）		業務別のマテリアリティをふまえた日財務情報の開示枠組を提供
ISSB サステナビリティ基準（策定中）（4）	IFRC（国際会計基準）財団が ISSB（国際サステナビリティ基準審議会）を設立し，VRF 等を統合		サステナビリティに関する国際会計基準を策定中
GRI スタンダード（5）	GRI（グローバル・レポーティング・イニシアティブ）		サステナビリティ報告書に関する開示枠組を提供

（1）FSB・TCFD提言書

　第1部でも説明した通り，TCFD（気候変動関連財務情報開示）提言書[32] は，2017年，金融当局の政府間組織である金融安定理事会（FSB）によって公表された，企業や金融機関に対し，気候変動に関連する情報開示の枠組みである。

　FSBがTCFDを発表した背景には，気候変動リスクが金融危機を引き起こしかねないという問題意識がある。気候変動は，コロナ危機と同様に社会・経済に重大な影響をもたらし得ることは抽象的には認識されているものの，そのタイミングや重大性を具体的に測定することが困難であるがゆえに無視され，企業が誤った意思決定を

---

32) Task Force on Climate-related Financial Disclosures Recommendations。原文は，https://www.fsb-tcfd.org/ 参照。（株）グリーンパシフィックが一部の文書について和訳を作成・公開している（https://www.fsb-tcfd.org/wp-content/uploads/2016/12/Recommendations-of-the-Task-Force-on-Climate-related-Financial-Disclosures-Japanese.pdf）。

行う危険性がある。そのため，企業に対し，情報開示を通じた透明性の確保を求めたものである[33]。

TCFDは，任意の開示枠組みであるが，気候変動リスクの高まりをふまえて，国内外が義務化に向けた動きも進んでいる。

（A）開示項目

TCFDは，気候変動関連開示の中核的要素として，①**ガバナンス**，②**戦略**，③**リスク管理**，④**指標・目標**の4つを挙げた上で，各要素に関し具体的な開示項目を挙げている[34]。

このような開示を行うための前提として，企業には，気候変動が企業にもたらすリスクを適切に管理するための戦略の策定・実施やガバナンス体制の整備が必要となる。

（B）気候変動が企業にもたらすリスク・機会[35]

図表2-3-2は，TCFD提言書が例示する，気候変動が企業にもたらすリスクの例である。留意が必要なのは，気候変動の物理的影響のみならず，脱炭素社会への移行を通じても，企業にリスクが生じ得る点である。移行リスクの内容として，**政策及び法規制リスク**，**技術リスク**，**市場リスク**，**レピュテーションリスク**が生じる可能性がある。

図表 2-3-2　気候変動が企業にもたらすリスクの例

大分類	小分類	気候変動のリスク
低炭素経済への移行に伴うリスク（Transition Risks）	政策及び法規制リスク（Policy and Legal Risk）	・温室効果ガス排出のプライシングの進行 ・温室効果ガス排出の報告義務強化 ・既存の商品・サービスに対する義務付け・規制 ・訴訟リスク

---

33) TCFD 報告書エグゼクティブサマリー ii 参照。
34) TCFD 報告書 13 頁以下 C Recommendations and Guidance 参照。
35) TCFD 報告書 5 頁以下 B Climate-Related Risks, Opportunities, and Financial Impact 参照。

	技術リスク（Technology Risk）	• 既存の商品・サービスの低排出オプションへの代替 • 新技術に対する投資の失敗 • 低排出技術への移行のコスト
	市場リスク（Market Risk）	• 消費者の行動の変化 • マーケットシグナルの不確実性の拡大 • 原材料の高騰
	レピュテーションリスク（Reputation Risk）	• 消費者の嗜好の変化 • セクターに対する非難 • ステークホルダーの懸念増大，負のフィードバック
気候変動の物理的影響に関連したリスク（Physical Risks）	急性リスク（Acute Risk）	• サイクロン・洪水などの異常気象の増大
	慢性リスク（Chronic Risk）	• 降水パターンの変化・気象パターンの極端な変動性 • 平均気温の上昇 • 海面の上昇

TCFD 提言書の記載を基に筆者作成

　図表2-3-3は，TCFD提言書が例示する，気候変動が企業にもたらす機会の例である。**資源の有効活用**，**エネルギー源**，**製品・サービス**，**市場**など様々な面で企業に機会も生じ得る。

図表 2-3-3　気候変動が企業にもたらす機会の例

分類	オポチュニティの内容
資源の有効活用（Resource Efficiency）	• より効率的な輸送手段の活用 • より効率的な生産・販売プロセスの活用 • リサイクルの活用 • より効率的な建物への移転 • 水の使用・消費の削減
エネルギー源（Energy Resource）	• 低排出エネルギー源の活用 • 政策インセンティブの活用 • 新技術の活用 • 排出権市場への参加 • 分散型エネルギー生産へのシフト

製品・サービス (Products and Services)	・低排出商品・サービスの開発 ・気候変動への適応と保険によるリスク対応 ・研究開発・イノベーションを通じた新商品の開発 ・ビジネス活動の多様化 ・消費者の嗜好の変化
市場（Markets）	・新しい市場へのアクセス ・公的セクターのインセンティブの活用 ・付保を必要とする商品・場所へのアクセス

（C）　シナリオ分析[36]

　TCFD提言書では，気候変動対策にあたって，**シナリオ分析**の活用を推奨している。気候変動の影響は中長期的に表れてくるものの，その時期や大きさは不確実であることがその評価を困難にしている。そのため，様々なシナリオを前提として企業のリスクやオポチュニティを分析することで，企業の気候変動への回復力を高め，臨機応変な対応が可能となる。

　具体的には，TCFD提言書では，低炭素経済への移行のためのシナリオとして，**上昇温度2℃達成シナリオ**，**上昇温度2℃ 未満達成シナリオ**，**国別目標達成シナリオ**，**現状維持シナリオ**など様々な事態を想定したシナリオに基づく分析を推奨している[37]。

（D）各国の義務化に向けた動き

　EUは，非財務情報開示指令（NFRD）の内容として気候変動に関する開示を要求しており，2019年に気候関連情報開示ガイドラインを発表した。

　英国では，2020年に，財務省が，TCFD提言に沿った気候変動開

36）TCFD 報告書 25 頁以下 D Scenario Analysis and Climate-Related Issues 参照。
37）TCFD が補助資料として公表している The Use of Scenario Analysis in Disclosure of Climate-Related Risks and Opportunities では，様々なシナリオにおいて予想される政策・規制，炭素価格，エネルギーミックスなどが解説されている。

示の義務化に向けたロードマップ[38)] を公表した。2021年より，ロンドン証券取引所プレミアム市場の上場企業に対し，TCFD提言に沿った開示を要求している。

　米国においても，証券取引委員会（SEC）が，2021年3月，気候変動開示を義務付ける規則案を発表した。

（2）IIRC統合報告フレームワーク

　統合報告フレームワークは，**国際統合報告評議会（IIRC）**によって2013年に公表された，**統合報告書**に関する開示枠組みである（2021年に一部改正）。

　統合報告書の主たる目的は，企業が，財務資本の提供者である投資家に対し，企業がどのように長期にわたり価値を創造するかを説明することにある。このような説明のために，財務情報と非財務情報が統合的に報告されている。

　非財務情報の財務情報に対する影響に対する投資家の関心の高まりをふまえて，多くの企業が，統合フレームワークを参考にしながら，統合報告書を作成している。

（A）価値創造プロセス

　第1部で説明した通り，統合報告フレームワーク改訂版は，図表1-6の通り，企業における**価値創造プロセス**を説明している。

　前提として，企業価値の基となる資本は，**財務資本**に加えて，**製造資本**，**知的資本**，**人的資本**，**社会関係資本**，**自然資本**など様々なものから構成される。

　企業の中核である**ビジネスモデル**を通じて，様々な資本が**インプット**として利用され，事業活動を通して，製品・サービス等の**アウトプット**に変換され，これが資本への影響としての**アウトカム**を

---

38) HM Treasury "A Roadmap towards mandatory climate-related disclosures" (2021)

図表 2-3-4　組織に対して創造される価値と他者に対して創造される価値の関係

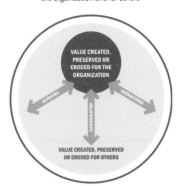

Figure 1. Value created, preserved or eroded for the organization and for others
VALUE CREATED, PRESERVED OR ERODED FOR THE ORGANIZATION
VALUE CREATED, PRESERVED OR ERODED FOR OTHERS

(出典) IIRC 統合報告フレームワーク 2021 年改訂版

もたらす。

このようなビジネスモデルは,企業のガバナンスを基盤として,企業が直面する**リスクと機会**を特定し，リスクを管理し機会を実現するための戦略を策定し，これを達成するために**資源配分**を行うことを通じて，実行される。

また，ビジネスモデルは，過去の**実績**と将来の**見通し**の下で実行される。

(B) 統合報告におけるマテリアリティ（重要性）

上述のような価値創造プロセスを通じて，企業は組織自身に対して価値を創造すると共に，ステークホルダーや社会などの他者に対して価値を創造する場合がある。

組織自身に対する価値を創造する能力は，投資家への財務リターンにつながることから，投資家が特に関心を有する。そのため，統合報告書における重要性は，組織自身に対する価値創造能力への影響の観点から判断される。

　ただし，図表2-3-4の通り，ステークホルダーや社会などの他者に対する価値の創造も，**活動**，**相互作用**，**関係性**を通じて，組織自身に対する価値創造能力に影響を有する場合がある。このような場合には活動，相互作用，関係性は，統合報告書に含まれるとする。

　本書が強調しているSDGs/ESGルール形成は，「活動・相互作用・関係性」を具体化するものとしても位置付けられる。

（C）開示内容の要素

　以上の価値創造プロセスや重要性を前提に，統合報告フレームワークは，図表2-3-5のとおり，A-Hの8つの開示内容の要素を列挙している。

図表2-3-5　統合報告フレームワークの要素

項目	内容
A 組織概要と外部環境	組織が何を行うか，組織はどのような環境において事業を営むのか。
B ガバナンス	組織のガバナンス構造は，どのように組織の短，中，長期の価値創造能力を支えるのか。
C ビジネスモデル	組織のビジネスモデルは何か。
D リスクと機会	組織の短，中，長期の価値創造能力に影響を及ぼす具体的なリスクと機会は何か，また，組織はそれらに対しどのような取組みを行っているか。
E 戦略と資源配分	組織はどこを目指すのか，また，どのようにそこに辿り着くのか。
F 実績	組織は当該期間における戦略目標をどの程度達成したか，また，資本への影響に関するアウトカムは何か。
G 見通し	組織がその戦略を遂行するにあたり，どのような課題及び不確実性に直面する可能性が高いか，そして，結果として生ずるビジネスモデル及び将来の実績への潜在的な影響はどのようなものか。
H 作成と表示の基礎	組織はどのように統合報告書に含む事象を決定するか，また，それらの事象はどのように定量化又は評価されるか。

(3) SASBスタンダード

　SASBスタンダードは，Sustainability Accounting Standards Board（サステナビリティ会計基準審議会）によって2018年に公表された，11セクター77業種について業種別の非財務情報開示に関する開示枠組みである。

　当初は，米国上場企業が，米国証券取引員会に財務情報と共に非財務情報を開示する際に活用できる開示枠組みとして策定されたものである。しかし，米国上場企業ではなくとも，業種別の財務マテリアリティをふまえた非財務情報を，投資家に対して開示するにあたって有益な開示枠組みとなっている。

(A) 分析の視点

　SASBスタンダードでは，企業のサステナビリティを分析する視点として，図表2-3-6の通り，**5つの側面**（Dimension）と，それに関係する**26の課題カテゴリー**（General Issue Category）を設定している。

図表 2-3-6　SASB スタンダードにおける局面・課題カテゴリー

局面	環境	社会資本	人的資本	ビジネスモデルとイノベーション	リーダーシップとガバナンス
課題カテゴリー	・温室効果ガス排出 ・大気環境 ・エネルギー管理 ・取水・排水管理 ・廃棄物・有害物質管理 ・生態系への影響	・人権・コミュニティとの関係 ・顧客プライバシー ・データセキュリティ ・アクセス・入手可能な価格 ・品質・製品安全 ・消費者利益・販売慣行・表示	・労働慣行 ・労働安全衛生 ・従業員エンゲージメント・多様性・包摂性	・製品デザイン・ライフサイクル管理 ・ビジネスモデルの強靭性 ・サプライチェーンマネジメント・原材料調達・効率性 ・気候変動の物理的影響	・企業倫理 ・競争行為 ・法規制環境の管理 ・重大事故のリスク管理 ・システミックリスクの管理

（出典）「より包括的な企業報告のための共同意思声明」

図表 2-3-7　マテリアリティマップの例

（出典）　SASB　Materiality Map スクリーンショット

（B）開示項目

　SASBの業種別スタンダードは，**Disclosure Topic（開示トピック），Accounting Metrics（財務指標），Technical Protocols （開示する内容の計算・記載方法に関する説明），Activity Metrics（企業の活動を示すための定量指標）**から構成されている。

（C）マテリアリティマップ

　SASBスタンダードは，業種毎に企業の財務パフォーマンスに重要な影響を与える可能性が高いサステナビリティ課題カテゴリーを特定しており，図表2-3-7のようなマテリアリティマップで確認できる。

（D）IIRCとSASBの統合

　IIRCとSASBは，企業価値の創造に関連した開示枠組みを提供する点で目的を共通していたため，2021年に**Value Reporting Foundation（VRF：価値報告財団）**として統合している。

（4）ISSBサステナビリティ基準

（A）サステナビリティ基準に関する方向性の明示

　国際会計基準を設定する**IFRS財団**は，2021年4月，「**IFRSサステナビリティ基準を設定する国際サステナビリティ基準審議会を設立**

するための**IFRS財団定款の的を絞った修正案**」を公表した[39]。

　同文書で，IFRS財団は，IFRSサステナビリティ基準に関して，以下の方向性を明示した。

> ①**企業価値への投資者の焦点**－新審議会は，投資者及び世界の資本市場における他の参加者の意思決定に対して重要性がある情報に焦点を当てることになる。
>
> ②**サステナビリティの範囲，気候の優先**－気候に関連した事項に関してのより良い情報に対する緊急の必要性のため，新審議会は，当初は気候に関連した報告に焦点を当てると共に，その他の環境・社会・ガバナンス（ESG）事項についての投資者の情報ニーズの充足に向けての作業に速やかに移行することになる。
>
> ③**既存のフレームワークを基礎にすること**－新審議会は，金融安定理事会の気候関連財務情報開示に関するタスクフォース（TCFD）の十分に確立された作業のほか，サステナビリティ及び企業価値に焦点を当てた統合報告における主導的な基準設定主体の連合による作業を基礎にすることになる。

（B）　国際サステナビリティ基準審議会（ISSB）の設立とVRFの統合

　IFRS財団は，2021年11月に，2022年6月までに**国際サステナビリティ基準審議会（ISSB）**を設立することを公表した。ISSBは，前述のIIRCとSASBを統合して設立されたValue Reporting Foundation（VRF：価値報告財団）などを統合することも公表された[40]。

39）https://www.asb.or.jp/jp/wp-content/uploads/20210510-01.pdf
40）https://www.ifrs.org/news-and-events/news/2021/11/ifrs-foundation-announces-issb-consolidation-with-cdsb-vrf-publication-of-prototypes/

（C）　2つのプロトタイプの公表

ISSBの設立の公表に合わせて，ISSBの**技術的準備ワーキンググループ（TRWG）は，「サステナビリティ関連財務情報開示の一般要求事項プロトタイプ」**[41] と **「気候変動開示基準プロトタイプ」**[42] を公表し，ISSBサステナビリティ基準の方向性がより具体的に示された。

ISSBサステナビリティ基準は，**一般的要求事項・テーマ別要求事項・産業別要求事項**から構成される予定である。

「サステナビリティ関連財務情報開示の一般要求事項プロトタイプ」によれば，一般的要求事項は，TCFDと同様に①**ガバナンス**，②**戦略**，③**リスク管理**，④**指標・目標**の枠組みに基づいてサステナビリティ全般に関する開示が求められる予定である。

テーマ別要求事項に関して気候変動分野が先行的に策定される予定であるところ，「気候変動開示基準プロトタイプ」によれば，上述したTCFDの開示枠組みに基づきながらより詳細な開示が求められる可能性がある。

産業別要求事項は11セクター68産業について公表される予定であり，SASBの産業別分類が踏襲される予定である。

2022年3月末には，一般的要求事項及び気候変動に関するテーマ別要求事項の基準の草稿が発表されている。

（5）GRIスタンダード

GRIスタンダードは，GRIによって2016年に発表された，サステナビリティ報告書における開示枠組みであり，2021年に改訂された。

上述した財務マテリアリティを重視するESG開示枠組とは異なり，企業において経済，環境，社会に与えるプラス及びマイナスのインパクト（環境・社会マテリアリティ）を一般に報告する際のベス

---

41) General Requirements for Disclosure of Sustainability-related Financial Information Prototype
42) Climate-related Disclosures Prototype

トプラクティスを提示しており，多くの企業がサステナビリティ報
告書を作成する際に参照している。

（A）GRIスタンダードの構成

　図表2-3-8の通り，GRIスタンダードは，「**共通スタンダード
(101，102，103)**」，「**項目別スタンダード（200，300，400シリーズ)**」
から構成されている。また，**業種別スタンダード**も，2021年改訂よ
り追加されている。

図表 2-3-8　GRI スタンダードの種類・内容

種類	内容
共通スタンダード	GRI 1（基礎）：GRI スタンダード使用にあたっての要求事項・原則を規定 GRI 2（一般開示事項）：報告主体に関する開示事項を説明 GRI 3（マテリアルな課題）：マテリアルな課題の特定に関する開示事項とガイダンスを規定
項目別スタンダード	企業の経済・環境・社会に対するインパクトに関する個別項目別の開示基準 GRI 200 シリーズ：経済 GRI 300 シリーズ：環境 GRI 400 シリーズ：企業の社会に対するインパクトに関する開示項目
業種別スタンダード	2021 年にオイル・ガスセクターについて発表

　共通スタンダードについては，サステナビリティ報告書を作成す
る全ての企業に適用される。

　項目別スタンダードについては，企業にとってマテリアリティの
高い個別項目について報告を行うために，該当するものを選択して
使用する必要がある。

　業種別スタンダードについては，企業が当該業種に属する場合に
はこれを使用する。

（B）GRIスタンダードにおけるマテリアリティの特定

　2021年の改訂により，GRI 3において，マテリアルな課題特定の

方法が改訂された。

　従前は，「企業が経済，環境，社会に与える著しいインパクトを反映する項目」と「ステークホルダーの評価や意思決定に対して実質的に影響を及ぼす項目」の2つを考慮して，マテリアルな課題が特定されていた。

　しかし，「ステークホルダーの評価や意思決定に対して実質的に影響を及ぼす項目」は，ステークホルダーの選別にマテリアリティの検証が左右されてしまうことから，2021年改訂版では廃止された。

　一方，「企業が経済，環境，社会に与える著しいインパクトを反映する項目」については「人権へのインパクトを含む」ことが追記された。また，インパクトの特定・評価にあたっては，第1章で説明した指導原則やOECD・DDガイダンスに基づく人権・環境DDに沿って実施すべきことが明記された。

（6）主要5団体による共同声明：ダイナミック・マテリアリティの提唱

　第1部でも説明した通り，ESG非財務情報の枠組みが乱立している状況をふまえて，2020年9月，GRI, IIRC, SASBを含む主要5団体は，**「より包括的な企業報告のための共同意思表明」**[43] を発表した。

　この声明では，「ダイナミック・マテリアリティ」を提唱している。

　図表2-3-9のとおり，環境・社会マテリアリティと財務マテリアリティという2つのマテリアリティの境界が点線になっており，重なり合っている。従前は企業価値に影響がないと考えられていたサステナビリティ課題が，徐々に又は時には急速に，企業価値や財務情報にも影響を与える可能性がある点で，マリテリアリティが動的（ダイナミック）概念であることを説明する。その上で，各ESG情報

---

43) Statement of Intent to Work Together Towards Comprehensive Corporate Reporting

図表 2-3-9　ダイナミック・マテリアリティ

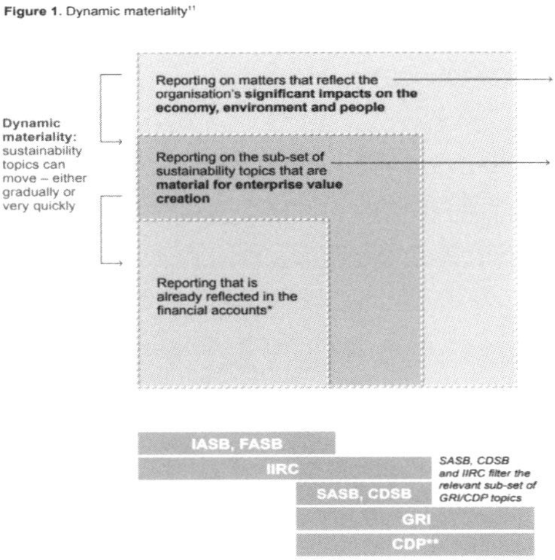

Figure 1. Dynamic materiality¹¹

(出典)「より包括的な企業報告のための共同意思表明」

開示枠組みがどのマテリアリティに関する開示の領域をカバーして
いるのかも整理している。

2　非財務情報開示規制

　欧米諸国では，以下の通り，財務マテリアリティのみならず環境・
社会マテリアリティを重視した非財務情報開示を義務付ける規制も
導入されている。

（1）EU非財務情報開示指令
（A）概要
　2014年にEUで採択された**EU非財務情報開示指令（NFDR）**[44]は，

---

44) Directive 2014/95/EU

サプライチェーンにおける非財務情報に関する情報開示を要求したものであり，EU加盟国各国で国内法化されている。

適用対象は，従業員500人超の公的な利益を有する企業（上場企業・金融機関）であり，年次報告書における開示を要求している。

開示分野は，**環境，労働，人権尊重，腐敗・贈賄防止，取締役会の多様性**に関する事項であり，ESGの分野が広くカバーされている。

開示事項は，①上記分野に関する会社の方針，②これらの方針の結果，③上記分野に関連するリスク及び会社によるそれらのリスクへの対処方法，④重要業績評価指標（KPI）であり，サプライチェーンに関する情報も含むものである。

（B）非財務情報開示ガイドライン

欧州委員会は，2017年，**非財務情報開示指令に関するガイドライン**[45]を発表した。

同ガイドラインは，企業向けに，非財務情報開示を効果的に開示するのを支援するために，法的拘束力のない枠組みを提示したものである。

開示項目は，①ビジネスモデル，②方針とデュー・ディリジェンス，③結果，④重要なリスクとその管理，⑤重要業績評価指標（KPI）に整理されており，DDのプロセスの開示を求める内容になっている。

また，環境・労働・人権尊重・腐敗防止・サプライチェーン・紛争鉱物の分野に関して開示例やKPIの例が記載されている。

（C）気候関連情報開示ガイドライン

欧州委員会は，2019年，非財務情報開示ガイドラインの付属文書として「**気候関連情報開示ガイドライン**」を発表した[46]。

図表2-3-10のとおり，同ガイドラインは，TCFDが重視する財務

---

45) Guidelines on non-financial reporting（2017/C 215/01）
46) Guidelines on reporting climate-related information

図表 2-3-10　EU 気候関連情報開示ガイドラインにおけるマテリアリ
　　　　　　ティの比較

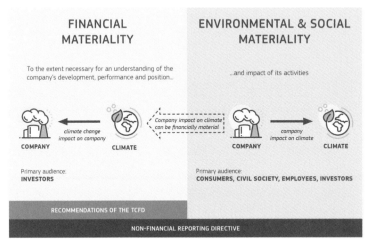

（出典）EU 気候変動情報開示ガイドライン

マテリアリティ（気候変動の企業へのリスク）と共に，環境・社会マ
テリアリティ（企業活動の気候変動に対する影響）を含めた開示を推
奨しており，具体的には，温室効果ガス排出量の開示等も求める内
容となっている。

（D）EUタクソノミー規則に基づく情報開示

第2章で説明した通り，EU非財務情報開示指令の対象となる企業
は，タクソノミーに整合する活動の売上高の割合及びタクソノミー
に整合する活動の資本支出と事業運営費の割合を開示することが求
められる（タクソノミー規則8条）。

（E）非財務情報開示指令改正案

欧州委員会は，2021年4月，非財務情報開示指令の改正案として
サステナビリティ開示指令案（CSRD：Corporate Sustainability
Reporting Directive）を提出した。

改正案は，適用対象を従業員500人以下の上場企業，従業員500
人超の非上場企業にも拡大することを提案している。

また，開示の内容に関して，第1章で詳説した指導原則やOECD・
DDガイダンスに基づくサプライチェーンDDの実施状況について
より詳細な開示を求めるものになっている。

19a　サステナビリティ報告抜粋

(i)サステナビリティの課題に関して実施されたDDプロセス

(ii)事業のバリューチェーンに関連する主な実際の又は潜在的な
　　負の影響。これには，自社の事業，製品及びサービス，取引
　　関係，及びサプライチェーンが含まれる。

(iii)実際の又は潜在的な負の影響を防止，軽減，又は是正するた
　　めに講じられた措置，及びそのような措置の結果。

---

(2) その他のサプライチェーン開示規制

このほか，第1章で説明した**欧米紛争鉱物規制**，**米国カリフォルニ
ア州サプライチェーン透明化法**，**英豪現代奴隷法**，**フランス注意義務
法**，**ドイツ・サプライチェーンDD法**も，サプライチェーンを通じた
DDプロセス等に関して開示を求めており，非財務情報開示規制と
しても位置付けられる。

3　日本国内の動向

(1) コーポレートガバナンス・コード

第5章で詳細に説明する通り，**コーポレートガバナンス・コード**
(CGコード)は上場企業の企業統治に関する原則であり，一定の事項
については**コーポレートガバナンス報告書**を通じた開示も求められ
ている。

CGコードの**基本原則2**は株主以外のステークホルダーとの協働，

基本原則3は，適切な情報開示と透明性の確保として非財務情報の開示に関しても規定している。

　サステナビリティが重要な経営課題であるとの意識が高まっていることをふまえ，**コーポレートガバナンス・コード2021年6月改訂**において，サステナビリティに関する開示を拡大した。

　補充原則3-1③が追加され，「上場会社は，経営戦略の開示に当たって，自社のサステナビリティについての取組みを適切に開示すべきである」として上場企業に対し広くサステナビリティの開示を求めた。また「プライム市場上場会社は，気候変動に係るリスク及び収益機会が自社の事業活動や収益等に与える影響について，必要なデータの収集と分析を行い，国際的に確立された開示の枠組みであるTCFDまたはそれと同等の枠組みに基づく開示の質と量の充実を進めるべきである」と規定し，特にプライム市場上場会社に関しTCFD又は同等の開示を求めた。

(2) 価値協創ガイダンス

(A) 概要

　経済産業省は，ESG・非財務情報開示などの促進のため，2017年，**「価値協創のための統合的開示・対話ガイダンス（伊藤レポート2.0）」**（「**価値協創ガイダンス**」）を発表した。

　価値協創ガイダンスは，企業向けに統合報告の手引を示す点でIIRC統合報告フレームワークとも共通している。ただし，それと共に，投資家向けにも投資先企業との対話の手引も示している。

(B) 企業価値を構成する開示項目

　図表2-3-11の通り，企業価値を構成する要素として開示すべき項目，①**価値観**，②**ビジネスモデル**，③**持続可能性・成長性**，④**戦略**，⑤**成果とKPI**，⑥**ガバナンス**を挙げている。これらの項目を，各企業の価値創造ストーリーに位置付けて開示することを要請している。

図表 2-3-11　価値協創ガイダンスの構成

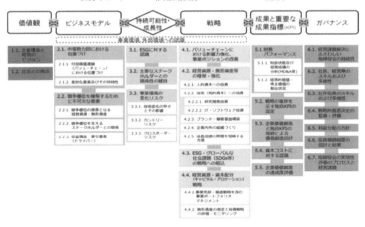

（出典）経済産業省・価値協創ガイダンス

（C）ESGの位置付け

　ESGについては，③**持続可能性・成長性**や④**戦略**の項目で触れられている。すなわち，「**3．1ESGの認識**」において，企業は自社の中長期的な企業価値やビジネスモデルの持続性に影響を与える，あるいは事業の存続そのものに対するリスクとして，どのような ESG の社会・環境要素を特定しているか，その影響をどのように認識しているかを示すべきであると説明している。また，そのようなリスクへの対応や事業機会につなげるための取組について，戦略〔4.〕の中で示すことも有益であると説明している。

（3）開示府令

　「**企業内容等の開示に関する内閣府令**」2019年改正により，「**事業等のリスク**」など記述情報が拡大し，リスクが顕在化する可能性の程度や時期，リスクの事業へ与える影響の内容，リスクへの対応策の開示をより具体的に要求している。

　SDGs/ESGに関するリスクも事業等へ与える影響が大きい場合には開示対象となり得る。

(4) 日弁連ESGガイダンス

　日弁連は，2018年，「**ESG（環境・社会・ガバナンス）関連リスク対応におけるガイダンス（手引）**」（「**ESGガイダンス**」）を発表した。日弁連ESGガイダンスは，ESGに関するリスク対応に特化したガイダンスである。特に第1章では，企業向けの非財務情報開示のガイダンスを提供している。

　ガイダンスは，EU非財務情報開示指令をふまえて，①企業のビジネスモデル，②非財務分野に関する方針及び採用しているリスク評価の手続・基準，③方針及びリスク評価の実施結果，④重要なリスクに対する対処状況，⑤採用している重要成果評価指標（KPI）を開示項目として挙げている。

　加えて，人権，労働，環境，腐敗防止，サプライチェーン，コーポレート・ガバナンスの分野について，具体的な非財務情報の開示項目を例示すると共に，情報開示の媒体についても例示している。

4　ESG評価機関の役割と種類

　ESG評価機関は，企業の非財務情報を投資家の関心が高いものや投資判断に有用な項目を特定し，企業の公開情報や個別の質問票等を活用して収集，調査，評価を行い，投資家に提供している。

　また，一部の機関は，ESG評価の高い企業を選定し，インデックス（指標）も提供している。

　企業が，ESG取組みに関する投資家からの評価を高めるためには，ESG評価機関の評価基準をふまえた非財務情報開示を行うことも有益である。

　主要なESG評価機関の評価サービスとインデックスの例は，**図表**

2-3-12の通りである。

図表2-3-12　ESG評価機関の評価サービス・インデックスの例

評価機関	ESG評価サービス	ESGインデックスの例
アラベスク・グループ	企業の公開情報・ニュース等のデータをAIに基づき分析・評価するアラビスクS-Rayサービスを投資家に提供（100点満点）。	－
ブルームバーグ・エル・ピー	世界各国の企業のESGデータを収集・提供。企業のESGデータの開示度合いを基にブルームバーグESG開示スコアを算出・付与（100点満点）。	ブルームバーグMSCI ESGインデックス、ブルームバーグSASB ESG指数など
CDP	気候変動，水セキュリティ，森林減少リスク・コモディティの分野における，企業評価を実施。企業に質問書を送付し，その回答等をふまえて評価（A-D）。	－
FTSE Russell	公開情報及び企業からのフィードバックに基づき，「ESGレーティング」を実施。各ESGテーマのエクスポージャーのレベル（高－低）と取組のスコア（1-5）を評価した上で算出。	FTSE4Good Index Series, FTSE Blossom Japan Indexなど
MSCI	公開情報及び企業からのフィードバックに基づき，「MSCI ESG格付け」を実施。企業は，業界固有のESGリスクに対するエクスポージャーと，同業他社と比較した当該リスクに対する管理能力に応じて，「AAA」から「CCC」の尺度で格付けされる。	MSCI ESGセレクト・リーダーズ指数，MSCI日本株女性活躍指数

S&P Global	質問票に基づく調査等を通じて、「CSA（コーポレートサステナビリティ評価）」を実施。CSA では対象企業を 61 の業種に分け，各業界における最も重要かつ関連性の高い ESG 要因に注目した質問表を送付して実施・評価（100 点満点）。	ダウ・ジョーンズ・サステナビリティ・インデックス（DJSI）など
Sustainalytics	アナリストが，企業の公開情報及び企業へのエンゲージメントを通じて ESG リスクレーティングを実施し，投資家に提供。企業が ESG リスクに晒されている度合い（エクスポージャー），企業のリスクの管理状況を評価し，未管理状態にある ESG リスクをスコア化。	－
Truvalue Labs	企業の ESG 情報・ニュースを AI に基づき定量化し，企業の ESG パフォーマンスを評価（100 点満点）。	－
Rep Risk	企業のレピュテーションリスクを評価。RRI（Reputational Risk Index）は 100 点満点で評価，RRR（RepRisk Rating）は AAA から D で格付け。	－

（JPX ESG Knowledge Hub の記載を参考にしつつ，筆者において追加・修正）

第 3　非財務情報開示の実務対応

　以上の非財務情報開示に関するルール形成の動向をふまえて，以下では企業の非財務情報開示における留意点を説明する。

1　マテリアリティの種類に応じた開示とその流動性

　図表2-3-13のとおり，一般的に，環境・社会マテリアリティと財務マテリアリティの種類に応じ，開示の相手方，参考となる開示基準，開示媒体は異なっている。

　しかし，「ダイナミック・マテリアリティ」として提唱されるとおり，環境・社会課題は，環境・社会マテリアリティと財務マテリアリティ双方に動的に関係している可能性がある。

　そのため，図表2-3-13で両者の境界を点線で表している。

　一見して企業価値に関係がないよう思われる環境・社会課題であっても，企業価値の影響を与える可能性が合理的に説明できる場合には，投資家・金融機関も関心を有することが考えられ，有価証券報告書，事業報告，統合報告書，コーポレートガバナンス報告書などの開示書類に積極的に開示することにより，開示の質を高める

図2-3-13　マテリアリティの種類に応じた開示とその流動性

種類	主な開示の相手方	主に参考となる開示基準	主な開示媒体
環境・社会マテリアリティ ↓	労働者・地域住民・消費者などのステークホルダー	GRI，EU非財務情報開示指令，サプライチェーン開示規制等	サステナビリティ報告書，ステークホルダーとの対話における説明，ウェブサイト
財務マテリアリティ	投資家・金融機関	TCFD，IIRC，SASB，ISSB等	有価証券報告書，事業報告，統合報告書，コーポレートガバナンス報告書，投資家との対話における説明，株主総会における説明，ウェブサイト

ことができる。

　以下では，環境・社会マテリアリティと財務マテリアリティの違いをふまえつつも，その流動性もふまえて，開示における留意点を説明する。

2　ビジネスモデルをふまえたマテリアリティの特定

　環境・社会マテリアリティと財務マテリアリティにいずれに観点からの開示でも，自社のビジネスモデル及びサプライチェーンを理解した上でそのマテリアリティを特定していることを説明することが重要である。

（1）環境・社会マテリアリティの特定

　環境・社会マテリアリティに関しては，企業活動が事業活動・サプライチェーンを通じて重要な影響（正・負双方）を与えている環境・社会課題が，重要課題となる。負の影響の特定については，第1章で解説したサプライチェーンDDの影響評価のプロセスを説明することが有益である。正の影響の特定については，第2章で解説したSDGsインパクト管理におけるインパクト評価のプロセスを説明することが有益である。

　正確かつ客観的にマテリアリティを特定し，ステークホルダーから信頼を確保するためには，影響を受ける可能性があるステークホルダー又はその関係者と対話をふまえて行うことも考えられる。

（2）財務マテリアリティの特定

　財務マテリアリティに関しては，企業価値創造プロセスを通じて，企業の事業活動・サプライチェーンに重大な影響（リスク・機会双方）を与えている環境・社会課題を特定することが重要である。

　ただし，リスク・機会を特定するにあたっては，財務への影響の

みならず，人的資本・知的資本などの無形資産への影響を説明することが有益である。

　正確かつ客観的にマテリアリティを特定し，投資家から信頼を確保するためには，投資家との間でエンゲージメントの結果もふまえて行うことが考えられる。

（3）ダイナミックなルール形成の影響の分析と説明

　ダイナミック・マテリアリティの観点からは，財務マテリアリティの特定にあたって，企業活動に影響を与える可能性がある環境・社会課題を，より広く確認・特定することが重要である。

　この場合に，ダイナミック・コンプライアンスの視点をふまえ，国際的交錯・多様化・流動化が生じているダイナミックなSDGs/ESGルール形成が企業活動に与える影響を分析し，その結果を必要に応じて説明することも有益である。

3　重要課題への対応状況の説明

　環境・社会マテリアリティと財務マテリアリティのいずれの観点からの開示でも，特定したマテリアリティに関して，適切に課題に対応していることを説明することが重要である。

（1）環境・社会マテリアリティへの対応状況の説明

　環境・社会マテリアリティに関しては，企業活動の環境・社会に対する負の影響を対処し正の影響を促進していることを説明することが重要である。負の影響の対処については，第1章で解説したサプライチェーンDDの実施状況を説明することが有益である。正の影響の特定については，第2章で解説したSDGsインパクト管理の実施状況を説明することが考えられる。

（2）財務マテリアリティへの対応状況の説明

　財務マテリアリティに関しては，企業価値創造プロセスを通じて，ビジネスモデルの持続可能性を高めるために，重要課題に関して，適切にリスクを管理し，機会を創出すための戦略を策定し，実施していることが重要である。この場合も，財務への影響のみならず，人的資本・知的資本などの無形資産への影響を説明することが有益である。

（3）SDGs/ESGルールの対応・活用状況の説明

　財務マテリアリティの観点からは，SDGs/ESGルールを戦略的に対応・活用していることを具体的に説明することにより，自社が効果的にリスクを管理し，機会を創出していること示すことができる。

　環境・社会マテリアリティの観点からも，SDGs/ESGルールに準拠して，企業活動の環境・社会に対する負の影響を対処し正の影響を促進していることを説明することが，「SDGs/ESGウォッシュ」の懸念を払しょくし，ステークホルダーからの信頼を確保することにつながる。

4　重要業績指標（KPI）の特定

（1）意義

　環境・社会マテリアリティと財務マテリアリティのいずれの観点からの開示においても，課題への対応状況を説明するにあたって，当該課題と関連する重要業績成果指標（KPI：Key Performance Indicator）を特定することが重要である。

　KPIの特定は，時系列・企業間の比較を可能にする観点で有益である。KPIが改善していることを示すことにより，自社の課題への対応が過去と比較して進捗・改善していることを説明することができる。また，KPIの特定は，自社が他社との比較において先進的な

取組みを行っているとの評価を投資家やステークホルダーから受けることにもつながる。

(2) SDGs/ESGルールの参照

　KPIの特定にあたっては，様々なSDGs/ESGルール（例えばSASBやGRIなどの非財務情報開示枠組み,EU非財務情報開示指令など）において特定されている各課題に関するKPIを参照することが有益である。

　例えば，EU非財務情報開示指令のガイドラインでは，**図表2-3-14**の通り，環境，労働，人権尊重，贈賄防止，サプライチェーン及び紛争鉱物という分野に関し，各分野の開示すべき具体的な項目やKPIの例を列挙しており，参考となる。

図表 2-3-14　EU 非財務情報開示ガイドラインが例示する KPI

分野	KPI の例
環境	エネルギー性能とその改善；非再生可能エネルギーからのエネルギー消費量とエネルギー効率；メータートン当たりの二酸化炭素などの温室効果ガス排出量;他の汚染物質の排出量（絶対量と濃度）；自然資源の採掘量；自然資本と生物多様性に対する影響と依存性；廃棄物管理（例：リサイクル率）
労働	ジェンダーその他の多様性;育児休暇を付与される従業員数・男女別；労災事故・疾病のリスクの高い業務に従事する労働者数;労働災害事故数，業務起因傷病の種類；従業員の所得；有期契約社員の割合・男女別；従業員 1 人当たり・1 年当たりの研修の平均時間・男女別；従業員の相談手続；障がい者雇用数
人権尊重	事業・決定に関して重大な人権への悪影響が生じた件数；苦情の受付・対処手続；人権侵害を緩和し救済を提供する手続；深刻な人権侵害のリスクがある事業・サプライヤー；人身取引・強制労働・児童労働・不安定雇用・危険な労働環境などの搾取を防止するための手続・措置（特に虐待のリスクの高い地域）；障がい者にとって施設・文書・ウェブサイトのアクセスの可能性；結社の自由の尊重状況；関係ステークホルダーとの対話状況

腐敗防止	贈賄防止方針，手続，基準；贈賄リスクの評価に利用される基準；贈賄防止のために配分される内部統制のプロセス・リソース；適切な研修を受けた従業員数；内部通報制度の利用状況；不正競争行為に関する法的処分数
サプライチェーン	以下の点に関するサプライヤーの監査状況： 児童労働・強制労働，不安定雇用・賃金，危険な労働条件（建物の安全性・安全装置・労働衛生を含む）を含む労働慣行；人身取引その他の人権問題；温暖化ガス排出及びその他の種類の水・環境の汚染；森林破壊及びその他の生物多様性に関するリスク 企業のサプライヤーに対する影響力に関する監査状況： 例えば支払条件・平均支払期間
紛争鉱物	OECD・DD ガイダンスと整合した紛争鉱物 DD 方針を採用している直接の関係するサプライヤーの割合；紛争地域及びハイリスク地域原産のスズ，タンタル，タングステン，金に関して責任ある調達原材料の割合；OECD・DD ガイダンスの下での紛争鉱物 DD 情報を契約書上の要求する関係顧客の割合

(3) 独自のKPIの設定の可能性

　重要課題への対応にあたって，他のSDGs/ESGルールとは異なる独自のKPIを設定することがより適切な場合には，これを選択することも考えられる。自社のビジネスモデルに適したKPIの設定により，ステークホルダー等からより積極的な評価を受けることができる可能性もあり，これもSDGs/ESGルールの形成への参加の一環としてとらえることもできる。

　ただし，重要課題とは関係の薄い自社に都合の良いKPIを特定するのではステークホルダー等から理解を得ることは困難である。なぜそのようなKPIを設定することが適切であるのかについて，SDGs，TCFD，指導原則などの影響力の高い国際規範との整合性をふまえて，積極的に説明することが必要である。

5　開示媒体

（1）様々な開示媒体における開示の可能性

　日本においても，図表2-3-15の通り，非財務情報を開示できる様々な開示媒体が存在するが，開示媒体の種類によって，開示の目的・性質，開示の相手方は異なっている。

　開示を行う非財務情報の内容に応じて，いかなる媒体において開示を行うのが適切であるか，個別に検討する必要がある。

　前述の図表2-3-13の通り，一般的に，環境・社会マテリアリティと財務マテリアリティの種類に応じ，非財務情報の開示の媒体は異なっている。しかし，「ダイナミック・マテリアリティ」をふまえれば，一見して企業価値に関係がないよう思われる環境・社会課題であっても，企業価値の影響を与える可能性が合理的に説明できる場合には，有価証券報告書，事業報告，統合報告書，コーポレートガバナンス報告書などの開示書類に積極的に開示することにより，開示の質を高めることができる。

図表 2-3-15　非財務情報の開示媒体の種類

開示媒体の種類	開示の目的・性質	開示の相手方	開示における留意点
適時開示書類	取引所規則に基づき重要な会社情報を上場会社から投資者に適時に開示する	株主	非財務情報が企業価値に影響を与える重要な変更を生じさせる場合において，これを直接に，広く，かつ，タイムリーに伝達する必要がある場合に利用すべき。
事業報告書	会社法に基づき株主が株主総会において議決権を行使するための前提として開示する	株主	非財務情報が株主総会において議決権を行使するために重要な情報である場合に開示すべき。

有価証券報告書	金融商品取引法に基づき，投資者に対し，その投資判断に必要な重要情報として事業年度ごとの営業及び経理の状況，その他の事業の内容に関する重要事項を報告する	株主	非財務情報が企業価値に重要な影響を与える場合に開示すべき。「事業の状況」に記載された「事業等のリスク」の要素として SDGs/ESG リスクに関して記載することが考えられる。
コーポレートガバナンス報告書	取引所規則に基づき，投資者に対し，上場企業のコーポレート・ガバナンスの状況を明確に伝える手段として導入	株主	・「Ⅰの１ コーポレート・ガバナンスに関する基本的な考え方」の「(2) コードの各原則に基づく開示」においてコード実施状況について開示が可能 ・「Ⅲ 株主その他の利害関係者に関する施策の実施状況」の「3. ステークホルダーの立場の尊重に係る取組み状況」においても開示が可能。
統合報告書	企業価値創造のプロセスを説明することにより非財務情報と財務情報を統合的に報告することを目的	株主	・IIRC 統合報告フレームワーク等を参照して，非財務情報がいかに企業価値を関連しているかを効果的に説明する。
サステナビリティ報告書	広くステークホルダーに対する信頼の確保を目的	ステークホルダー	・GRI スタンダード等を参照として，企業活動のステークホルダーへの影響への対応も広く開示することが考えられる。
ウェブサイト		不特定多数	・様々な非財務情報に関して，柔軟な開示が可能である。

（2）開示媒体以外での情報開示

以上のような開示媒体以外でも，例えば，投資家・金融機関との
エンゲージメント，ステークホルダーとのエンゲージメント，商品・
サービスに関する開示，メディア・NGO・規制当局とのコミュニ
ケーションなど様々な局面で，企業は，非財務情報を開示すること
が考えられる。

ただし，開示すべき非財務情開示の重点は，コミュケーションの
相手方の関心事項によって異なり得る。開示内容の一貫性を確保し
つつも，相手方の関心事項をふまえた効果的な開示が重要である。

column

日弁連 ESG ガイダンスと ESG リスクの管理・開示

　日本企業では，欧米のように非財務情報開示に関する規制や
ルールの導入が進んでいないこともあり，ステークホルダーに
対する企業活動の負の影響及び企業にとってのリスク双方の観
点で，ESGに関連するリスク及びその対応状況に関する開示が
積極的に行われていないという課題があった。企業がESGに関
連するリスクに直面していながら，その対応に関して開示しな
ければ，ステークホルダー・投資家双方から，不信感を持たれ
てしまうことにつながりかない。

　そのような問題意識から，筆者は，2017年，旬刊商事法務
No.2146・No.2147に「ESG関連リスクの管理・開示のあり方
——CGコード第2章への対応を視野に」という論稿を執筆し，
問題提起を行った。そして，日弁連において，2018年に，ESG
のリスク面の対応に特化したガイダンスとして，「ESG（環境・

社会・ガバナンス）関連リスク対応におけるガイダンス（手引）」
（ESGガイダンス）[47] を発表し，筆者もその取りまとめに関与さ
せていただいた。ガイダンスの策定にあたっては可能な限り実
務的な内容になるように，ESG投資に取り組む機関投資家の
方々のご助言をいただきながら策定した。

　日弁連ESGガイダンス第1章は，企業の情報開示について規
定している。同章は，EU非財務情報指令を参考としながら，
ESGリスクの管理状況を人権・環境DDの枠組みに沿った形で
開示することを推奨している。また，日本企業にとって特に重
要な課題として認識されている，人権，労働，環境，腐敗防止，
サプライチェーン，コーポレート・ガバナンスの分野の課題を，
開示が推奨される開示項目の例として列挙している。ESGリス
クの面の非財務情報開示を検討するにあたって参考とすること
をお勧めしたい。

　なお，日弁連ESGガイダンスの詳細については，ESG/SDGs
法務研究会『日弁連ESGガイダンスの解説とSDGs時代の実務
対応』（商事法務，2019年）も参照されたい。

47）https://www.nichibenren.or.jp/document/opinion/year/2018/180823.
　　html

第 4 章
ESG 投融資／サステナブルファイナンス

第 1　ESG 投融資／サステナブルファイナンスの意義

1　SDGs/ESG 経営における位置付け

　企業は，投資家・金融機関から，ESG投融資／サステナブルファイナンスを通じた資金調達を図ることにより，より一層，環境・社会価値を提供し，また自社の企業価値を創造することができる可能性がある。

　そのため，企業は，ESG投融資／サステナブルファイナンスを活用できるように，その実務を理解し，投資家・金融機関の期待・要求にも沿う形で，SDGs/ESG経営を実践する必要がある。

2　ダイナミック・コンプライアンスの視点

　以下で説明する通り，ESG投融資／サステナブルファイナンスは様々な商品・手法に拡大しており，様々な原則・ガイドラインに基づいて運用されている。各商品・手法の運用ルール以外にも，受託者責任に関するルール，金融市場の安定化に関するルール，責任ある企業行動に関するルールなど様々なルールによって規律されてい

る。さらに，SDGs/ESGウォッシュの防止の観点から，EUでは，サステナブルファイナンス開示規則・タクソノミー規則のような厳格な規制も導入され始めている。

　このようなダイナミックなルール形成プロセスを理解し，投資家・金融機関の期待・要求に対応することによってこそ，投資家・金融機関からの評価を高め，ESG投融資／サステナブルファイナンスを活用することができる。

第２　ESG 投融資／サステナブルファイナンスの種類と原則

　第1部の**図表1-2**で説明した通り，ESG投融資／サステナブルファイナンスは，株式から債券・融資に至るまで拡大している。

　そして，各金融商品・投資手法に応じて異なる原則・ガイドラインに準拠しながら推進されていることが一般的である。

　以下では，株式・債券・融資について，商品・手法の種類や関連する原則を説明する。

1　ESG 投資の種類と関連原則

（1）責任投資原則（PRI）による提唱

　第1部で説明した通り，ESG投資は，**責任投資原則（PRI）**を中心に提唱され，推進されてきた。

　PRIは，①投資分析と意思決定のプロセスにESGの課題を組み込むこと（第1原則），②**アクティブ・オーナー**（活動的な株主）となり，**議決権行使・エンゲージメント**にESG の課題を組み入れること（第2原則），③投資先企業に対してESGに関する**非財務情報開示**を求めること（第3原則）など6つの原則から構成される。

　PRIに署名した投資家には，**PRI レポーティングフレームワー**

121

ク[48]) に基づいて，PRIの実施状況の報告が求められ，報告内容は
A-Dのスコアにより評価される。

(2) ESG投資の種類[49])

PRIレポーティングフレームワーク定義集[50]) は，以下の通り，PRI
の原則に沿って，ESG投資の手法を分類している。

(A)　PRI第1原則：ESGインコーポレーション

PRIの第1原則は，投資家に対し，**ESGインコーポレーション**，す
なわち投資分析と意思決定のプロセスにESGの課題を組み込むこ
とを要請している。

このESGインコーポレーションには，以下のような種類の手法が
ある。

a. ネガティブ／排除的スクリーニング

特定のESG基準に基づき，特定のセクター，企業，慣行をファン
ドやポートフォリオから除外すること。

b. ポジティブ／ベスト・イン・クラスのスクリーニング

業界の同業他社と比較してESGパフォーマンスがポジティブで
あると判断されたセクター，企業，プロジェクトへの投資。

c. 規範に基づくスクリーニング

国際的な基準に基づく最低限のビジネス慣行の基準に照らして投
資をスクリーニングすること。

d. サステナビリティ・テーマ投資

持続可能性に特化したテーマや資産（例えば，クリーンエネルギー，
グリーンテクノロジー，持続可能な農業など）への投資。なお，第2章
で説明した**インパクト投資**については，この投資手法に含まれると

---

48) https://www.unpri.org/signatories/reporting-and-assessment
49) ESG 投資の定義については，日本サステナブル投資フォーラム (JSIF)「日
　本サステナブル投資白書 2020」を参照。
50) PRI Reporting Framework Main definitions

理解されている。

e. ESGインテグレーション（ESG 課題の統合）

投資分析と投資判断に重要なESG要因を体系的かつ明示的に組み込むこと。

（B）PRI第2原則：アクティブ・オーナーシップ

PRIの第2原則における**アクティブ・オーナシップ**とは，投資家の活動や行動に影響を与えるために，株主としての権利や地位を利用することをいい，その方法には，**議決権行使とエンゲージメント**が含まれる。

a. 議決権行使

議決権行使は，会社側提案又は株主提案による株主総会議案に関する賛否等の表明を行うことであり，株主提案の提出も含む。

b. エンゲージメント

エンゲージメントとは，投資家と現在又は将来の投資先との間で，ESG問題に関する意思疎通を図ることを意味する。エンゲージメントは，ESGの慣行に影響を与える（又は影響を与える必要性を認識する），あるいはESGの開示を改善するために実施される。

（C）PRI分類とGSIA分類の照合

サステナブル投資の国際団体である**Global Sustainable Investment Alliance（GSIA）**もESG投資は異なる方法で分類しているところ，日本サステナブル投資白書は，PRI分類とGSIA分類を以下の通り照合している。

図表 2-4-1　ESG 投資における PRI 分類と GSIA 分類の照合

表1-3-2

	PRI分類		番号
原則 1	ESG インコーポレーション	ネガティブ／除外スクリーニング並びにポジティブ／ベスト・イン・クラス・スクリーニング	1
		国際規範に基づくスクリーニング	2
		サステナビリティ・テーマ投資	3
		ESG課題のインテグレーション	4
原則 2	アクティブ・オーナーシップ	エンゲージメント	5
		議決権行使	6

	GSIA 分類	PRI分類 対称番号
サステナブル投資	ESGインテグレーション	4
	エンゲージメント並びに議決権行使	5、6[※1]
	国際規範に基づくスクリーニング	2
	ネガティブ／除外スクリーニング	1
	ポジティブ／ベスト・イン・クラス・スクリーニング	1
	サステナビリティ・テーマ型投資	3
	インパクト投資・コミュニティ投資	[※2,3]

（出典）日本サステナブル投資フォーラム（JSIF）「日本サステナブル投資白書 2020」

2　ESG 債券の種類と関連原則

　ESG要素を考慮した債券（ESG債）には，**グリーンボンド・ソーシャルボンド，サステナビリティボンド，サステナビリティリンクボンド**などがある。国際資本市場協会（ICMA）が策定した原則やこれをふまえた国内向けの実務指針に準拠して発行されることが一般的である。

（1）グリーンボンド

（A）定義

　グリーンボンドとは，調達資金又はその相当額の全てが，新規又は既存の適格なグリーンプロジェクトの一部又は全部の初期投資又はリファイナンスのみに充当され，かつ，GBPの4つの核となる要素に適合している様々な種類の債券をいう。**標準的グリーンボンド，グリーンレベニュー債，グリーンプロジェクト債，グリーン証券化債**がある。

（B）関連原則

　ICMAが，「**グリーンボンド原則（GBP）**」[51]を策定している。GBPは，①調達資金の使途，②プロジェクトの評価と選定のプロセス，③調達資金の管理，④レポーティングを要求事項としている。また，重要な推奨事項として，グリーンボンド・フレームワークに基づく開示及び外部評価を挙げている。

　なお，環境省は，GBPとの整合性を配慮しつつ国内向けの実務的な指針として「**グリーンボンドガイドライン**」[52]を策定している。

（2）ソーシャルボンド

（A）定義・種類

　ソーシャルボンドとは，調達資金又はその相当額の全てが，新規又は既存の適格なソーシャルプロジェクトの一部又は全部の初期投資又はリファイナンスのみに充当され，かつ，SBPの4つの核となる要素に適合している様々な種類の債券をいう。グリーンボンドに類似して，**標準的ソーシャルボンド，ソーシャルレベニュー債，ソーシャルプロジェクト債，ソーシャル証券化債**がある。

51）https://www.icmagroup.org/assets/documents/Sustainable-finance/Translations/Japanese-GBP2021-06-021121.pdf
52）http://www.env.go.jp/press/files/jp/113511.pdf

（B）関連原則

ICMAが，「**ソーシャルボンド原則（SBP）**」[53)] を策定している。SBP
は，GBPと同様，①調達資金の使途，②プロジェクトの評価と選定
のプロセス，③調達資金の管理，④レポーティングを要求事項とし
ている。また，重要な推奨事項として，ソーシャルボンド・フレー
ムワークに基づく開示及び外部評価を挙げている。

なお，**金融庁**は，GBPとの整合性を配慮しつつ国内向けの実務的
な指針として「**ソーシャルボンドガイドライン**」[54)] を策定している。

（3）サステナビリティボンド
（A）定義

サステナビリティボンドとは，その手取金の全額がグリーンプロ
ジェクト及びソーシャルプロジェクト双方への融資又は再融資に充
てられる債券で，GBP・SBPの両方に共通する4つの要素に適合し
ている債券をいう。

（B）関連原則

ICMAは，「**サステナビリティボンドガイドライン**」[55)] を策定して
いる。同ガイドラインは，サステナビリティボンドについて，上述
したGBP・SBPの両方に共通する4つの要素に適合することを要求
している。

国内向けの**環境省**「**グリーンボンドガイドライン**」，**金融庁**「**ソー
シャルボンドガイドライン**」も，サステナビリティボンドに適用さ
れる旨それぞれ規定している。

---

53) https://www.icmagroup.org/assets/documents/Sustainable-
finance/Translations/Japanese-SBP2021-06-021121.pdf
54) https://www.fsa.go.jp/news/r3/singi/20211026-2/01.pdf
55) https://www.icmagroup.org/assets/documents/Regulatory/Green-
Bonds/Translations/2018/Japanese_SBG-2018-06.pdf

（4）サステナビリティリンクボンド

（A）定義

　サステナビリティリンクボンドとは，発行体が事前に設定したサステナビリティ/ESG 目標の達成状況に応じて，財務的・構造的に変化する可能性のある債券の総称である。発行体は，事前に設定した時間軸の中で，自社のサステナビリティ目標達成に向けて将来改善することを，明示的に（債券の開示資料等においても）表明する。将来の発行体のサステナビリティ目標の達成状況に連動する債券である。これらの目標は，(i) 事前に選定した重要業績評価指標（KPI）を通じて測定され，(ii)事前に設定したサステナビリティ・パフォーマンス・ターゲット（SPT）に照らして評価される。

（B）関連原則

　ICMAは「**サステナビリティリンクボンド原則（SLBP）**」[56] を策定している。同原則は，①KPI の選定，②SPTs の測定，③債券の特性（選定KPIが事前に設定したSPTsを達成するか否かに応じた変化），④レポーティング，⑤検証を要求事項としている。また，推奨事項として，関連事項の開示も推奨している。

3　ESG 融資の種類と関連原則

　ESG要素を考慮した融資（ESG融資）が拡大する中で，以下の通り，PRIの融資版として，**国連責任銀行原則（PRB：Principles for Responsible Banking）**が発足している。

　また，ESG融資には，**グリーンローン，ソーシャルローン，サステナビリティリンクローン**など様々な種類のものがある。これらのローンに関して，**ローン市場協会（LMA）**等の団体が準拠すべき原則を策

56）https://www.icmagroup.org/assets/documents/Regulatory/Green-Bonds/Translations/2020/Japanese-SLBP-2020-June-280920.pdf

定し，また日本政府も国内向けの実務指針を策定している。

（1）責任銀行原則（PRB）

　責任銀行原則（PRB）は，2019年に，UNEP FIによって，銀行業務をSDGsとパリ協定が定める社会的ゴールに整合させることを目標に発足した原則である[57]。

　PRBは以下の6つの原則から構成される。①原則1：整合性（アラインメント）の確保，②原則2：インパクトと目標設定，③原則3：顧客（法人・リテール）の巻込み，④原則4：ステークホルダーとの協働，⑤原則5：ガバナンスと企業文化，⑥原則6：透明性と説明責任である。

　2021年12月時点で，265の銀行が署名している。

（2）グリーンローン

（A）定義

　グリーンローンとは，調達資金の全てが，新規又は既存の適格なグリーンプロジェクトの全部又は一部の初期投資又はリファイナンスのみに充当される様々な種類のローンをいう。

（B）関連原則

　LMA等は，「**グリーンローン原則（GLP）**」[58]を策定している。GLPは，GBPと同様，①調達資金の使途，②プロジェクトの評価と選定のプロセス，③調達資金の管理，④レポーティングを要求事項としている。また，必要に応じて，外部評価を推奨している。

　環境省は，GLPとの整合性に配慮しつつ国内向けの実務的指針と

57）https://www.unepfi.org/banking/bankingprinciples/
58）http://www.env.go.jp/policy/ % E5 % 8F % 82 % E8 % 80 % 83 % E8 % B3 % 87 % E6 % 96 % 99 % EF % BC % 93-2 % E3 % 82 % B0 % E3 % 83 % AA % E3 % 83 % BC % E3 % 83 % B3 % E3 % 83 % AD % E3 % 83% BC% E3 % 83% B3 % E5 % 8E% 9F% E5 % 89% 87% E5 % 92% 8C% E8 % A8% B3.pdf

して，「**グリーンローン及びサステナビリティ・リンク・ローンガイド
ライン 2020 年版**」を策定している[59]。

(3) ソーシャルローン
(A) 定義
　ソーシャルローンとは，調達資金の全てが，新規又は既存の適格
なソーシャルプロジェクトの全部又は一部の初期投資又はリファイ
ナンスのみに充当される様々な種類のローンをいう。
(B) 関連原則
　LMA等は「**ソーシャルローン原則 (SLP)**」[60]を策定している。SLP
も，① 調達資金の使途，②プロジェクトの評価と選定のプロセス，
③調達資金の管理，④レポーティングを要求事項としている。また，
必要に応じて，外部評価を推奨している。

(4) サステナビリティリンクローン
(A) 定義
　サステナビリティ・リンク・ローンとは，借り手による野心的な事
前に設定されたサステナビリティ・パフォーマンス目標の達成への
動機付けを与える，あらゆる種類のローン商品及び／又はコンティ
ンジェント・ファシリティ（ボンディング貸付枠，保証貸付枠，信用状
等）である。借り手のサステナビリティ・パフォーマンスは，サス
テナビリティ・パフォーマンスターゲット（SPTs）を用いて測定さ
れる。SPTs は，KPI，外部機関による格付け及び／又は同等の指標
を含み，借り手のサステナビリティ特性の向上を測定する。
(B) 関連原則
　LMA等は，「**サステナビリティリンクローン原則（SLLP）**」を策定

59）https://www.env.go.jp/press/files/jp/113511.pdf
60）https://www.lma.eu.com/application/files/1816/1829/9975/
　　Social_Loan_Principles.pdf

している[61]。SLLPは，①借り手の全体的な企業の社会的責任 (CSR) 戦略との関係の説明，②目標設定及びSPTに基づく借り手のサステナビリティの測定，③レポーティング，④レビューを要求事項とする。

　環境省は，SLLPとの整合性の配慮しつつ国内向けの実務的指針として，前述の「**グリーンローン及びサステナビリティ・リンク・ローンガイドライン 2020 年版**」を策定している 。

4　クライメート・トランジション・ファイナンス

　脱炭素社会への移行（トランジション）に向けて，自社の気候変動関連の戦略の実行に必要な資金の調達を目的とするファイナンスとして，「**クライメート・トランジション・ファイナンス**」も行われており，これに関連するルールも形成され始めている。このファイナンスは，債券・融資を中心に導入されているが，様々な金融商品が想定され得る。

(1) ICMA「クライメート・トランジション・ファイナンス・ハンドブック」

　ICMAが，主に債券を対象として，「**クライメート・トランジション・ファイナンス・ハンドブック**」[62] を発表している。同ハンドブックは，「トランジション」のラベルを金融商品につけるにあたって，

61）http://www.env.go.jp/policy/% E5% 8F% 82% E8% 80% 83% E8% B3% 87% E6% 96% 99% EF% BC% 94-2% E3% 82% B5% E3% 82% B9% E3% 83% 86% E3% 83% 8A% E3% 83% 93% E3% 83% AA% E3% 83% 86% E3% 82% A3% E3% 83% BB% E3% 83% AA% E3% 83% B3% E3% 82% AF% E3% 83% BB% E3% 83% AD% E3% 83% BC% E3% 83% B3% E5% 8E% 9F% E5% 89% 87% E5% 92% 8C% E8% A8% B3.pdf

62）https://www.fsa.go.jp/news/r2/sonota/20201225-6/01.pdf

以下の4つの要素の開示を推奨している。

> 要素1：資金調達者のクライメート・トランジション戦略とガ
> 　　　バナンス
> 要素2：ビジネスモデルにおける環境面のマテリアリティ
> 要素3：科学的根拠のあるクライメート・トランジション戦略
> 　　　（目標と経路を含む）
> 要素4：実施の透明性

　また，ハンドブックは，「トランジション」のラベルの前提として，資金使途を特定した債券は，GBP/SBP又はサステナビリティボンド・ガイドラインに整合したものであり，資金使途を特定しない債券は，SLLPに整合したものである必要があるとしている。

(2) 日本政府「クライメート・トランジション・ファイナンスに関する基本指針」

　一方，日本でも，**金融庁・経済産業省・環境省**が，「**クライメート・トランジション・ファイナンスに関する基本指針**」[63] を発表している。基本方針は，ICMAハンドブックとの整合性に配慮しつつ，資金調達者，資金供給，その他市場関係者の実務担当者がトランジション・ファイナンスに関する具体的対応を検討する際に参考となるよう，対応例等により解釈を示している。

5　インパクト投資／ファイナンス

　第2章で説明した通り，財務的リターンと並行して，ポジティブで測定可能な社会的及び環境的インパクトを同時に生み出すことを

63）https://www.meti.go.jp/shingikai/energy_environment/transition_finance/pdf/003_03_00.pdf

意図する，**インパクト投資／ファイナンス**が拡大しており，これに関連して様々なルールが形成されている。

第3　その他のESG投融資／サステナブルファイナンスに関するルール

　上述した様々な種類のESG投融資の運用における原則・ルール以外にも，以下の通り，投資家・金融機関によるESG投融資は，**①スチュワードシップコード等の受託者責任に関するルール**，**②TCFD等の金融市場の安定化に関するルール**，**③赤道原則・OECDガイダンス等の責任ある企業行動に関するルール**によっても規律される可能性がある。

1　受託者責任に関連するルール：スチュワードシップコード等

　投資家には，企業の企業価値の向上や持続的成長を促すことにより，「顧客・受益者」の中長期的な投資リターンの拡大を図るという**受託者責任**が求められており，そのルールとの関係でもESGの考慮が明確化されている。

（1）SSコードの概要

　金融庁及び東京証券取引所は，機関投資家の受益者に対する**受託者責任（スチュワードシップ責任）**に関する原則として，2014年，**日本版スチュワードシップコード**（「SSコード」）を策定し，2017年，2020年に改訂している。SSコードは，機関投資家を対象とした7つの原則から構成される。2021年11月30日時点でSSコードを受け入れた機関投資家は320に及ぶ[64]。SSコードを受け入れた機関投資家は，コンプライ・オア・エクスプレインの原則に基づき，コードの実施

が求められる。SSコードは，他国でも策定されており，特に英国が他国に先立って策定し，影響を与えている。

(2) SSコードとESGの関係の明確化

SSコードは，当初は，ESGに関して何ら言及がなかった。しかし，2015年，GPIFがPRIに署名し，スチュワードシップ責任を果たす一環として，運用受託機関に対してESG投資の実施を要請した。その結果，機関投資家は，投資先企業に関する状況把握（原則3）や建設的な目的をもった対話（エンゲージメント）の一環として，事実上，ESG課題を取り扱っていた。

SSコード2017年改訂では，原則3に関する方針3-3の脚注において，機関投資家に対し，投資先企業の状況を把握するにあたって，ESG要素の考慮を推奨した。

ESG投資の拡大をふまえて，**SSコード2020年再改訂**では，図表2-4-2の通り，スチュワードシップ責任の定義として，**サステナビリティ（ESG要素を含む中長期的な持続可能性）の考慮**を明記したことをはじめ，SSコードの各所でサステナビリティについて明記するに至った。

図表2-4-2　2020年SSコード再改訂におけるサステナビリティ考慮

項目	内容
前文＋指針1-1「スチュワードシップ責任」の内容としての組込み	機関投資家が，投資先企業やその事業環境等に関する深い理解のほか<u>運用戦略に応じたサステナビリティ（ESG要素を含む中長期的な持続可能性）の考慮に基づく建設的な「目的を持った対話」（エンゲージメント）</u>などを通じて，当該企業の企業価値の向上や持続的成長を促すことにより，「顧客・受益者」の中長期的な投資リターンの拡大を図る責任

64）https://www.fsa.go.jp/singi/stewardship/list/20171225.html

指針 1−2 スチュワードシップ方針への組み込み	運用戦略に応じて，サステナビリティに関する課題をどのように考慮するかについて，検討を行った上で当該方針において明確に示すべき
指針 4−2 「目的を持った対話」における考慮	機関投資家は，サステナビリティを巡る課題に関する対話にあたっては，運用戦略と整合的で，中長期的な企業価値の向上や企業の持続的成長に結び付くものとなるよう意識すべき
原則 7 体制整備における考慮	機関投資家は，投資先企業の持続的成長に資するよう，投資先企業やその事業環境等に関する深い理解のほか運用戦略に応じたサステナビリティの考慮に基づき，当該企業との対話やスチュワードシップ活動に伴う判断を適切に行うための実力を備えるべき

　なお，英国版SSコードは，2020年改訂により，原則7において「署名機関は，スチュワードシップと投資を，重要な環境，社会，ガバナンスの課題，そして気候変動も含めて，自身の責任を果たすために体系的に統合する」と規定し，日本版よりも踏み込んで，**ESG課題のインテグレーション**を明記している。

（3）価値協創ガイダンスにおけるESGの位置付け

　経済産業省「価値協創ガイダンス」は，企業と投資家を繋ぐ「共通言語」として，企業の情報開示に関する手引であると共に，投資家が中長期的な観点から企業を評価し，投資判断やスチュワードシップ活動に役立てるための手引となることも意図している。

　同ガイダンスの「3. 持続可能性・成長性」はESG要素の企業価値への影響に関して説明している。特に，3-5は「機関投資家にとっては，顧客・受益者に対するスチュワードシップ責任を果たす観点からも，企業のリスク・収益機会，あるいは企業価値を毀損するおそれのある事項を把握することが求められており，例えば，ESG の要素がこれらとどのように関連し，影響を与えるのかを理解することは重要である」と規定し，機関投資家がスチュワードシップ責任を果たす観点からのESG考慮の重要性を明記している。

（4）日弁連ESGガイダンス

　日弁連ESGガイダンスは，第2章で**機関投資家のESG投資における
エンゲージメント**を規定している。特に中長期の株式保有を通じた
パッシブ運用を行う機関投資家を対象として，投資先企業における
ESGリスクの顕在化としての不祥事が発生した際のエンゲージメ
ントのあり方，及び，不祥事発生を防止するための平時の際のエン
ゲージメントのあり方についての実務的な指針を提供している。

　第3章は，**金融機関のESG融資における審査**について規定してい
る。融資金融機関に対し，ESGに配慮した融資審査や融資先企業と
の対話・支援のあり方を示すとともに，融資契約に盛り込むことを
検討すべき**ESG条項モデル条項**も提示している。

2　金融市場の安定化の観点からのルール──
　　TCFD 等

（1）TCFD策定の背景

　第2章で詳説した通りFSBが発表したTCFDは，気候変動リスク
に関する情報の不透明性が金融危機を引き起こすことを回避する観
点から，気候変動に関連する情報開示を提言している。

　TCFDに基づく情報開示は，企業に投融資を行う金融機関も対象
となっている。

（2）NGFSの金融監督ガイドの発表

　このようなTCFD策定の背景をふまえ，企業に対し投融資を行う
金融機関が，気候変動リスクの管理に関して，金融監督を受ける可
能性もある。

　気候変動リスク等に係る金融当局ネットワーク（Network for
Greening the Financial System（NGFS））は，2020年，金融監督当
局向けに「**気候変動リスクを金融監督に統合するためのガイド**」も発

表した[65]。

（3）金融庁による監督強化の可能性

　このような動きをふまえ，**金融庁サステナブルファイナンス有識者会議**が2021年6月に発表した**報告書「持続可能な社会を支える金融システムの構築」**の第4章は，金融機関の投融資先支援とリスク管理に関して説明している。

　同報告書は，「銀行や保険会社等の金融機関においては，それぞれの規模・特性に応じて，気候変動リスクの特徴を踏まえた管理態勢の構築が重要である」と明記している。その上で，「金融庁も，NGFS等が示した監督上の重要項目を踏まえ，金融機関との対話を重ねつつ，監督上の目線を盛り込んだガイダンスを策定するなど，金融機関の対応を具体的に促していくことが適当である」旨の提言がされている。

　同報告書は，特に金融機関のリスク管理に関する監督上の重要項目として，「自社の既存のリスク区分（信用／市場／流動性／オペレーション等）ごとに，関連する気候変動リスクの認識・評価・管理プロセスを構築し，気候変動に対する戦略に則った投融資や引受等のプロセス（与信評価やエンゲージメント等）を構築すること」を挙げている。

3　責任ある企業行動に関するルール──赤道原則等

（1）投資家・金融機関にも求められる人権・環境DD

　第1章で詳説した**指導原則**や**OECD多国籍企業行動指針**に基づき，

65）"Guide for Supervisors：integrating climate-related and environmental risks into prudential supervision"

投資家・金融機関も，投融資先企業などの取引関係を通じて，環境・社会に対する負の影響を評価・対処するという**人権・環境DD**が要請されている。

　このような投資家・金融機関にも求められる人権・環境DDは，以下の原則やガイダンス等によって具体化されている。

（2）プロジェクトファイナンスにおける赤道原則等

　特に大規模なプロジェクトに融資を行うプロジェクトファイナンス等において環境・社会に対する負の影響が生じる場合が多いことをふまえ，プロジェクトにおける環境・社会リスクを特定，評価，管理するための金融業界基準として，「**赤道原則（Equator Principles）**」が策定されている[66]。2021年12月時点で，37か国127の金融機関が採択している。

　赤道原則は，以下の10の原則から構成されており，指導原則に基づくDDの要素も組み込んだものとなっている。赤道原則を採択した金融機関には，遵守状況に関する報告が求められている。

原則1：レビュー，及びカテゴリーの付与（A～C）
原則2：環境・社会アセスメント の実施
原則3：環境・社会基準の適用
原則4：顧客に対する環境・社会マネジメントシステムの整備と
　　　　エクエーター原則/赤道原則アクションプランの策定
原則5：ステークホルダー・エンゲージメントの実施
原則6：苦情処理メカニズムの整備
原則7：独立した環境・社会コンサルタントによるレビューの
　　　　実施
原則8：誓約条項（コベナンツ）の導入
原則9：独立した環境・社会コンサルタントによるモニタリン

66）https://equator-principles.com/app/uploads/EP4_Japanese.pdf

> グと報告の検証
> 原則10：情報開示と透明性確保

（3）OHCHRによる指導原則の適用の明確化

　国連人権高等弁務官事務所（OHCHR）は，2013年に，「**金融セクターに対する指導原則の適用に関する助言**」[67]，2017年に，「**銀行セクターに対する指導原則の適用に関する助言**」[68] などを公表している。

　これらの助言において，投資家・銀行は，投融資先企業における人権侵害に関して，「助長」又は「直接関連」いずれかの関係を有していると評価される場合があり，それぞれの関係に応じた対応が求められると説明している。

（4）OECD多国籍企業行動指針の適用の明確化

　第1章で説明した**OECD・DDガイダンス**は，サプライチェーン管理のみならず，投資家・金融機関の投融資先企業の管理にも適用される。

　OECDは，金融セクターに特化したガイダンスとして，「**機関投資家の責任ある企業行動**」[69] や「**責任ある企業融資及び証券引受のためのデュー・ディリジェンス**」[70] も発表している。

　また，実際に，複数の金融機関が，各国の**OECDの国家相談窓口（NCP）**を通じて，NGOから，OECD指針の違反に関して問題提起

---

67) OHCHR response to SOMO on the application of the UNGPs to minority shareholdings of institutional investors（2013）
68) OHCHR response to request from BankTrack for advice regarding the application of the UN Guiding Principles on Business and Human Rights in the context of the banking sector（2017）
69) Responsible Business Conduct for Institutional Investors（2017）
70) Due Diligence for Responsible Corporate Lending and Securities Underwriting（2019）

を受けている。

（5）日弁連ESGガイダンス

　日弁連ESGガイダンス第2章・第3章も，投資家・金融機関におけ
る責任ある企業行動の要請もふまえて，ESG投融資のあり方を規定
している。

4　EUサステナブルファイナンス規制

　EUは，上述したルールだけでは，「SDGs/ESGウォッシュ」の防
止や投融資を通じた環境・社会負の影響が十分に図ることができな
いという懸念をふまえて，以下の通り，サステナブルファイナンス
をより一層規律・分類する規制を導入している。

（1）EUサステナブルファイナンス開示規則（SFDR）
（A）　概要

　2019年に採択された**EUサステナブルファイナンス開示規則
（SFDR）**は，EU拠点の金融市場参加者（2条1項：銀行，投資運用会
社，資産運用会社，特定の保険会社及び年金基金並びに投資顧問会社）を
対象として，ESG投融資に関する情報開示を要求している。

　SFDRにおける「**サステナビリティ**」とは，広く環境，社会・従業
員，人権尊重，腐敗・贈収賄防止を含む旨規定している。

（B）開示のレベル・分類

　図表2-4-3の通り，SFDRは，金融市場参加者に対し，組織レベ
ルと金融商品レベル双方での開示を要求している。

　金融商品の分類として，①**一般商品**，②**環境・社会特性の促進を
掲げる商品**（Light Green），③**サステナブル投資**（Dark Green）に
分類し，それぞれの商品に応じた開示を要求している。

　特に，Dark Greenのサステナブル投資とは，環境・社会目的に貢

献する経済活動に対する投資を意味し，いわゆる「**インパクト投資**」がこれに該当する。サステナブルな経済活動と評価されるためには，**タクソノミー規則**に対応する必要がある。また，他の目的のいずれにも重大な損害を与えず（DNSH：Do Not Significant Harm），投融資先企業が，**健全な経営構造，従業員との関係，役職員報酬，納税**に関して**優れたガバナンス慣行**を実践していることも条件とされている（2条17項）。

（C）開示内容

図表2-4-3の通り，開示内容としては，組織レベル・商品レベル双方で，財務マテリアリティと環境・社会マテリアリティ双方に関する開示が求められている。

財務マテリアリティの観点から，投資の**サステナビリティリスク**（2条22項：**投資価値に実際又は潜在的に重大な負の影響を生じさせ得るESGに関する事業・条件**）の開示が求められる。

これに加えて，環境・社会マテリアリティの観点から，**投資がサステナビリティに及ぼす主な負の影響**（PAI：Principal Adverse Impact）に関しても開示が求められている。

また，Light Green商品については環境・社会特性を達成する方法，Dark Green商品についてはサステナブル投資の目的を達成する方法を具体的に開示することが必要となる。

図表2-4-3　SFDRが求める開示内容

レベル	分類	開示項目
組織レベルの開示（ウェブサイト）		・組織におけるサステナビリティリスクの統合方針（3条） ・サステナビリティに対する主な負の影響（PAI：Principal Adverse Impact）のDD方針（4条） ・サステナビリティリスクに関連する報酬方針（5条）

商品レベルの開示（契約締結前交付書面及び定期報告書面）	一般商品	・サステナビリティリスクの統合方針（6 条） ・サステナビリティに対する主な負の影響（PAI）の考慮内容（7 条）
	Light Green：環境・社会特性の促進を掲げる商品（8 条）	・環境・社会特性を達成する方法 ・インデックスをベンチマークとする場合，インデックスの環境・社会特性への整合性
	Dark Green：サステナブル投資（インパクト投資）（9 条）	・サステナブル投資目標を達成する方法 ・インデックスをベンチマークとする場合，インデックスの投資目的への整合性，市場で広く用いられている他のインデックスとの相違 ・炭素削減目標を目的とする場合，炭素削減に関する目標とその達成方法

（2）EUタクソノミー規則に基づく開示

　第2章で詳細に説明した通り，2020年，EUでは，グリーンタクソノミー規則が採択された。

　タクソノミー規則は，第2章の図表2-2-7に記載される4つの基準を満たす経済活動のみを「環境面でサスナブルな経済活動」であると分類している（タクソノミー規則3条）。

　その上で，SFDRの対象となる投資家・機関投資家は，投資におけるタクソノミーに整合する活動への投資の状況・割合等を開示することが求められる一方，タクソノミーに整合しない活動への投資については，環境面でサステナブルな経済活動のEU基準を考慮していないことを開示することが求められている（タクソノミー規則5-7条）。

(3) SFDR規制技術基準（RTS）報告書[71]

欧州監督当局（ESAs）が2021年公表したSFDR規制技術基準（RTS）報告書の最終案は，SFDRに関する開示項目を具体化している。

投資の主なサステナビリティへ負の影響（PAI）を測定するための指標として，18の義務的指標及び46の追加的指標を列挙している（Annex I）。

また，契約締結前交付書面・定期報告書におけるLight Green商品，Dark Green商品の開示に関するテンプレートを具体化している（Annex II-V）。

---

column

不祥事の予防・対応とESG投融資の役割

多くの日本企業においてSDGs/ESG経営に関する取組が進む一方で，企業の不祥事が後を絶たない。日本取引所自主規制法人も，「上場会社における不祥事予防のプリンシプル」，「上場企業における不祥事対応のプリンシプル」を発表し，企業に対し，不祥事の適切な予防・対応を促している。

不祥事は，環境・社会に負の影響を与える最たるものである一方，不祥事が発生すれば企業もステークホルダーから信頼を失い，企業価値の棄損を招く危険性がある。そのような観点で，企業不祥事の予防・対応は，SDGs/ESG経営の真価を問われる取組みといえる。

とはいえ，企業不祥事に関しては，企業の自律的な対応が期

---

71) Final Report on draft Regulatory Technical Standards with regard to the content and presentation of disclosures pursuant to Article 8 (4), 9 (6) and 11 (5) of Regulation (EU) 2019/2088

待できない場合もある。そのため，機関投資家や金融機関が，投融資先の企業に対し，ESG投融資におけるエンゲージメントの一環として，不祥事の適切な予防・対応を促すことが効果的である。スチュワードシップ・コードの指針4-1も「当該企業の企業価値が毀損されるおそれがあると考えられる場合には，より十分な説明を求めるなど，投資先企業と更なる認識の共有を図るとともに，問題の改善に努めるべきである」と説明している。

　以上のような問題意識をふまえ，日弁連ESGガイダンス第2章では，企業不祥事への対応・予防のために，機関投資家が投資先企業に対しいかなるエンゲージメントを行うべきか指針を提供している。また，日弁連ガイダンス第3章では，投資のみならず融資の場面においても，融資先企業に対するESGリスクの管理を要請している。

　前述の通り，日弁連ESGガイダンスは，ESG投資に取り組む機関投資家の方々のご助言をいただきながら策定され，筆者も取りまとめに関与する機会をいただいた。その詳細については，ESG/SDGs法務研究会『日弁連ESGガイダンスの解説とSDGs時代の実務対応』（商事法務，2019年）も参照されたい。

　実際に，現在，多くの機関投資家が，議決権行使基準において，議決権行使の契機となる不祥事の定義としてESGや社会規範を含めて広く定義するようになっている。また，機関投資家の集団的エンゲージメントのために設立された「機関投資家協働対話フォーラム」は，2018年に「不祥事発生企業への情報開示と社外役員との協働対話のお願い」と題するレターを送付し，不祥事発生時の社外役員も関与した上で適切な対応について企業に働きかけを行っている。2021年には，同フォーラムが，株式会社商船三井とモーリシャス沖で発生したWAKASHIO座

礁事故の取組に関して協働対話を行った事例も報告されている[72]。

　今後，ESG投融資が，企業における適切な不祥事の予防・対応を促す推進力としての役割をより一層果たしていくことが期待される。

---

72) https://www.iicef.jp/

第５章
サステナブルガバナンス

第 1　サステナブルガバナンスの意義

1　SDGs/ESG 経営における位置付け

　「サステナブルガバナンス」とは，サステナビリティを考慮したコーポレートガバナンスという意味であるが，明確な定義は存在しない。

　広義には，企業のSDGs/ESG経営実践のための企業の取組みを広く含むものとも理解できる。しかしながら，本書では，環境・社会価値の提供や企業価値の創造を図るための個別の取組みに関して第1～4章で別途解説を行っている。そのため，本書では，サステナブルガバナンスを，これらの取組みを実践するための「組織的な基盤」として定義し，企業統治や体制整備に関する課題に特に焦点を当てて説明する。

　ただし，このような企業統治や体制整備は，第1～4章で説明した様々な取組みとも密接関連しており，明確に区別することができないことに留意いただきたい。

2　ダイナミック・コンプライアンスの視点

　第1～4章において，企業が，環境・社会価値の提供及び企業価値の創造双方を同時に希求するためには，ダイナミックなSDGs/

ESGルール形成プロセスやステークホルダー等の動向を分析し，これに戦略的に対応し活用することが有益であることを各所で説明した。サステナブルガバナンスにおいて，このような「ダイナミック・コンプライアンス」を効果的に実施する観点からも，組織体制の強化を検討することも有益である。

　また，以下で詳細に説明する通り，サステナブルガバナンスやその個別課題に関しては，企業統治に関するルールその他のルールが導入・強化されており，このようなルールに対応し活用することも，ステークホルダーや投資家等からの信頼を確保し，企業価値を向上する観点で重要である。

第2　サステナブルガバナンスを巡る
　　　ルール・議論の動向

1　パーパス経営とステークホルダー資本主義への
　　支持の拡大

　従前は，会社は主に会社の所有者である株主の利益のために存在するという「**株主資本主義**」の考え方が一般的であった。しかし，近年，世界的にステークホルダー資本主義に対する賛同が広がっており，これがサステナブルガバナンスを推進する原動力にもなっている。

（1）「パーパス経営」に対する注目
　近年，企業の存在意義を意味する**パーパス（Purpose）**を基軸とした「**パーパス経営**」が，経営モデルとして注目を集めるようになっている。

　パーパスは，ビジョンやミッションと類似しているが，社会にお

ける企業の存在意義は何か，企業は社会やステークホルダー等に対
して価値を創造するために何を行っているのかといった「企業と社
会・ステークホルダー等との間の関係」を重視している点が異なる。

　2018年1月に発表された，世界最大手の機関投資家**ブラックロッ
クCEOの書簡「A Sense of Purpose」**においても，「企業が継続的
に発展していくためには，全ての企業は，優れた業績のみならず，社
会にいかに貢献していくかを示さなければなりません。」，「上場企
業，非上場企業のいずれも，確固たる理念（パーパス）を持たなけれ
ば，持てる力を十分発揮することができず，主要なステークホルダー
から，その存続自体を問われることになるでしょう。」というパーパ
ス経営の重要性が強調された[73]。

（2）米国BRTによる「企業のパーパスに関する声明」

　米国の大企業経営者の団体**ビジネスラウンドテーブル（BRT）**は，
2019年，企業のパーパスを株主資本主義から再定義するとして，「**企
業のパーパスに関する声明**」[74]を発表し，会社は全てのステークホ
ルダーの利益に配慮すべきとするステークホルダー資本主義を提唱
した。

　同声明では，企業の全てのステークホルダーに対する約束として，
以下を掲げている。

・顧客への価値の提供
・従業員への投資
・サプライヤーとの公正かつ倫理的な取引
・コミュニティへのサポート（地域社会の人々を尊重し，事業全

73）https://www.blackrock.com/corporate/investor-relations/2018-
　　larry-fink-ceo-letter
74）https://www.businessroundtable.org/business-roundtable-
　　redefines-the-purpose-of-a-corporation-to-promote-an-economy-
　　that-serves-all-americans

> 体で持続可能な慣行を採用することで環境を保護する)
> ・株主に対する長期的な価値を創出

(3) 世界経済フォーラム「ダボス・マニフェスト2020」

　世界各国の経営者が集まる**世界経済フォーラム**（WEF）も，2020年，「**ダボス・マニフェスト**」を改訂し，第4次産業革命における企業の普遍的なパーパスを再定義した[75]。

　企業の目的は，全てのステークホルダーを，共有された持続的な価値創造に関与させることであり，このような価値を創造する上で，企業は，以下の通り，株主だけではなく，従業員，顧客，サプライヤー，地域社会，そして社会全体の全てのステークホルダーに価値を提供すべきとした。

> (i)顧客のニーズに最適な価値提案を提供することにより，顧客に価値を提供する
> (ii)従業員を尊厳と敬意を持って待遇する（多様性を尊重し，労働条件と従業員の福利の継続的な改善等）
> (iii)サプライヤーを価値創造の真のパートナーと評価する（公正取引，サプライチェーンを通じた人権尊重）
> (iv)社会全体に貢献し，地域社会を支援し，公正な納税を行う（データ保護，環境保全，生態系保護，循環経済の保全，知識・イノベーション・技術開発の拡大等）
> (v)株主に投資リターンを提供する

　その上で，企業の業績は，株主へのリターンだけでなく，環境，社会，及び優れたガバナンスの目標をどのように達成するかについても測定する必要があるとし，役員報酬は，ステークホルダーへの責

---

75) Davos Manifesto 2020：The Universal Purpose of a Company in the Fourth Industrial Revolution

任を反映する必要があることも明記した。

　また，WEFは，2020年9月，「**ステークホルダー資本主義の進捗を測定～持続可能な価値創造のための共通の指標と一貫した報告を目指して～**」と題した報告書を公表した。報告書は，人・地球・繁栄・ガバナンスという4つの項目を柱として，21の中核指標と34の拡大指標から構成される「**ステークホルダー資本主義指標**」を提示している。

（4）ステークホルダー資本主義に対する批判

　一方，ステークホルダー資本主義に対しては，会社の所有者である株主に対する説明責任を不明確にさせるとの批判も生じている。BRTの声明に関しては，**Council of Institutional Investors（米国機関投資家評議会）**は懸念を表明している[76]。

　企業が株主以外のステークホルダーの利益を考慮する場合にも，それがどのように長期的な企業価値の維持・向上につながっていくのか，株主に対する非財務情報開示において，より一層丁寧な説明が求められている。

2　企業統治ルールにおけるサステナビリティの考慮

（1）コーポレートガバナンス・コード（CGコード）
（A）概要

　金融庁及び東京証券取引所は，2015年に，会社の持続的な成長と中長期的な企業価値の向上を促すための企業統治に関する原則として，**コーポレートガバナンス・コード（CGコード）**が策定をしており，2018年，2021年に改訂している。

　CGコードは5つの基本原則とその下位にある原則・補充原則から

76）https://www.cii.org/aug19_brt_response

構成されている。上場企業には，CGコードの遵守が原則として求められている。ただし，CGコードは**原則主義**を採用しており，遵守が必須ではないものの遵守しない場合には説明が求められる（**コンプライオアエクスプレイン**：遵守せよ，さもなくば説明せよ）。

　CGコードは，**G20/OECDコーポレートガバナンス原則**[77]をふまえて策定されたものであり，他国においてもCGコードが策定されている。

（B）サステナビリティに特に関連する原則

　CGコードの**基本原則2**は，策定当初より，株主以外のステークホルダーとの適切な協働を規定しており，特にサステナビリティと関連する原則と評価できる。

　原則2-3は，社会・環境問題をはじめとするサステナビリティを巡る課題への適切な対応を要求している。

　特に，**補充原則2-3①**は，取締役会は，サステナビリティを巡る課題への対応を重要な経営課題であると認識し，適確に対処することも要請している。

（C）2021年CGコード改訂によるサステナビリティ考慮の強化

　サステナビリティの企業価値への影響が増大していることをふまえて，**CGコード2021年6月改訂**は，サステナビリティ考慮を強化した。

a. 具体的なサステナビリティ課題の明確化

　補充原則2-3①は，「取締役会は，**気候変動などの地球環境問題への配慮，人権の尊重，従業員の健康・労働環境への配慮や公正・適切な処遇，取引先との公正・適正な取引，自然災害等への危機管理**など，サステナビリティを巡る課題への対応は，リスクの減少のみならず収益機会にもつながる重要な経営課題であると認識し，これ

---

77) https://www.oecd.org/g20/topics/financing-for-investment/
Corporate-Governance-Principles-ENG.pdf

らの課題に積極的・能動的に取り組むよう検討を深めるべきである」
と取締役会が対処するべきサステナビリティ課題の内容を具体化し
た。

b. サステナビリティ方針の策定

補充原則4-2②は，「取締役会は，中長期的な企業価値の向上の観
点から，**自社のサステナビリティを巡る取組みについて基本的な方
針を策定すべきである**」と規定した。

c. ESG非財務情報開示の拡大

ESG非財務情報開示の範囲も拡大している。特にプライム市場上
場会社に関しては，TCFD又はそれと同等の枠組みに基づく開示を
要請した（**補充原則3-1③**）。

d. 多様性の強化

企業の中核人材における多様性の確保などの観点からの改訂も行
われた（**補充原則2-4①**）（詳細は，第4の3「取締役会・従業員の多様性
の確保」参照）。

e. サステナビリティ委員会

CGコード改訂に合わせて，「**投資家と企業の対話ガイドライン**」も
改訂され，「取締役会の下または経営陣の側に，サステナビリティに
関する委員会を設置するなど，サステナビリティに関する取組みを
全社的に検討・推進するための枠組みを整備しているか」が対話の
テーマとして列挙されている。

（D）英国CGコードにおける従業員エンゲージメントの強調

英国では，他国に先立ってCGコードが策定され，他国に影響を
与えてきた。

2018年英国CGコード改訂[78]は，日本版と比較して，従業員との
エンゲージメントの重要性をより一層強調している（詳細は，第4の5

---

78) https://www.frc.org.uk/getattachment/88bd8c45-50ea-4841-95b0-d2f4f48069a2/2018-uk-corporate-governance-code-final.pdf

「従業員エンゲージメント」参照)。

(2) 会社法

　会社法において，サステナビリティの考慮に関し明文では規定されていない。しかし，様々な会社法の規定が関係し得る。

(A) 取締役の責任

a. 善管注意義務・内部統制システム整備義務とサステナビリティリスクの管理

　取締役は，会社法に基づき，会社に対して，**善管注意義務（会社法330条・民法644条）**や**忠実義務（会社法355条）**を負っている。判例上，取締役の善管注意義務等には**内部統制システム整備義務**が含まれるとされる。

　本書で詳細で解説している通りサステナビリティに関するリスクが高まっている状況下において，そのリスク管理は，内部統制システムの整備義務の内容となり得る。

　また，**CGコード補充原則2-3①**は，取締役会がサステナビリティ課題を重要な経営課題であると認識し適確に対処すべき旨規定しており，ほとんどの企業がこの原則を遵守する旨公表している。

　万が一取締役がサステナビリティに関するリスクの対処を誤り，会社に損失を生じさせた場合には善管注意義務・内部統制システム整備義務違反となる可能性は否定できない。この場合，株主から，株主代表訴訟を提起される危険性もある。

b. 非財務情報開示の虚偽記載

　企業は，第3章で説明した通り，ESGに関する非財務情報の開示を積極的に行うようになっている。

　ESG非財務情報に関する虚偽記載があった場合には，企業が開示書類の種類によって異なる法的責任を負う可能性がある。

　取締役も，会社に対する関係で**善管注意義務違反に基づく損害賠償責任（会社法423条）**を負う可能性があるほか，株主・債権者など

との関係でも**対第三者損害賠償責任（会社法429条）**を負う可能性がある。

（B）　株主総会

　株主総会において，サステナビリティに関する株主提案や質問も増加しており，会社法の規定をふまえた対応・説明が求められる（詳細は，第4の7「サステナビリティに関する株主総会対応」参照）。

（3）ICGNグローバル・ガバナンス原則

　コーポレートガバナンスを推進する国際的な機関投資家の団体であるICGN（International Corporate Governance Network）は，十分なコーポレートガバナンスの体制を備えた企業について国際基準として，**グローバル・ガバナンス原則**を策定している。

　図表2-5-1の通り，ICGNは，2021年にグローバル・ガバナンス原則を改訂し，以下の通り，様々な観点で，サステナビリティをガバナンスに組み込んでおり，「サステナブルガバナンス」の要素を具体化している。

図表 2-5-1　ICGN グローバル・ガバナンス原則 2021 年改訂のポイント

改訂の項目	関連する原則	改訂における追加内容
会社のパーパス	原則 1：取締役会の役割と責務	取締役会は，経営陣の戦略，イノベーション，及びリスクへのアプローチを導くために会社のパーパスを開示すべき
サステナビリティのガバナンス	原則 1：取締役会の役割と責務	取締役会は，人的資本（特に労働者）の統合を確保するためにサステナビリティのガバナンスを確保すべき
ダイバーシティ，エクイティ，インクルージョン	原則 3：取締役会の構成と使命	ダイバーシティは，会社のパーパスと長期戦略に沿った，効果的で公平で包括的な意思決定を確実にするために，取締役会と従業員の両方で戦略的に取り組むべき

ステークホルダー・エンゲージメント	原則4：企業文化	取締役会は，企業文化が積極的なステークホルダー（特に労働者）とのエンゲージメントを支援することを確保すべき
人権	原則4：企業文化	取締役会は，人権と現代奴隷の課題がどのように企業のビジネス・レピュテーションリスクを生じさせているのか等を十分に知らされるべきであり，適切なDD プロセスを構築すべき
労働安全衛生	原則4：企業文化	取締役会は，労働安全衛生に関するリスク管理に関する透明性のある報告・開示を確保すべき
役員報酬	原則5：報酬	取締役会は，役員報酬のインセンティブ報酬にサステナビリティに関する指標を組み入れるべき
システミックリスク	原則6：リスクの監督	取締役会は，ビジネスに関連するシステミックリスク，特にSDGs で課題として掲げられたものを特定し，対処し，報告すべき
サステナビリティ報告	原則7：開示	サステナビリティレポートは，企業の現在及び将来の戦略的方向性に照らして，財務，人的，及び自然資本の考慮事項を組み合わせることにより，現代のビジネスに固有の複雑さを反映すべき
気候変動	原則7：開示	取締役会は，気候変動が企業のビジネスモデルに与える影響と，長期戦略の一環としてネットゼロ経済のニーズを満たすために適応するかを評価・開示すべき
マテリアリティ	原則7：開示	取締役会は，「ダイナミック・マテリアリティ」に関する認識を確立すべき

サステナビリティ開示基準	原則7：開示	確立されたサステナビリティ開示基準と枠組みを使用して，開示の一貫性と比較可能性を促進すべき
株主総会	原則10：株主総会	取締役会は，株主との建設的な双方向のコミュニケーションを可能にするために，株主総会を効率的，民主的かつ安全に運営すべき

（4）EUサステナビリティDD指令案

　第1章で説明した通り，2022年2月，欧州委員会は，**サステナビリティDD指令案（CSDDD）**を提出した。同指令案においても，人権・環境DDの義務付けに加えて，以下のようなサステナブルガバナンスに関する様々なルールが導入されている。

> ・取締役の善管注意義務の内容として，その決定が人権，気候変動及び環境を含むサステナビリティに生じさせる結果を考慮することを要求
> ・取締役の義務として，人権・環境DDを導入・監督し，取締役会に報告することを要求
> ・変動役員報酬をサステナビリティ要素に関連付ける場合には，気候変動対策のための移行の計画や温室効果ガスの排出削減の達成度合を考慮することを要求

第3　サステナブルガバナンスに関する個別論点と実務対応

　上述したサステナブルガバナンスに関連するルールや議論の動向をふまえると，サステナブルガバナンスの企業統治や体制整備に関する論点としては，特に以下が重要である。①**サステナビリティ委**

員会等の組織体制，②**外部専門家・ステークホルダーの参加**，③**取締役会・従業員の多様性の確保**，④**役員報酬へのサステナビリティ指標の組入れ**，⑤**従業員エンゲージメント**，⑥**内部通報・苦情処理制度の強化**，⑦**サステナビリティを巡る株主総会対応**。以下では，各論点について，その意義，関連ルール，実務上の留意点について解説する。

1　サステナビリティ委員会等の組織体制の整備

（1）概要・意義
（A）概要

　サステナブルガバナンス強化のための組織体制として，**サステナビリティ委員会**を設置することが考えられる。サステナビリティ委員会とは，サステナビリティに関する方針の策定・実施，重要なサステナビリティ課題の特定・対応を全社的に検討し，取締役会・経営陣等に報告を行う機関である。

　SDGs/ESG経営を経営陣の関与の上で全社的に実践するためには，**最高サステナビリティ責任者**（Chief Sustainability Officer：CSO）又は**サステナビリティ担当役員**を設置し，社長／ CEOに直接報告を行う体制を確保することも考えられる。

（B）意義

　SDGs/ESG経営を効果的に実践するためには，以下の通り，全社的・部署横断的な実施体制を整備する必要がある。

　まず，企業が対処する必要がある企業活動の環境・社会への影響（正・負），環境・社会の企業価値への影響（リスク・機会）に関しては，いずれの情報についても，企業の現場やサプライチェーンに分散している可能性が高い。これらの効果的かつ適切に発見・評価するためには，部署横断的な検討が必要になる。

　また，環境・社会課題には様々な課題があり，営業・調達・人事・

法務・財務・広報・IRを含む企業の様々な事業プロセスに関連している可能性があり，これに適切に対応するためにも全社的な検討が必要となる。

さらに，本書で強調している「ダイナミック・コンプライアンス」においても，ルール形成プロセスの分析には多角的な検討が必要であり，かつルールの対応・活用においてもステークホルダー等の対応など様々な取組みが求められ，部署横断的な検討が必要となる。

(2)　関連ルール

(A)　CGコード

2021年6月に改訂された「**投資家と企業の対話ガイドライン**」では，サステナビリティ委員会等の整備が対話のテーマとして列挙された。

(B)　ICGNグローバル・ガバナンス原則

原則1（取締役会の役割と責務）において，取締役会が任意の委員会としてサステナビリティに関する委員会を設置できる旨規定されている（**指針1.7委員会**）。

(3)　実践方法

(A)　サステナビリティ委員会の位置付け・構成員

サステナビリティ委員会は，図表2-5-2の通り，取締役会直下又は経営陣直下のいずれか又は双方に設置することが考えられる。

a. 経営監督型委員会

欧米企業では，経営監督を行う取締役会と業務執行を行う経営陣の機能が分離していることが多い。このような場合，サステナビリティ委員会を，取締役会直下の機関としても設置していることが一般的である。このような監督側の委員会においては，委員長は社外取締役が務め，メンバーも社外取締役が中心であることが多い。

図表 2-5-2　サステナビリティ委員会の組織上の位置付け

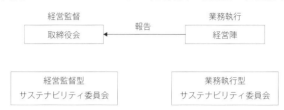

b. 業務執行型委員会

　これに対し，日本では，経営監督と業務執行の機能が完全に分離していない場合も多い。そのような背景もあり，経営陣の直下の機関としてサステナビリティ委員会が置かれている場合も多い。このような執行側の委員会においては，全社的な検討・対応のためには，CSO ／サステナビリティ担当役員が中心となりつつも，部署横断的な様々な部署を所掌する経営幹部を構成員とすることが重要である。

　CGコードが規定する通り，取締役会がサステナビリティを重要な経営課題として対処すべきことをふまえれば，経営執行側にサステナビリティ委員会を置く場合でも，同委員会における検討の結果を必ず取締役会に報告し，監督を受ける仕組みを整備することが重要である。

（B）内部統制システムとの一貫性の確保

　様々なSDGs/ESGルールが形成され，企業が直面するSDGs/ESGリスクが高まっている状況をふまえると，サステナビリティ課題対応は，コンプライアンス・リスク管理としての性格も有しており，会社法上の内部統制システム整備の一環としても位置付ける必要がある。

　コンプライアンス・リスク管理については，担当する委員会や役員が設置されていることが多いところ，サステナビリティ課題対応のための組織体制と連携又は統合を検討することが望ましい。

　ただし，本書で強調している「ダイナミック・コンプライアンス」

は，第1部で説明した通り従来の法令遵守とは様々な違いがある。コンプライアンス・リスク管理に関する組織体制も，ダイナミック・コンプライアンスに対応できるように変革が求められる。

2　独立専門家・ステークホルダーの活用

（1）概要・意義

　外部のサスナビリティ専門家や多様なステークホルダーを，会社の機関の構成員又はアドバイザーとして招聘することが有益な場合がある。

　例えば，社内にサステナビリティに関する専門知識が十分にない場合には，外部の独立した専門家を活用することが必要である。企業活動の環境・社会への影響やステークホルダー等の企業に対する期待・懸念を適切に評価・対応する観点からは，多様なステークホルダーらと意見交換を行うことも重要である。

（2）関連ルール
（A）　ICGNグローバル・ガバナンス原則

　原則1（取締役会の役割と責務） において，取締役会はステークホルダーと意義ある対話を実施すべき旨規定すると共に（**指針1.4対話**），ステークホルダー等から新たに生じる課題に関する意識を高めるために助言を受けるべき旨規定する（**指針1.8助言**）。

（B）指導原則

　指導原則の原則18は，企業に対し，人権DDの実施にあたって，外部専門家の活用や意義ある形でのステークホルダーとの対話を要求している。

（3）実践方法

　招聘する外部専門家・ステークホルダーの種類としては，SDGs/

ESG経営・法務の専門家，SDGs/ESG課題に取り組むNGO関係者，ステークホルダーである当事者・当事者団体が考えられる。順番が前であるほど企業価値の創造の観点からの助言を期待できる一方，順番が後であるほどステークホルダーの観点からの助言を期待できる。

　外部専門家・ステークホルダーを招聘する機関としては，社外役員，サステナビリティ委員会委員，サステナビリティ委員会等の諮問委員会，ステークホルダー対話などが考えられる。順番が前であるほど，経営の意思決定への関与の度合は大きくなる。

　以上の選択肢をふまえ，いかなる種類の専門家・ステークホルダーをいかなる機関に招聘することが実効的であるかを個別に検討する必要がある。

　また，取締役会としての役割・責務としてサステナビリティガバナンスの確保が重要となっていることをふまえると，取締役や経営幹部の選任にあたっても，サステナビリティに関する知識・経験・能力を考慮することも重要である。

3　取締役会・従業員の多様性の確保

（1）概要・意義

　企業に異なる経験・技能・属性を反映した多様な視点や価値観を有する人材が存在することは，会社の持続的な成長を確保する上での強みとなり得る（**CGコード原則2-4**）。

　経済産業省「競争戦略としてのダイバーシティ経営（ダイバーシティ2.0）の在り方に関する検討会」が発表した報告書[79]や提言[80]においては，ダイバーシティが，イノベーションを生み出し，価値を創

---

79)「ダイバーシティ 2.0 検討会報告書～競争戦略としてのダイバーシティの実践に向けて～」（2017 年）。
80)　提言「ダイバーシティ 2.0 の更なる深化に向けて」（2018 年）。

造するという企業が稼ぐ力を高める経営戦略や優秀な人材獲得のために重要であると指摘する。

　特にSDGs/ESG経営の実践においては，企業活動のステークホルダーへの影響やステークホルダーの企業に対する期待・懸念を適切に評価し，対応する必要があるところ，これには多様な視点や価値観をふまえた検討が不可欠である。

　ESG投融資が拡大する中で，投資家・金融機関も投融資先企業のダイバーシティに関心を有している。例えば，「**なでしこ銘柄**」と呼ばれる女性活躍に注目したESG指数が策定されており，GPIFも「MSCI日本株女性活躍指数（WIN）」を選定・運用している。このようなESG投融資を受け入れるためにもダイバーシティ経営は重要である。

（2）関連ルール

（A）CGコード

　CGコード原則2-4は，女性の活躍促進を含む社内の多様性の確保を規定している。

　2021年CGコード改訂より，**補充原則2-4①**が追加され，女性・外国人・中途採用者の管理職への登用等，中核人材の登用等における多様性の確保についての考え方と自主的かつ測定可能な目標を示すとともに，その状況を開示すべきことや，多様性の確保に向けた人材育成方針と社内環境整備方針をその実施状況と併せて開示すべきことが明記された。

　また，**CGコード原則4-11**には，取締役会の実効性確保のための前提条件として，取締役会は，その役割・責務を実効的に果たすための知識・経験・能力を全体としてバランス良く備え，ジェンダーや国際性，職歴，年齢の面を含む多様性と適正規模を両立させる形で構成されるべきことが規定されている。

（B）ICGNグローバル・ガバナンス原則

原則3（取締役会の構成及び指名）において，取締役会と従業員は，会社のパーパスに沿って，関連するステークホルダーの利益を考慮して，効果的で公平で包括的な意思決定を確実にするために，真に多様な個人のグループで構成される必要があることを強調している。

(3) 実践方法

（A）競争戦略の観点からの留意点

経済産業省は，上述した報告書や提言をふまえ，「**ダイバーシティ 2.0 行動ガイドライン**」を公表しており，図表2-5-3のとおり，競争戦略としての実践のための7つのアクションを提示しており，参考となる。

図表 2-5-3 「ダイバーシティ 2.0 行動ガイドライン」に基づく 7 つのアクション

原則	内容
1 経営戦略への組み込み	経営トップが，ダイバーシティが経営戦略に不可欠であること（ダイバーシティ・ポリシー）を明確にし，KPI・ロードマップを策定すると共に，自らの責任で取組をリードする。
2 推進体制の構築	ダイバーシティの取組を全社的・継続的に進めるために，推進体制を構築し，経営トップが実行に責任を持つ。
3 ガバナンスの改革	構成員のジェンダーや国際性の面を含む多様性の確保により取締役会の監督機能を高め，取締役会がダイバーシティ経営の取組みを適切に監督する。
4 全社的な環境・ルールの整備	属性に関わらず活躍できる人事制度の見直し，働き方改革を実行する。
5 管理職の行動・意識改革	従業員の多様性を活かせるマネージャーを育成する。
6 従業員の行動・意識改革	多様なキャリアパスを構築し，従業員一人ひとりが自律的に行動できるよう，キャリアオーナーシップを育成する。

7 労働市場・資本市場への情報開示と対話	一貫した人材戦略を策定・実行し，その内容・成果を効果的に労働市場に発信する。 投資家に対して企業価値向上につながるダイバーシティの方針・取組を適切な媒体を通じ積極的に発信し，対話を行う。

(B)　SDG/ESG経営の観点からの留意点

本章1〜3で解説したSDGs/ESG経営実践の各プロセスの実施にあたっても，多様な視点や価値観を有する人材を関与させることが有益である。

また，多様性・包摂性の確保は，人権の実現そのものに貢献する観点からも重要である（詳細は，第6章第3「人権」を参照）。

4　役員報酬へのサステナビリティ指標の組入れ

(1) 概要・意義

SDGs/ESG経営の質を高めるためには，取締役会や経営陣がSDGs/ESGに対する理解を深め，その取組みにコミットすることが重要である。

役員報酬の決定にあたって，SDGs/ESGに関連するサステナビリティ指標を考慮要素とすることによって，経営陣のSDGs/ESG経営へのインセンティブを高めることができる。

ただし，非財務指標は財務指標と比較して定量化が困難であるがゆえに，企業が自社にとって都合の良い指標を用いることでは，「ESG・SDGsウォッシュ」や役員の「お手盛り」につながりかねない懸念もある。

そのため，経営陣のESG・SDGs課題対応のインセンティブ強化と報酬制度の客観性・透明性確保を両立させる必要がある。

（2）関連ルール
（A）ダボス・マニフェスト2020
ダボス・マニフェスト2020においても，役員報酬はステークホルダーへの責任を反映する必要がある旨明記された。
（B）ICGNグローバル・ガバナンス原則
原則5（役員報酬）においても，取締役会は，役員報酬のインセンティブ報酬にサステナビリティに関する指標を組み入れるべき旨規定されている。
（C）EUサステナビリティ DD指令案
前述の通り，**EUサステナビリティ DD指令案（CSDDD）**は，変動役員報酬をサステナビリティ要素に関連付ける場合には，気候変動対策のための移行の計画や温室効果ガスの排出削減の達成度合を考慮することを要求している。
（D）経済産業省「グループ・ガバナンス・システムに関する実務指針」
経済産業省が2019年に発表した「**グループ・ガバナンス・システムに関する実務指針**」も，「5.4.3グループ・ガバナンス・システムに関する実務指針」において，「企業価値向上のために，ESG や SDGs に関する非財務指標をインセンティブ報酬の KPI として設定することも有効」と指摘している（115頁）。

（3）実践方法
筆者も事務局を務めるビジネスと人権ロイヤーズネットワーク及びESG/SDGs法務研究会は，機関投資家や報酬コンサルタントから助言を受けながら，2021年に，「**ESG・SDGsを考慮した役員報酬ガイドライン**」を発表した。同ガイドラインでは，経営陣のESG・SDGs課題対応のインセンティブ強化と報酬制度の客観性・透明性確保を両立する方策について提案している。また，国内外の事例も

紹介している[81]。

（A）指標の特定におけるマテリアリティとの整合性の確保

真の意味でSDGs/ESG課題への対応や中長期的な企業価値の維持・向上を促すためには，企業のマテリアリティ（環境・社会マテリアリティや財務マテリアリティ）と整合した非財務指標を役員報酬の制度設計に組み込む必要がある。

企業の中期経営計画等の経営戦略,統合報告書,サステナビリティ報告書において特定されたマテリアリティとの整合性も考慮する必要がある（ガイドライン第2章・第3章参照）。

（B）指標の役員報酬への組入方法

①**中長期業績連動報酬**の算定における非財務指標を考慮する，②**短期業績連動報酬（賞与）**の算定において非財務指標を考慮する,③**パフォーマンスの加点要素**として考慮するなどの方法があり，企業の実情に応じた適切な比率を設定する必要がある（ガイドライン第4章）。

（C）クローバック・マルス制度の導入

過度なリスクテイクによる企業不祥事の予防のためには，**クローバック**（支払われた報酬が誤った前提に基づいていた旨の事実が発覚した場合や，法令違反等が判明した場合に，報酬権利確定後に報酬を減額又は消滅させる制度）や**マルス**（報酬の権利が確定する前に顕在化したリスクやコンダクトイベントに基づき報酬を減額・消滅させる制度）の制度の導入を検討することが有益である（ガイドライン第5章）。

（D）役員報酬の決定プロセスにおける客観性の確保

役員報酬の決定にあたっては，第三者評価機関や外部専門家からの情報提供も参考としつつ，報酬委員会等を通じて業務執行から独立した社外取締役等が主導して決定するなど，プロセスの客観性を確保する必要がある（ガイドライン第6章）。

81）https://www.bhrlawyers.org/executive-pay-guidelines

（E）　役員報酬の決定方針・理由の開示

　有価証券報告書における報酬額等の決定方針や業績連動報酬の開示などにおいて，役員報酬の非財務指標が企業のマテリアリティとどのように関係するのか，役員の担当領域や責任とどのように関係するのかを具体的に開示するなどして，透明性を確保する必要がある（ガイドライン第7章）。

5　従業員エンゲージメント

（1）概要・意義

　「**従業員エンゲージメント**」は，「企業が目指す姿や方向性を，従業員が理解・共感し，その達成に向けて自発的に貢献しようという意識を持っていること」を指す。このような意味での従業員エンゲージメントを高めることは，企業の人的資本という無形資産を増加し，企業価値を高める可能性がある。経済産業省が2020年に発表した**「持続的な企業価値の向上と人的資本に関する研究会」報告書（人材版伊藤レポート）**も，持続的な企業価値の向上のための人的資本の役割を強調しており，そのための人材戦略を提示している。

　一方，「エンゲージメント」は本来双方向の対話や関係を示す用語である。従業員の企業へのエンゲージメントを高めるためには，企業の意思決定に従業員が参加する機会を高めるという意味で企業の従業員とのエンゲージメントも重要である。

　また，従業員は，企業活動により正・負双方の観点で直接的に影響を受けるという意味でも重要なステークホルダーである。人権DDにおけるステークホルダーとの対話という観点でも，従業員との対話が重要である。

　多くの企業統治に関するルールも，従業員と対話の必要性を明記するようになっている。

(2) 関連ルール

(A) BRT声明・ダボスマニフェスト

　BRT声明は，企業のステークホルダーに対する約束・責任の内容として，従業員への投資を掲げている。また，**ダボスマニフェスト2020**も，企業のステークホルダーへの価値の提供の内容として，従業員を尊厳と敬意を持って待遇することを掲げている。

(B) 英国CGコード

　2018年英国CGコード改訂[82] は，従業員とのエンゲージメントの重要性を強調している。

　原則Dは，取締役会は，会社が株主及びステークホルダーに対する責任を果たすために，効果的なエンゲージメントを確保し，参加を奨励すべきであると規定する。原則Dを実現するために，第5条は，従業員とのエンゲージメントのために，①従業員から任命された取締役，②正式な従業員諮問委員会，③指定された非常勤取締役の1つ又は複数を指定すべきと規定している。取締役会がこれらの方法の1つ又は複数を選択していない場合は，どのような代替の取決めが実施されているのか，そしてその理由を説明すべきとしている。

(B)　ICGNグローバル・ガバナンス原則

　原則1（取締役会の役割と責務） においても，取締役会は，人的資本（特に労働者）の統合を確保するためにサステナビリティのガバナンスを確保すべきと規定し（**指針1.1責務**），ステークホルダー（特に労働者）との意義ある対話を実施すべきと規定する（指針1.4対話）。**原則4（企業文化）**は，取締役会は，積極的なステークホルダー（特に労働者）とのエンゲージメントを確保すべきことを規定すると共に（**指針4.6ステークホルダーとの関係**），労働安全衛生に関するリスク管理に関する透明性のある報告・開示を確保すべきことも規定してい

---

82) https://www.frc.org.uk/getattachment/88bd8c45-50ea-4841-95b0-d2f4f48069a2/2018-uk-corporate-governance-code-final.pdf

る（**指針4.8労働安全衛生**）。

（3）実践方法

（A）　企業のパーパスの明確化・浸透

　企業がいかに社会やステークホルダーに貢献するのかパーパス（存在意義）を明確にし，これを浸透することにより，従業員が企業で働くことを通じて社会に貢献していることを実感しモチベーションが向上し，従業員エンゲージメントも高めることができる可能性がある。

（B）　企業の意思決定への従業員の参加機会の向上

　従業員との間で意義のあるエンゲージメントを実施するためには企業の意思決定への参加機会を向上することも重要である。英国CGコードが提示しているような従業員とのエンゲージメントのための制度を組織的に整備することが考えられるが，そのような制度を整備しない場合も代替的な方法を検討すべきである。

　特に本書で解説しているSDGs/ESG経営に関する意思決定や実施のプロセスに広く従業員が参加する機会を確保することは，企業のパーパスの浸透を促し，従業員エンゲージメントを高めるためにも有益である。

（C）従業員の健康・ウェルビーイングの確保

　従業員エンゲージメントを高める前提としては，従業員の健康・ウェルビーイング（健康で幸福な状態）の確保も重要である（詳細は，第6章第2「労働」を参照）。

（D）　人材戦略としての位置付け

　人材版伊藤レポートが提案するように，人的資本を強化するための人材戦略の一環として従業員エンゲージメントを位置付け，持続的な企業価値の向上につなげることも必要である。

6　内部通報・苦情処理制度

（1）概要・意義

（A）内部通報制度

　内部通報制度とは，従業員等から，企業の違法又は不適切に行為に係る通報を受け付けた上で，調査を行い，必要に応じて是正を図る仕組みをいう。

　SDGs/ESG経営において，内部通報制度は，企業の違法行為やステークホルダーへの負の影響を生じさせる行為を早期に発見し，被害者であるステークホルダーの救済を図ることを容易にする。また，内部通報制度は，早期の問題の発見・対処により，企業不祥事の適切な予防・対応を可能する観点で，企業価値の毀損を防止・軽減するためにも有益である。

　内部通報制度を実効的にするためには通報者を保護することが必要であり，日本でも**公益通報者保護法**が制定されている。また，消費者庁は，「**公益通報者保護法を踏まえた内部通報制度の整備・運用に関する民間事業者向けガイドライン**」を公表している。

（B）内部通報対応体制

　2020年公益通報者保護法改正により，事業者に，内部通報制度のうち，特に内部通報に適切に対応するために必要な体制の整備が法的に義務付けられた。

　消費者庁が2021年に公表した**公益通報者保護法指針**において，**内部公益通報対応体制**の整備その他の必要な措置の内容が特定されている。

（C）苦情処理メカニズム

　企業活動が負の影響を生じさせるスークホルダーは，内部通報制度が対象とする自社の従業員等にとどまらず，サプライチェーン等の取引先を通じて労働者，消費者，地域住民などが広く含まれ得る。

図表 2-5-4　苦情処理メカニズムと内部通報制度の関係

企業には，これらのステークホルダーの苦情を広く受け付ける苦情処理メカニズムを整備することが期待されている。

指導原則の原則29は，企業に対し，企業活動の負の影響を受け得るステークホルダーを広く対象として，苦情への対処が早期になされ，直接救済を可能とするように，実効的な事業レベルの苦情処理メカニズムを確立し，又はこれに参加すべきと規定している。苦情処理メカニズムは，「早期警報システム」として企業の負の影響を評価することを容易にすると共に，実際に負の影響が生じた場合の是正・救済も可能にする点で，DDを支援し補完すると評価できる。

実際，企業にDDの実施を義務付ける**フランス注意義務法**や**ドイツ・サプライチェーンDD法**及び**EUサステナビリティ DD指令**は，DDの要素として苦情処理メカニズムの整備を要求している。

苦情処理メカニズムと内部通報制度の関係は，**図表2-5-4**の通りである。

（2）関連ルール

内部統制・苦情処理制度は，企業統治に関連するルールにおいても規定されている。

（A）CGコード

CGコード原則2-5は「上場会社は，その従業員等が，不利益を被る危険を懸念することなく，違法または不適切な行為・情報開示に関する情報や真摯な疑念を伝えることができるよう，また，伝えられた情報や疑念が客観的に検証され適切に活用されるよう，内部通報に係る適切な体制整備を行うべきである。取締役会は，こうした体制整備を実現する責務を負うとともに，その運用状況を監督すべきである」と規定し，内部通報制度のガバナンスにおける重要性を強調している。

また，**補充原則2-5①**は，経営陣から独立した窓口の設置や情報提供者の秘匿・不利益取扱の禁止に関する規律の整備の必要性を規定している。

（B）ICGNグローバル・ガバナンス原則

原則4（企業文化）において，取締役会が，労働者・サプライヤー・株主・その他のステークホルダーが報復の危険なく企業の法令・倫理規範の違反のおそれ・疑いに関する問題を提起できる独立・秘密の内部通報制度を整備することを確保すべきことを規定している（**指針4.2公益通報**）。また，ステークホルダーの苦情のレビューのためのプロセスを含むステークホルダーとのコミュニケーションの制度を整備することを確保すべきことも規定している（**指針4.6ステークホルダーとの関係**）。

（3）実践方法

（A）内部通報制度

公益通報者保護法に基づく内部公益通報対応体制の整備は法律上要請されている。その要素は，公益通報者保護法に基づく指針とその解説で具体化されている。

これを超えて，消費者庁の「**公益通報者保護法を踏まえた内部通報制度の整備・運用に関する民間事業者向けガイドライン**」をふまえ

図表 2-5-5　対話救済基本アクションの 10 の行動

1	国際人権やサプライ・チェーンを含む責任ある企業行動に関する苦情を受け付けます。
2	企業内で苦情処理・問題解決責任者と苦情受付・対話の対応部署を指定します。
3	苦情申立受付・対話の窓口を設置し、外部に開示します。
4	苦情処理・問題解決の手続を定め、外部に開示します。
5	苦情処理・問題解決における利益相反関係を防止し、公平性を確保します。
6	苦情申立者に対する報復行為等の不利益な取扱いを防止します。
7	苦情処理や対話の状況を可能な範囲で開示します。
8	苦情処理や課題解決にあたってステークホルダーとの対話や独立専門家の活用を行います。
9	ガイドラインを参考としながら、苦情処理・問題解決制度を定期的に見直し、改善します
10	苦情処理や対話の状況を、経営層を含む企業内で共有します。

※必要に応じて、集団的な苦情処理・対話の手続（苦情処理・問題解決センターなど）を活用します。

た実効的な内部通報制度を整備することも有益である。

（B）　苦情処理メカニズム

　サステナブルガバナンスにおいては、内部通報制度を超えて、より広いステークホルダーからの苦情や問題提起を処理する苦情処理メカニズムを整備することが重要である。

　ただし、苦情処理メカニズムは実効的である必要がある。**指導原則の原則31**は、苦情処理メカニズムの実効性の基準として、①**正当性**、②**利用可能性**、③**予測可能性**、④**公平性**、⑤**透明性**、⑥**権利適合性**、⑦**持続的な学習源**、⑧**ステークホルダーとのエンゲージメントと対話**を挙げている。

　グローバル・コンパクト・ネットワーク・ジャパン及びビジネスと人権ロイヤーズネットワークを中心としてマルチステークホルダーから構成される「**責任ある企業行動及びサプライ・チェーン研究会**」（筆者も事務局を担当）は、2019年、日本企業の苦情処理メカニズム強化の指針として、「**対話救済ガイドライン**」を公表している。対話救済ガイドラインは、独立専門家の助言・仲介による問題解決や集団的な苦情処理の重要性を明確にしている。また、**図表2-5-5**の通り、苦情処理・問題解決制度の強化にあたって実施できる10の行動を「**対話救済基本アクション**」として規定している。

7　サステナビリティに関する株主総会対応

（1）意義

ESGアクティビストが，気候変動をはじめとするサステナビリティに関する問題に関して企業に変革を求める株主提案などを行う機会が増えている。

2020年のExxonMobilの株主総会は，気候変動対策の強化を求めるアクティビストファンドが，同ファンドが推薦する4名の取締役の選任などの株主提案を行い，他の機関投資家からの賛同を受け，3名の就任を実現させた。日本でも，2020年の株主総会において，商社・銀行に対する「パリ協定」の目標に沿った事業計画の策定と開示に向けて定款変更を求める株主提案があり，否決されたものの一定割合の支持を得た。今後より一層サステナビリティに関する株主提案が活発化する可能性がある。

また，株主総会で，株主からSDGs/ESGに関する質問が行われる機会も増加しており，取締役は説明が求められている。

（2）関連ルール
（A）株主提案等に関する会社法上の規定

会社法303条は，規定の要件を満たす株主は一定の事項を株主総会の議案とするように請求ができる旨**株主提案権**を規定している。株主提案権の対象は，「当該株主が議決権を行使することができる事項」であり，役員選任や定款変更など会社法の規定や定款に規定されている株主総会の決議事項に限定される。

このほか，**会社法304条**は会社提案とは異なる提案を行う**議案提案（修正動議）権**，**会社法305条**は株主提案の招集通知への記載を求める**議案の通知請求権**を株主に認めている。

会社は，株主提案等を受けた場合は，当該提案が上記規定に基づ

き適法か否かを検討する必要がある。適法な株主提案については，提案された議案を株主総会に上程しなければならない。株主総会参考書類には，株主提案の理由やこれに対する取締役会の意見等も記載する必要がある（**会社法施行規則93条**）。

（B）株主総会における質疑に関する会社法上の規定

　会社法314条は，取締役は，株主総会において，株主から特定の事項について説明を求められた場合には，一定の場合を除き，**説明義務**を負う旨規定している。

（C）ICGNグローバル・ガバナンス原則

　原則10（株主総会）において，取締役会は，株主との建設的な双方向のコミュニケーションを可能にするために，株主総会を効率的，民主的かつ安全に運営すべきと規定する。

（3）実践方法

（A）アクティビスト株主に対する固定的な評価の回避

　企業は，アクティビスト株主に関して，短期利益の獲得を目的として企業価値を棄損する「ハゲタカ」であると警戒する傾向にある。しかし，そのような一面的な見方は適切ではない。

　東芝では，アクティビストによる株主提案が会社によって妨害され，株主総会が不公正に運営されたことが問題視された。2021年11月に発表された**東芝ガバナンス強化委員会調査報告書**でも，「いわゆるアクティビストと言われる外国投資ファンドにも，その背後の投資家の属性などにより様々な活動形態があり，これを一面的に捉えることができない。」，「東芝の執行役及び取締役は，外国投資ファンドは，すべからく企業の中長期的成長に反する短期的利益の獲得のみを目的とするものであるなどの一面的な見方に立って，外国投資ファンドとの対話を拒否する，あるいはこれを敵視するというような姿勢を取るべきではない」と提言されている。

（B）正当な問題提起に対する真摯な対応・対話・開示の必要性

まず，アクティビスト株主の会社に対する問題提起の背景を理解することが重要であり，そのために，当該株主と対話を行うことも有益である。正当な問題提起に対しては真摯に対応し，会社のSDGs/ESGへの取組みを改善することにより，株主提案を回避できる可能性もある。

アクティビスト株主の要求・提案をそのまま受け入れられない場合には，代替策として，中長期的な企業価値の維持・向上に資する形でのSDGs/ESG取組の内容を詳細に説明する必要がある。このような説明は，状況に応じて，株主との対話を通じて直接説明したり，開示書類を通じて開示したり，株主総会参考書類における反対意見として開示したりすることが考えられる。いずれの場合でもSDGs/ESGに関して関心を有する多様な株主を意識して説明を行うことが重要である。

（C）株主総会における積極的な説明

サステナビリティの企業価値に対する影響が高まっている状況をふまえると，サステナビリティに関する質問に関しては，「株主総会の目的である事項に関しない」などの拒否事由に該当するとして説明を拒否できる余地は少なくなっており，具体的な説明が必要である。

column

サステナブルガバナンスにおける外部専門家の役割

筆者は，有難いことに，企業の代理人・顧問弁護士のほか，社外役員，サステナビリティ委員会委員，サステナビリティ関連

の諮問委員会委員やアドバイザー，苦情処理メカニズムにおける助言委員，ステークホルダーダイアローグにおける社外有識者など様々な立場で，企業のSDGs/ESG経営に関してサポートする機会をいただいてきた。

　各立場において，その業務の内容は当然異なる。しかし，各立場で共通していることは，企業から独立した外部専門家の視点で，SDGs/ESG経営に関して助言や支援を行うことが期待されていることと思われる。

　このような助言・支援にあたって筆者が特に留意しているのは，企業活動がもたらし得る様々なステークホルダーへの潜在な負の影響と懸念，そして国際規範をはじめとする様々なルール形成を通じた企業に対する期待や懸念を具体的に説明し，企業に対し問題を提起することである。時には企業にとって耳の痛くなるような話をしなければならない。しかし，このような問題提起をすることが，最終的には企業における多様性・包摂性のある意思決定を通じた「サステナブルガバナンス」の強化のためには重要と考え，問題から逃げることなく率直な助言を行うことにしている。

　ただし，専門家が，他のステークホルダー関係者と異なるのは，企業から依頼を受けてその専門知識や経験をふまえた助言や支援を期待されていることである。そのため，上述したような問題への対処がなぜリスク管理・機会実現双方の面で中長期的に企業価値の向上につながるのかを，ルールの影響やステークホルダー等の動向もふまえ，説得的に説明することが重要と考えている。その上で，問題への効果的・効率的な対処方法を国内外におけるグッド・プラクティスや本書で説明している「ダイナミック・コンプライアンス」の視点をふまえて助言・支援することを心がけている。

　外部専門家としてサステナブル・ガバナンスを支えることができるか，いまだ模索の途中にあるが，企業やステークホルダー等との関わりを通じて実務を向上していきたい。

第 6 章
個別分野（環境・労働・人権・腐敗防止・地域経済）に関する重要概念・ルール

　本章では，企業が特に関わりの深いSDGs/ESGの分野である環境，労働，人権，腐敗防止，地域経済に関して，その重要概念やルール形成の動向を解説する。

　前述の通りSDGsは，特定の分野のみの課題を解決することでは十分ではなく，調和のとれた成長を目指すものである。そのような観点から，本書では，各分野がSDGsの目標や他の分野とどのような関係にあるのかも説明している。

　なお，本章は，読者の方々が，各分野におけるダイナミックなルール形成について理解する出発点となるように，特に重要と思われる概念・ルールを紹介したにとどまり，紙幅の関係もあり，詳細な説明までは行っていないことはご留意願いたい。

第 1　環境

1　総論

(1) SDGsとの関係

　環境の課題については，SDGsの様々な目標と関連している。気候変動は**目標13**，循環経済は**目標12**，森林・海洋などの自然資源や

生物多様性の保全は**目標14・15**，エネルギーは**目標7**，水は**目標6**と密接に関連している。2以下では，このような個別の環境課題についてルール形成の状況や各課題間の関係を具体的に説明する。

（2）他の分野との関係

　環境への悪影響は，地域住民の人権にも悪影響を生じさせることが多い。気候変動が地域住民の人権侵害を生じさせることは各国裁判等でも認定されている。また，2021年10月，国連人権理事会も環境への権利が人権であることを承認した。

　一方，気候変動における脱炭素社会への移行は，雇用の喪失，貧困の拡大，地域の衰退を生じさせ，労働や人権に悪影響を生じさせる可能性があり，公正な移行（ジャスト・トランジション）が求められている。

2　気候変動

（1）概要

　気候変動問題とは，経済活動を通じた二酸化炭素（CO2）など**温室効果ガス**の増加が，気温上昇・海面上昇・異常気象など気候変動を生じさせる問題である。

　気候変動問題に関しては，各国の科学者から構成される**気候変動に関する政府間パネル（IPCC）**が定期的に評価報告書を発表してきた。IPCCが2021年に発行した第一作業部会第六次評価報告書（WGI AR6）では，「人間の影響が大気，海洋及び陸域を温暖化させてきたことには疑う余地がない」ことが明記されている。

　気候変動対策には，「**緩和**」と「**適応**」の2種類がある。「緩和」は，温室効果ガス排出量を削減する（また植林などによって吸収量を増加させる）ことである。「適応」は，気候変動によって生じる被害を防止・軽減することである。

（2）国際ルールの動向

（A）　気候変動枠組条約とパリ協定

　気候変動枠組条約（UNFCCC）が1994年に採択され，毎年，**締約国会議（COP：Conference of the Parties）**が開催されている。2015年にパリで開催されたCOP21においては，2020年以降の温室効果ガス排出削減等のための新たな国際枠組みとして，**パリ協定**が採択された。パリ協定は，**2℃目標**（長期目標として産業革命後の気温上昇を2℃以内に抑えること）を設定し1.5℃に抑える努力を追求すること（**1.5℃目標**），そのために今世紀後半に**カーボンニュートラル**（人為的な発生源による排出量と吸収源による除去量との間の均衡）を実現することを明記した。緩和策として全ての国が削減目標を5年ごとに提出・更新し，レビューを受けることや適応策に関する事項も盛り込まれた。

（B）TCFD等の気候変動情報開示の義務化

　金融安定理事会が気候変動リスクに関する不透明性が金融危機を引き起こすことを回避する観点から，2017年，**気候変動関連財務開示（TCFD）提言書**が発表された。

　第2部第3章で説明した通り，各国で，TCFD提言をふまえた開示を義務付ける規制の導入が進められている。

（C）　カーボンプライシング規制

　カーボンプライシング（炭素の価格付け）とは，①**炭素税**や②排出枠を設けた上での**排出量取引制度（Emission Trade System：ETS）**などの方法により，企業に対し温室効果ガス排出に伴うコストを負担させることにより，排出削減を促す法制度である。2019年4月時点で，46か国が導入している（炭素税のみが8か国，排出量取引制度のみが21か国，炭素税及び排出量取引制度の併用が17か国）[83]。

　また，EUは，2021年7月，温室効果ガス55％削減目標達成のための政策パッケージ（Fit for 55）の一環として，EU域外からの輸入

83）World Bank, "State and Trends of Carbon Pricing 2021"（2019）

品に対する**炭素国境調整メカニズム（Carbon Border Adjustment Mechanism：CBAM）**の整備に関する規則案を発表した。CBAMは，EU域内の事業者が一定の製品をEU域外から輸入する場合に，域内で製造した場合にEU排出量取引制度（EU ETS）に基づいて課される炭素価格に対応した価格の支払を義務付けるものであり，EU市場に輸出を行う日本企業にも影響を与える可能性がある。

（D）自動車等のセクター別規制

　高排出セクターにおいて各製品の排出を規制するルールも導入されている。

　特に自動車については，世界各国で，二酸化炭素の排出基準を設定する**燃費規制**のほか，ガソリン車（HV）を規制し電気自動車（EV）の導入を促進する**ZEV（Zero Emission Vehicle）規制**が導入されている。EUは，2021年7月，政策パッケージ（Fit for 55）の一環として，2035年までに全ての新車をEVなどのZEV車両とし，HVのみならずハイブリッド車（PHV）の販売を事実上禁止する目標を示した。

（E）気候変動に関する国際基準・イニシアティブの例

　温室効果ガスプロトコル（GHG プロトコル）は，事業者の排出量算定及び排出のための基準を設けている。排出量は，「**スコープ1（直接排出量：自社の工場・オフィス・車両など）**」及び「**スコープ2（エネルギー起源間接排出量：電力など自社で消費したエネルギー）**」に加えて，「**スコープ3（その他の間接排出量）**」という3つの範囲で区別され，全ての範囲を含む排出量は「**サプライチェーン又はバリューチェーン排出量**」といわれる。

　また，**Science Based Targets（SBT）**は，パリ協定が求める水準と整合した，5年〜15年先を目標年として企業が設定する，温室効果ガス排出削減目標をいう。CDP，国連グローバル・コンパクト，WRI，WWFが共同でSBTの取組みを推進するSBTイニシアティブを運営しており，企業は所定の要件を満たす場合に認定を受けるこ

とができる。

さらに，CDPは，企業の気候変動の取組みを評価し，投資家・取引先に情報開示する取組みとして，**CDP気候変動プログラム**を運営している。

（F）気候変動に関する訴訟・紛争

英国の大学LSEの研究所の報告書[84]によれば，2021年6月時点で，気候変動に関する訴訟は，39か国で1841件確認されている。

気候変動が人権侵害を生じさせることへの懸念から**気候正義（Climate Justice）**を求めて各地で訴訟が提起されている。2019年の**オランダ最高裁Urgenda事件判決**は，オランダ政府に排出目標の引上げを命じた。2021年5月のオランダ・ハーグ地裁シェル社判決は，企業に対しても排出目標の引上げを命じている（詳細は，第3「人権」2 **(4)** を参照）。

気候変動は責任のない子どもなど未来の世代に不公平に悪影響を与えるとして，**Julian対米国政府訴訟**など子どもを原告とする気候変動訴訟も各国で提起されている。**気候変動2021年ドイツ連邦憲法裁判決**では，ドイツ政府に対し排出目標の引上げを命じた（第3「人権」3 **(4)** も参照）。

訴訟以外にも，**株主総会での株主提案**（第2部第5章参照），**OECD国家連絡窓口（NCP）への問題提起，国家人権機構への問題提起**など様々な紛争が生じている。

（3）国内のルール動向

政府は，**地球温暖化対策推進法**に基づき，気候変動緩和に関する対策を行っている。企業には，同法に基づく**温室効果ガス算定・報告・公表制度**に基づく算定・報告が求められている。

---

84) Joana Setzer and Catherine Higham "Global trends in climate change litigation：2021 snapshot"（2021）

　気候変動適応に関しては，政府は，**気候変動適応法**に基づき対策を行っている。環境省は，事業者向けに「**民間企業の気候変動適応ガイド**」を発表している。

　日本政府は，2020年10月，**2050年カーボンニュートラル**を宣言し，2021年4月の気候サミットにおいて，2030年度目標として2013年度からの46%削減を目指すことを宣言すると共に，さらに，50%の高みに向け，挑戦を続けていく決意を表明した。このような目標設定をふまえ，2021年には気候変動対策推進法が改正され，「2050年カーボンニュートラル」が明記され，また温室効果ガス算定・報告・公表制度に基づく企業の排出量のオープンデータ化などが図られた。

　開示に関しては，**CGコード2021年改訂**により，プライム市場上場企業は，TCFDに基づく開示又はそれと同等の開示が求められた。

　2022年時点では，日本にはカーボンプライシング規制は導入されていないが，環境省は，カーボンプライシングの活用に関する小委員会で検討を進めている。

3　循環経済（サーキュラーエコノミー）

（1）概要

　循環経済（サーキュラーエコノミー）とは，資源投入量・消費量を抑えつつ，ストックを有効活用しながら，サービス化等を通じて付加価値を生み出す経済活動をいう。従来の一方向の流れの「**線形経済（リニアエコノミー）**」から循環経済への移行が期待されている。

　資源循環に関しては，従前より，廃棄物の**3R（Reduce（削減），Reuse（再利用），Recycle（リサイクル））**が推進されてきた。循環経済は，廃棄物を最小限とする製品設計や廃棄物の資源化を促進する点で，3Rよりもさらに踏み込んだ取組みとなっている。

　特に，**マイクロプラスチック**などの廃プラスチックが海洋の生物

図表 2-6-1　循環経済（サーキュラー・エコノミー）

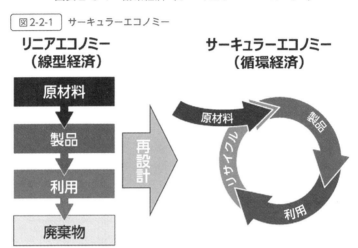

(出典) 環境省「令和 3 年版環境白書・循環型社会白書・生物多様性白書」

多様性に重大な影響を与えているとの懸念が高まっている。また，中国をはじめアジア諸国で，使用済製品・廃棄物等の輸入規制が強化され，廃プラスチックが行き場を失っている。このような状況をふまえ，**プラスチック規制**の必要性が生じている。

(2) 国際ルールの動向

(A) EUにおける率先

　欧州委員会は，2015年に，「**循環経済・政策パッケージ**」[85] の行動計画を発表した。廃棄物指令等の規制の強化と共に，「**副産物（By product)**」と「**廃棄物性の終了（End of waste)**」のルール化を通じて再利用・再資源化を促進することや，生産者に持続可能な製品（バイデザイン）を製造・流通するインセンティブを供与することも盛り

---

85) Circular Economy Package

込まれた。

　プラスチック規制の必要性をふまえ,欧州委員会は,2018年,「**循環経済における欧州プラスチック戦略**」[86]を発表した。同戦略の一環として,2019年に**使い捨てプラスチック指令**[87]が採択され,一定の製品の禁止やデザインの規制などが課された。

(B) 海洋プラスチックに関する国際枠組み

　2019年に大阪で開催されたG20において,2050年までに海洋プラスチックごみによる追加的な汚染をゼロにまで削減することを目指す「**大阪ブルー・オーシャン・ビジョン**」が共有され,各国が対策について情報共有を行い,相互学習によって効果的な対策を促す「**海洋プラスチックごみ対策実施枠組み**」が合意された。また,日本政府は,海洋プラスチック汚染に関する国際協定に向けた交渉の開始を提案している。

(3) 国内ルールの動向

　図表2-6-2の通り,日本政府は,**循環型社会形成推進基本法**を基本枠組法として,資源循環を促進している。廃棄物の適正処理のための**廃棄物処理法**に加えて,3Rを促進する**資源有効利用促進法**や**個別リサイクル法**を導入している。「**拡大生産者責任**」の概念の下,一部の品目については,製造者に使用済み製品を回収,リサイクル又は廃棄し,その費用も負担させている。

　政府は,2020年,3Rに加えて循環経済への移行を促進するために「**循環経済ビジョン2020**」を発表した。取組みを進める企業が,投資家・金融機関に情報開示を行い,評価を受けるための「**サーキュラー・エコノミーに係るサステナブル・ファイナンス促進のための開示・対話ガイダンス**」も2021年に発表された。

---

86) A European Strategy for Plastics in a Circular Economy
87) https://eur-lex.europa.eu/eli/dir/2019/904/oj

図表 2-6-2　循環形成に関する法体系

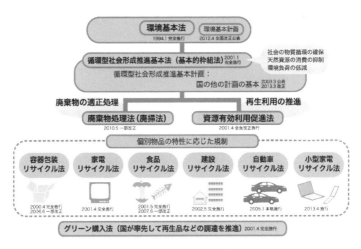

（出典）国立環境研究所「環境展望台」ウェブサイト

　プラスチック資源循環に関しては，政府は，2019年，「3R＋Renewable（再生利用）」を基本原則とする**プラスチック資源循環戦略**を発表した上，2021年，**プラスチック資源循環促進法**を採択した。同法は，事業者に法的義務を課すものではないが，製造事業者等がプラスチック使用製品設計指針に適合した設計に関して認定を受けることができる制度を導入している。また，販売・サービス事業者等が使い捨てプラスチック使用製品に関し取り組むべき判断基準を策定している。

　海洋ゴミ対策に関しては，2019年に，**海岸漂着物処理推進法**が改正され，事業者に，努力義務ではあるが，マイクロプラスチック対策が要請されている。

4　森林・海洋・水及び生物多様性保全

（1）概要

　人間の経済活動を通じて，世界的に，森林・海洋・水などの自然資源が破壊され，生物多様性やその恵みである生態系サービスの毀損が生じていることが懸念されている。

　企業は，事業活動やサプライチェーンを通じて自然資源や生物多様性に対して負の影響を及ぼす可能性があり，原材料の調達の段階を含めた影響の防止・軽減が求められている。

（2）森林保全に関するルール

　森林保全に関する国際条約は存在していないものの，二酸化炭素の吸収源である森林を保全することは気候変動対策からも重要であることからUNFCCCなど気候変動に関する国際枠組の下でルール形成が行われている。

　2014年国連の気候サミットで採択された「**森林に関するニューヨーク宣言**」は，企業に対してもサプライチェーンを通じた森林破壊の根絶等を求めており，多数の企業がこれに署名している。

　また，2013年のCOP開発途上国において森林減少・劣化の抑制を通じた排出量減少・吸収量増加の取組みに経済的なインセンティブを付与する「**REDDプラス**」の実施と支援はパリ協定でも規定され，具体的な検討が進められている。

　2021年のCOP21では，日本を含む世界の森林の86％を占める100か国以上の政府が2030年までに森林破壊を停止することを目標とする「**森林と土地利用に関するグラスゴー首脳宣言**」に署名した。

　持続可能な森林管理や森林から産出された木材・紙などの製品に対する認証としては，FSCやPEFCがある。また企業の森林減少防

止の取組を評価し投資家・取引先に情報開示する取組として，**CDP
フォレストプログラム**がある（木材・パーム油・畜牛・大豆に関連する
事業を行う企業が対象）。個別品目のルールについては **(5)** を参照さ
れたい。

　EUでは，2022年11月に，大豆，畜牛，パーム油，木材，ココア，
コーヒーなどの特定の商品の輸入業者に対し，サプライチェーンを
通じた森林破壊リスクに関するDDを義務付ける「**森林破壊フリー
製品規則案**」が提出されている。

(3) 海洋保全に関するルール

(A) 海洋汚染防止

　船舶による流油事故などを通じた海洋汚染の防止に関しては，国
際的に**海洋汚染防止条約**[88] が採択され，日本でも海洋汚染防止法と
して国内法化されている。1989年に発生した**バルディーズ号原油流
出事故**は，企業の環境保全に関する原則「**バルディーズ原則（CERES
原則に改訂）**」が策定される契機となった。

(B) 漁業管理

　国際的な水産資源の管理に関しては，**国際海洋法条約**や**国際公海
漁業協定**の枠組みの下で，**地域漁業管理機関**を中心に行われている。
　持続可能な漁業管理や水産物に対する認証としては，**MSC**がある。

(C) 海洋ゴミ問題

　前述した通り，廃プラスチックなど海洋ゴミが海洋の生物多様性
に影響を与える懸念から，プラスチック規制が強化されている。

(4) 水資源に関するルール

　人口の増加，気候変動，水資源をめぐる紛争などを通じて，**水ス**

---

88) 1973 年の船舶による汚染の防止のための国際条約に関する 1978 年の議
　　定書（マルポール 73/78 条約）。

トレス（水需給が逼迫している程度）が高まり，水不足などの危機が生じる可能性も生じている。その結果，企業の事業にも重大な影響を生じる**水リスク**が懸念されている。

企業の水資源の管理に関する行動規範として**ウォーター・スチュワードシップ**が提唱され，Alliance for Water Stewardship（AWS）によって認証制度が設けられている。

企業の水リスクの取組みを評価し投資家・取引先に情報開示する取組みとして，**CDP水セキュリティプログラム**がある。

（5）生物多様性に関するルール

国際的には，**生物多様性条約**が1992年に採択され，2010年に名古屋で開催された締約国会議（COP10）では，**ポスト2010年目標（愛知目標）**が採択されると共に，遺伝資源の取得の機会とその利用から生ずる利益の公正かつ衡平な配分（Access and Benefit-Sharing：ABS）に関する枠組みとして**名古屋議定書**が採択された。

日本国内では，政府が，2008年成立の**生物多様性基本法**に基づき，施策を進めている。事業者向けに**「生物多様性民間参画ガイドライン」**が公表されている。

（6）個別の商品に関するルール

木材・紙，パーム油，天然ゴム，その他の商品の調達が特に自然資源や生物多様性に対する負の影響が大きいとして，ルールが形成されている。

（A）木材・紙

米国では**レイシー法**，EUでは**木材規則**に基づき，違法伐採林の輸入が規制されている。日本では，欧米に比類する規制は存在しないものの，**クリーンウッド法**に基づき，合法伐採木材等の流通及び利用の促進が図られている。

持続可能な形で管理されている森林から産出された木材・紙製品

に対する認証としてFSCやPEFCがある。

（B）　パーム油

パーム油については，森林破壊，生物多様性毀損，さらに強制労働・人権侵害のリスクが高いとして国際的な懸念が高まっている。ステークホルダー等から，**森林減少禁止，泥炭地開発禁止，搾取禁止（NDPE：No Deforestation, No Peat, No Exploitation）**方針に基づく生産・調達の要請が高まっている。

パーム油の持続可能性に関する認証として，国際認証であるRSPOに加えて，インドネシアのISPOやマレーシアのMSPOという独自基準が存在するが，認証としての不十分性を指摘する意見もある。

EUは再生可能エネルギー指令に基づきバイオ燃料に関して持続可能性に関する基準を厳格化しており，パーム油を輸送用のバイオ燃料として使うことを段階的に縮小し2030年までに禁止することを決定している。

（C）　大豆・大豆油

大豆・大豆油については，**責任ある大豆に関する円卓会議（RTRS）**による認証制度がある。

（D）天然ゴム

天然ゴムについても，森林減少や地域住民の人権侵害のリスクへの対応のため，WBCSD傘下で世界的なタイヤメーカーで構成されるTIP（Tire Industry Project）が，2018年，**持続可能な天然ゴムのための新たなグローバルプラットフォーム**（GPSNR:Global Platform for Sustainable Natural Rubber）を設立し，2020年にポリシーフレームワークを公表している。

（E）農畜産物・水産物

農畜産物については国際認証としてGAP，国内認証としてJ-GAPがある。

水産物に関する国際認証には，天然水産物のMSC，養殖水産物の

ASCがある。国内認証としては，天然水産物のMEL，養殖水産物の
AELがある。

5　再生可能エネルギー

(1) 概要

　石油・石炭・天然ガスなどの化石燃料エネルギーには資源枯渇や
気候変動への影響への懸念がある。その中で，資源枯渇の心配がな
く気候変動への影響も少ない**太陽光・風力・地熱・バイオマス・小
水力**などの**再生可能エネルギー**の導入が促進されている。

　ただし，再エネ事業は，環境・生物多様性・地域住民の人権に影
響を与える場合もあるため，その影響の対処も必要となる。

(2) 海外ルールの動向

(A) EUにおける率先

　特にEUでは世界に先駆けて再エネ導入が促進されている。**2018
年再エネ指令**[89]では2030年までの再エネ導入目標を32%以上に設
定していたが，2021年提出の**再エネ指令改訂案**では，同目標を40%
以上に引き上げることを提案している。

(B) 再エネ導入の支援

　再エネ導入を財政的に支援する制度として，世界各国において，再
エネで発電した電気を一定期間にわたって固定価格で買い取る**FIT
(Feed-in Tariff) 制度**が導入されている。しかし，欧州では，再エネ
の国民負担が問題となり，これを軽減する観点から，市場での売電
価格に「プレミアム」を上乗せする**FIP (Feed-in Premium) 制度**へ
の移行や**入札制度**の導入が進みつつある。

---

89) Directive (EU) 2018/2001 on the promotion of the use of energy
　　from renewable sources

（C）再エネの悪影響への対応

　再エネに対する環境・人権への影響に対処するためのルールも形成されはじめている。上述の**EU再エネ指令**では，再エネが生物多様性などに与え得る悪影響に対処するために，森林バイオマスに関する持続可能性に関する基準を強化している。また，ビジネスと人権リソースセンターは，「Renewable Energy & Human Rights Benchmark」という評価指標を設定し，大手再エネ企業の人権取組みをランキングしている。

（D）再エネ購入の促進

　RE100は，気候変動対策のため，事業を100％再エネ電力で賄うことを目標とする取組みである。CDPとのパートナーシップの下，The Climate Groupが運営している。企業は所定の要件を満たす場合に認定を受けることができる。

（3）国内ルールの動向

　再エネ特措法に基づき**FIT制度**が導入され，再エネ導入が促進されている。2018年には，洋上風力発電の導入を容易にするための**再エネ海域利用法**が成立した。

　政府は，2020年12月発表の「**2050年カーボンニュートラルに伴うグリーン成長戦略**」では再エネを最大限導入することを明記し，2021年のエネルギー基本計画では，2030年の再エネ導入目標を36 ～ 38％に掲げた。

　一方，再エネの国民負担を軽減するため，再エネ特措法が改正され，**入札制度**や**FIP制度**の導入も進められている。

　また，太陽光・風力などの再エネ施設が地域の景観や生活環境に与える影響も懸念されており，各地でこれを規制する条例も導入されている。

column

ルーツとしての企業環境法務とステークホルダー合意形成

　筆者は，子どものころから海や山などの自然に触れ合うことが好きで，苦しい時も雄大な自然に心を癒やしてもらってきた。弁護士になる前後から現在に至るまで，環境の保全に貢献できる専門家になりたいという思いを持ち続けて活動してきた。

　とはいえ，従前は「企業環境法務」の分野があまり大きくなかったこともあり，企業法務に関わる弁護士として，いかに積極的に環境問題に関して助言・支援を行うことができるか，課題も感じていた。

　転機になったのは，2008 ～ 2011年の欧米留学中に，米国フレッチャー法律外交大学院において，気候変動に関するIPCC報告書の主執筆者であったWilliam Moomaw教授のSustainable Development Diplomacy（持続可能な開発外交論）という授業を履修したことである。気候変動その他の環境問題の解決において，政府のみならず企業，NGOが合意形成・ルール形成において重要な役割を果たしていることを説くもので，ステークホルダーの合意形成・ルール形成を推進し実務的な解決を図る方法をシミュレーションも交えながら学ぶ実践的な授業であった。法律家として，自身の専門性を生かし，環境課題の解決のための合意形成やルール形成に貢献できる可能性があるのではないかと強い期待を持ち，フレッチャースクール卒業後も，Moomaw教授が所長を務めていた同校の国際環境資源政策センターに非常勤の研究員として在籍し，合意形成・ルール形成に関するプロジェクトに参加する機会をいただいた。この経験が，本書の「SDGs/ESG経営」や「ダイナミック・コ

ンプライアンス」に関する筆者の視点を形作ったルーツの1つになっている。

　日本に戻った後は，第一東京弁護士会環境保全対策委員会などを通じて，洋上風力発電など再エネ促進のためのステークホルダーとの合意形成を促進する活動にも関わってきたほか，業務としても各地の再エネ事業を法的にサポートする機会もいただいている。さらに，企業の気候変動対策や持続可能な調達などのグローバルな環境問題に関するご相談を受ける機会も増えている。SDGs/ESGルール形成が急速に進む中で，法律家として環境問題に関して貢献できる余地が広がっていることを非常にうれしく思う。筆者が現在委員長を務めている第一東京弁護士会の環境保全対策委員会においても，各委員が「地域創生SDGs部会」，「ESG部会」，「環境マネジメントシステム部会」，「環境法令検討部会」，「再エネ部会」などにおいて積極的に活動を行っている。

　一方で，業務や活動を通じて強く感じていることは，本書で解説している通り，環境問題が，人権・労働・腐敗・地域経済など他の社会問題とも密接に関連しており，その課題の解決のために統合的な考察が必要なことだ。今後も，分野や国境を超えて，様々な専門家・関係者と連携・対話をしながら，環境保全に貢献できる方法を模索していきたい。

第2　労働

1　総論

(1) SDGsが掲げる「ディーセント・ワーク」

　SDGs目標8は「包摂的かつ持続可能な経済成長及び生産的な完全雇用とディーセント・ワークを全ての人に推進する」を掲げており，特に労働分野と関係している。

　ディーセント・ワークとは，2008年採択の「**公正なグローバル化のための社会正義に関するILO宣言**」によれば，「働きがいのある人間らしい仕事」を意味する。同宣言は，ディーセント・ワークの実現のために，①雇用，②社会的保護，③政労使三者間の社会対話，④労働における権利尊重という4つの戦略目標の実施の必要性を強調している。

(2) 国際労働基準と人権

　ILOは，条約・勧告を通じて様々な**国際労働基準**を定めている。ILOの加盟国は，条約勧告の適用について審査を受ける。条約を批准した加盟国は，基準を実施する法的義務を負う。

　「**労働における基本的原則及び権利に関するILO宣言**」は，**ILO基本8条約**に基づく4つの**中核的労働基準**として，①**結社の自由及び団体交渉権**，②**強制労働の禁止**，③**児童労働の廃止**，④**雇用及び職業における差別の排除**を挙げている。

　指導原則の原則12は，このILO中核的労働基準が，企業において尊重すべき国際人権に最低限含まれることを明記している。そのため，企業には，人権DDの一環として，サプライチェーンを通じて，ILO中核的労働基準を中心とした国際労働基準の尊重が求められる。

　ILO多国籍企業宣言2017年改訂においても人権DDの要素が組み

込まれている。

（3）人的資本としての従業員

「持続的な企業価値の向上と人的資本に関する研究会」報告書（人材版伊藤レポート）でも言及されている通り，企業が人的資本に投資し，持続的な企業価値を向上する観点からも，従業員との間で相互のエンゲージメント（対話・関係）を深め，またディーセント・ワークを実現することが求められている。

（4）他の分野との関係

　上述の通り，労働における権利は重要な人権であり，人権・労働は一体的なテーマとして捉えられる。人権には他のステークホルダーの権利も含まれるため，本書では便宜的に人権・労働の分野を分けているが，明確な区別が困難な場合が多い（例えば，現代奴隷・強制労働・児童労働は労働における課題であるものの，サプライチェーンを通じた人権DDにおいて特に重要なテーマとなっていることから，人権の項において解説している）。

　環境と労働の関係については，地域の生活環境と労働者の保護双方の観点から重要な課題が数多く存在する。例えば，パーム油は，森林破壊等の環境問題と強制労働・児童労働の問題を同時に生じさせている。一方，気候変動など環境課題の解決のための社会の移行が労働者に悪影響も及ぼす場合もあり，**「公正な移行（Just Transition）」**が求められている。

2　個別課題

（1）同一価値労働同一報酬

　SDGsターゲット8.5は，ディーセント・ワークに加えて，**同一価値労働同一報酬**の達成についても規定している。同一価値の労働に

対しては，性別による差別なしに報酬が定められるべきとする原則であり，ILO基本条約である**同一報酬条約（100号）**によって具体化されている。

　日本では，特に正規・非正規間の賃金格差が問題となっている。このような雇用形態に関わらない公正な待遇を確保するために，2018年成立の**働き方改革関連法**の一環として，**パートタイム・有期雇用労働法**や**同一労働同一賃金ガイドライン**が導入されている。

　しかしながら，**男女間賃金格差**（Gender Pay Gap）に関して，日本は，主要先進国で最下位のレベルにあるなど課題が多い。

（2）ハラスメント対策

　Me Too運動が広がる中で，ILOは，2019年，「**仕事の世界における暴力及びハラスメント条約（190号）**」を採択した。同条約は，暴力及びハラスメントがディーセント・ワークと両立せず，容認できないものであることを明確化している。

　日本国内でも，**男女雇用機会均等法**，**育児・介護休業法**，**労働施策総合推進法**に基づき，事業者に対し，職場の**セクシュアルハラスメント**対策，妊娠・出産・育児休業・介護休業等に関するハラスメント（いわゆる**マタニティハラスメント**）対策，**パワーハラスメント**対策を義務付けている。

（3）長時間労働・メンタルヘルス対策

　日本では，**過労死問題**の多発を通じて，**長時間労働**や**メンタルヘルス問題**に対する懸念が高まっている。

　2014年の**労働安全衛生法改正**により**ストレスチェック制度**が導入された。また，2018年成立の**働き方改革関連法**では，長時間労働の是正が盛り込まれた。

　政府は，このような働き方改革を，SDGs実施指針において，SDGs目標8ディーセント・ワークの実現と関連付けながら推進している。

（4）ギグワーカー・クラウドワーカー問題

　デジタルプラットフォームを通じて単発の仕事を請け負う**ギグワーカー，クラウドワーカー**と呼ばれる雇用類似の働き方が増加している。

　ILOの報告書「Digital labor platforms and the future of work」[90] は，これらの者は，一般的に自営業者とみなされ，労働者としての権利が保障されず，最低賃金以下の収入しか得られない不安定な立場に置かれていることが多いことを指摘している。米国カルフォルニア州では，2019年，ギグワーカーに関して，独立事業者であるための一定の要件を満たさない限り労働者として保護する**AB5法**[91] が成立している。

　日本でも，ギグワーカー等の保護の必要性をふまえ，政府は，2021年，「**フリーランスとして安心して働ける環境を整備するためのガイドライン**」を発表し，独占禁止法・下請法をふまえてフリーランスと取引を行う事業者や仲介業者の遵守すべき事項を明確化した。しかしながら，ギグワーカー等の労働者性の境界が不明確であり，かつセーフティネットが不十分という意見も生じている[92]。

（5）健康経営・ウェルビーイング経営

　SDGs目標3に，全ての人々の**健康と福祉**(Good Health and Well-Being) の確保が掲げられており，労働者にも要請される。ILOでは，「**職場におけるウェルビーイング**」を，物理的な労働環境の質と安全性から，労働者が自身の仕事，労働環境，職場の雰囲気，組織についてどのように感じているかまで，労働生活のあらゆる側面を含む

---

90) ILO Working Paper "Digital labour platforms and the future of work- Towards decent work　in the online world" (2018)
91) California Assembly Bill 5 (2019)
92) 日本経済新聞 2021 年 2 月 20 日「フリーランス保護指針に賛否　安全網不十分との指摘も」。

と説明されている[93]。

　経済産業省を，「**健康経営**」を，従業員等の健康管理を経営的な視点で考え，戦略的に実践することを推奨している。従業員等への健康投資を行うことは，ディーセント・ワークの実現に貢献するだけではなく，従業員の活力向上や生産性の向上等の組織の活性化をもたらし，結果的に業績向上や株価向上につながり得る。この観点から，健康経営に係る各種顕彰制度として，「**健康経営銘柄**」の選定や「**健康経営優良法人認定制度**」を整備している。

column

SDGs/ESG ルール形成が広げる労使間の対話協働の可能性

　使用者である企業と労働者との間の利害の対立から，労使間の紛争が複雑化・長期化する場面も多かった。弁護士の間でも使用者側を代理する弁護士と労働者側を代理する弁護士は明確に分かれていた。

　しかし，本書で説明する通り，SDGs/ESGルールの形成を通じて，企業には，労働者のディーセント・ワークを実現していくことが，短期的なコスト増として評価されるのではなく，中長期的な企業価値の向上につながると評価されることも増えている。その結果，企業の労働問題への積極的な対応が，取引先や投資家・金融機関から求められるようになっている。また，企業のサステナブルガバナンスの強化や人的資本の増大の観点からも，労働者との対話が積極的に求められるようになっている。

　このような企業の取組みに呼応して，労働者及び労働者を支

---

93) https://www.ilo.org/safework/areasofwork/workplace-health-promotion-and-well-being/WCMS_118396/lang--en/index.htm

援する法律家・組合においても，企業との間で緊張関係を維持しつつも，積極的に対話・協力を行っていくことが考えられる。企業の中長期的な価値向上にもつながる形での労働問題の解決方法を提案できるのであれば，裁判内外での労使紛争処理を経なくとも，企業が自主的に対策を取ることが期待できる。これにより，早期の段階で紛争を解決し，労働者の救済を図ることも可能となる[94]。

　筆者は，労働問題に関しては使用者である企業から相談を受けることがほとんどであるが，以上のような問題意識をもって，労働者を支援する弁護士・組合の方々とも対話協働を行っている。

　例えば，筆者が運営委員を務めるビジネスと人権ロイヤーズネットワークでは，外国人労働者を支援する弁護士の方々が参加する外国人労働者弁護団及び外国人技能実習生問題弁護士連絡会と対話・協働の上，2020年に「サプライチェーンにおける外国人労働者の労働環境の改善に関するガイドライン」を発表した。このガイドラインでも強調しているのが，労使の対話・協働が相互の利益につながるという理解を共有し，法的な責任の問題よりもむしろ，外国人労働者の人権尊重という課題解決にフォーカスすることである。

　労働者の人権尊重及び企業価値の向上双方の観点から，今後より一層労使間の対話・協働の機会が広がっていくことを期待したい。

---

94) このような問題提起を，労働者を支援する弁護士の方々にも行う機会をいただいた。詳細は，拙稿「『ビジネスと人権』が拡げる労使間の対話協働の可能性─ESG・SDGs 時代のルール形成と労働法実務への影響をふまえて」(季刊・労働者の権利 331 号 (2019 年)) を参照。

第3　人権

1　総論

（1）SDGsとの関わり

　SDGsの根拠文書である**2030アジェンダ**は，「**誰一人取り残さない**」，「**全ての人々の人権を実現する**」ことを究極的な目標と掲げており，また指導原則に基づく人権尊重責任をSDGsの基本的責任として位置付けている。SDGsの各目標もステークホルダーの人権と関連している。

（2）指導原則に対する支持の拡大

　第1章で説明した通り，2011年に指導原則が採択されて以降，指導原則に基づく人権DDの概念は，他の国際規範，欧米各国のサプライチェーン開示・DD規制などの法規制，調達基準・投融資基準などのソフトローを含めSDGs/ESGに関する様々なルールに組み込まれている。また，各国政府は，指導原則を実施する**国別行動計画（NAP）**を発表している。

　また，国連人権理事会は，指導原則の実施を促進するために**国連ビジネスと人権作業部会**を設置した上で，毎年**国連ビジネスと人権年次フォーラム**を開催し，様々なビジネスと人権に関する論点を議論している。

（3）日本国内の動向

　日本も，2020年に指導原則を実施するための「**ビジネスと人権に関する行動計画**」を策定し，**図表2-6-3**の通り，5つの優先分野を特定し，14の重点事項に関する施策を規定した。NAPは企業に対する義務を課するものではないが，関係府省庁が個別に実施してきた人

権の保護に関する措置を「ビジネスと人権」の観点から整理し，かつその措置の担当官庁を特定すると共に，人権DD等の実施に関する政府の企業に対する期待を表明している。

図表2-6-3　ビジネスと人権に関する行動計画の概要

優先分野を特定（第1章）	①政府，政府関連機関及び地方公共団体の理解促進と意識向上，②企業の理解促進と意識向上，③社会全体の理解促進と意識向上，④国内外のサプライチェーンにおける企業の人権尊重を促進する仕組みの整備，⑤救済メカニズムの整備及び改善
重点事項に関する施策を規定（第2章）	①公共調達，②開発協力・開発金融，③経済連携協定，④人権教育・啓発，⑤国内外のサプライチェーンにおける取組み，⑥人権デュー・ディリジェンスの促進，⑦中小企業の支援，⑧司法的救済，⑨非司法的救済，⑩労働，⑪児童の権利の保護・促進，⑫新しい技術の発展に伴う人権，⑬消費者の権利・役割，⑭法の下の平等（障害者，女性，LGBT，外国人等）
企業に対する期待を明確化（第3章）	①人権デュー・ディリジェンスのプロセスを導入すること②サプライチェーンにおけるものを含むステークホルダーとの対話を行うこと③日本企業が効果的な苦情処理の仕組みを通じて，問題解決を図ること

　ウイグル問題などサプライチェーンと人権に関する問題が日本企業に影響を与えている状況をふまえて，2021年，**国際人権担当首相補佐官**が設置された。

（4）他分野との関係

　人権は様々な環境・社会課題と密接に関連している。各分野において企業に対する法規制などのルールが導入されていない場合でも，人権DDが企業の行動基準を補完するような役割も果たしている。
　労働との関係では，指導原則は，国際的に認められた人権にILO中核的労働基準が含まれることを明記しており，労働と人権は一体的に捉えられる。特に，強制労働・児童労働の防止はサプライチェーンDDにおいて中心的な課題の1つとなっている。

　環境との関係では，気候変動をはじめとする環境問題も人権に悪影響を与え得ることが認識されており，2021年10月，国際人権理事会決議において，環境への権利を人権と認める決議も採択された。多くのルールで，人権・環境双方に対するDDが導入されている。

　腐敗との関係では，腐敗は人権の享受を阻害する点で関連することが認識されている。作業部会も，2020年，「**ビジネスと人権と腐敗防止を結び付ける**」[95]という報告書を国連人権理事会に提出した。

2　個別課題

（1）現代奴隷・強制労働・児童労働

　SDGsターゲット8.7は，強制労働を根絶し，現代奴隷制，人身売買を終わらせるための緊急かつ効果的な措置の実施，最悪な形態の児童労働の禁止及び撲滅を確保することを掲げている。

　強制労働の禁止及び児童労働の廃止は，ILO中核的労働基準に含まれる。**現代奴隷（Modern Slavery）**とは，英国現代奴隷法によれば，奴隷・隷属状態・強制労働・人身取引を広く含む概念である。

　現代奴隷・強制労働・児童労働は特に深刻な人権侵害を伴うことが多いため，サプライチェーンDDを通じた評価・対処が期待されており，各国でこの分野に特化した規制が導入されている（**米加州サプライチェーン透明化法**，**英豪現代奴隷法**，**米国関税法**，**オランダ児童労働DD法**など）。

　EUは，2021年7月，「**事業及びサプライチェーンを通じた強制労働リスクに対処するためのDDのガイダンス**」[96]を発表している。

---

95) https://www.ohchr.org/EN/Issues/Business/Pages/Connecting-business-and-human-rights-and-anti-corruption-agendas.aspx
96) Guidance on Due Diligence for EU Businesses to Address the Risk of Forced Labour in Their Operations and Supply Chains

(2) ウイグル問題

　中国新疆ウイグル自治区での強制労働や少数民族差別に関する懸念をふまえて，図表2-6-4の通り，米国政府は，**関税法**，**輸出管理規則（EAR）**，**OFAC規制**（グローバル・マグニツキー制裁プログラム）など様々な規制を課している。

　2021年12月，米国は**ウイグル強制労働防止法**[97]を採択し，新疆から調達された全ての商品を強制労働によって生産されたものとみなし輸入を原則禁止すると共に経済制裁も強化している。

図表 2-6-4　米国のウイグル関連規制

規制の種類	規制当局	ウイグル関連の規制内容
関税法	国土安全保障省 CBP	米国関税法は，強制労働によって生産された商品の輸入を禁止。2021年1月，新疆から調達された綿花・トマト及びこれらの製品に対して包括的に保留命令を発行。※
輸出管理規制（EAR）	商務省 BIS	新疆での人権侵害に関与した疑いのある多数の団体を米国産品の輸出・再輸出に許可を必要とするエンティティ・リストに指定。
OFAC 規制	財務省 OFAC	新疆での人権侵害に関与した疑いのある多数の個人・団体をグローバルマグニツキー制裁プログラムに基づき，取引停止・資産凍結が要求される SDN リストに指定。※
新疆サプライチェーンビジネスアドバイザリー	国務省等	2020年7月発行，2021年7月改訂。新疆にサプライチェーン・投資上関係のある事業に関して高まるリスクを警告し，法令違反の可能性を示唆。

※ 2021 年 12 月，ウイグル強制労働防止法を採択し，規制を拡大・強化

---

97) Uyghur Forced Labor Prevention Act

　一方，中国も，欧米の経済制裁に対抗して，2021年，**外国法令域外適用ブロッキング規則**や**反外国制裁法**などを採択した。

　ウイグル問題については米中対立も背景にあり，企業には，サプライチェーン人権DDの実施と共に，各国の法規制のコンプライアンスや地政学的リスクの分析・対処も求められる。とはいえ，米国か中国かではなく国連人権理事会で承認された指導原則に準拠することが政治的なリスクに巻き込まれないための砦になる[98]。

（3）外国人労働者・技能実習生問題
（A）外国人労働者の強制労働リスク

　SDGsターゲット8.8は，外国人労働者の保護と安全・安心な労働環境の促進を掲げている。

　外国人労働者は，一般的に社会的に脆弱な立場に置かれており，仲介業者から搾取され，また強制労働に巻き込まれるリスクが高い。そのため，企業はサプライチェーンを通じて外国人労働者の人権に関するDDを強化する必要がある。

　特に仲介業者による外国人労働者に対する手数料の徴収は可能な限り禁止する必要がある。**ILO移民労働者条約（改正）（97号）**は公共職業紹介事業の無償を規定しており，**ILO民間職業仲介事業所条約（181号）**は民間職業仲介事業所の手数料の徴収を禁止している。

（B）技能実習制度の課題

　日本国内の技能実習制度に関しては，**技能実習法**により技能実習生の保護が図られている。しかし，①技術移転という目的と人手不足解消という実態が乖離していること，②技能実習生は職場移動の自由が原則否定され，『**ものを言えない労働者**』の立場に置かれていること，③本制度は**送出し機関・監理団体**による中間搾取等を許容

98）日経ESG2021年6月号インタビュー記事「新疆ウイグル問題は3つの視点で考えよ」。

していることなどを懸念する意見がある[99]。2018 年には，**入国管理法改正**がなされ，在留資格として「**特定技能（1号・2号）**」が創設されたところ，この在留資格取得者の多くも技能実習生から移行することが見込まれている。このような技能実習制度への懸念をふまえ米国国務省の人身取引報告書2020年版でも，日本は，第2ランクの評価に格下げされている。

（C）日本国内での人権DDの必要性

日本企業は，日本国内の技能実習生などの外国人労働者の強制労働リスクに関しても，サプライチェーンを通じたDDを実施する必要性が高い。JICA等は，「**責任ある外国人労働者受入れプラットフォーム**」（JP-MIRAI）を運営している。また，ビジネスと人権ロイヤーズネットワーク，外国人労働者弁護団，及び外国人技能実習生問題弁護士連絡会の弁護士グループにおいて，「**サプライチェーンにおける外国人労働者の労働環境改善に関するガイドライン**」が発表されている。

（4）コロナ危機と人権

コロナ危機は，企業活動の停滞やサプライチェーンの分断などの影響に加えて，労働者をはじめ様々なステークホルダーの人権にも深刻な負の影響を与えている[100]。国内外を問わず，特にサプライチェーンの上流に位置付けられる労働者や零細事業者の生活に深刻な打撃を生じさせている。また，**移民労働者，非正規雇用，ギグワーカー，インフォーマル労働者，医療従事者**などの**エッセンシャルワーカー，社会的に脆弱なグループ**など様々なステークホルダーに影響

99）指宿昭一（外国人技能実習生問題弁護士連絡会共同代表）「技能実習法と外国人労働者 受入れの課題」自由と正義 2017 年 6 月号 16 頁。

100）コロナ危機の人権への影響については，大村恵実＝佐藤暁子＝高橋大祐「新型コロナウイルス感染症拡大の人権への影響と企業活動における対応上の留意点」（ビジネスと人権ロイヤーズネットワーク Working Paper, 2020 年 4 月）を参照。

が生じている。

　コロナ危機後のより良い社会（Build Back Better） に向けて，企業がステークホルダーの人権尊重に根差した価値観を共有し，これを実践していくことは，企業の危機に対するレジリエンス（回復力）を高め，事業の継続性を強化し，中長期的に企業価値を高めることにもつながり得る。コロナ危機を通じて，企業のESGの「S」に対する課題への対応に関して投資家の関心も高まっている。

　OHCHRは，2020年「COVID-19 の時代のビジネスと人権」[101] というガイダンス文書を発表している。ビジネスと人権ロイヤーズネットワークは，2020年，機関投資家などの支援・協力も受けながら，日本企業向けに**「コロナ危機後のより良い社会に向けた革新的かつ責任ある企業行動に関する基本アクション」**[102] を提示している。

(5) 気候変動と人権
(A) 気候変動の人権への影響

　気候変動による異常気象や海面上昇が地域住民への生活環境を破壊し得ることの懸念から，**気候正義（Climate Justice）** を求める動きが広がっている。

　フィリピン国家人権委員会は，異常気象の被災者による化石燃料関連企業への申立てを受けて調査を行い，企業が温暖化を加速化させ地域住民の人権を侵害した責任があると指摘した。2019年の**オランダ最高裁Urgenda事件判決**は，政府に炭素削減義務を認めた根拠として，気候変動と人権の関係を明示した。2021年10月の**国連人権理事会決議**では，環境への権利が人権であることが承認された。

(B) 企業の気候変動対策と人権DD

　2021年5月の**オランダ・ハーグ地裁シェル社判決**は，シェル社グ

---

101) OHCHR "BUSINESS AND HUMAN RIGHTS IN TIMES OF COVID-19"
102) https://www.bhrlawyers.org/covid-19-bhr

ループの炭素排出量（Scope1,2,3）の年間総量を，2030年までに2019年比で正味45％以上減少することを命令した。気候変動が人権侵害であることを前提に，企業の注意義務の解釈基準として指導原則を参照し，バリューチェーンを通じた人権DDを実施すべきことを根拠としたものである。環境分野も含めて企業のDD強化を求める世界潮流を象徴付けている[103]。

（C）公正な移行

前述の通り，気候変動における脱炭素社会への移行は，雇用の喪失，貧困の拡大，地域の衰退を生じさせ，労働や人権に悪影響を生じさせる可能性があり，**公正な移行（ジャスト・トランジション）**が求められている。

EUは，気候変動による移行で影響を受ける人々を支援するための「**公正な移行メカニズム**（JTM:Just Transition Mechanism）」を開始している。

（6）AI・DXと人権

AIなど最新テクノロジーの普及を通じて，**デジタル・トランスフォーメーション（DX）**が進んでいるところ，以下の通り様々な人権への負の影響が懸念されているおり，デジタル社会の人権としての**デジタル・フリーダム**や**デジタル・ライツ**の確保を求める声が高まっている。

（A）AIのアルゴリズムバイアスが差別を助長する問題

アルゴリズムバイアスとは，AIのアルゴリズム（手順）の基になる学習データに差別的な判断が存在したり，学習データの収集方法に偏りが存在したりするがゆえに，AIによる判断にも偏りが生じる問題をいう。様々な企業活動の意思決定でAIが活用されているとこ

103）「シェルの『脱炭素』裁判　気候変動を人権侵害とした衝撃」（拙稿日経
　　ESG2021年10月号），「もう一つの危機・気候変動のリスクを見据えた
　　法務対応のあり方」（拙稿NBL1172号（2020年））。

ろ，アルゴリズムバイアスの社会的に脆弱な立場に置かれたグループに，不利益な判断が下されてしまう危険性がある。

（B）AIによる自動化の労働者の働き方への影響

　AIによる自動化を通じた労働者代替が失業・職業の二極化を招き貧富の格差が拡大するリスクが懸念されている。また，AIを活用した労働管理が，使用者の支配力を高め，労働者の使用者に対する交渉力や人間としての尊厳を奪うリスクがあることも指摘されている。さらに，AIによるマッチング技術の進展により，第4「労働」で説明した通り，**デジタルプラットフォーム**を通じて単発の仕事を引き受ける，**ギグワーカー・クラウドワーカー**などの新しい働き方が生まれているところ，労働者としての権利が十分に保証されず，不安定な立場に置かれている。

（C）プライバシーに対する影響

　プライバシーに関しては，日本の**個人情報保護法**，EUの**一般データ保護規則（GDPR）**，**カリフォルニア州消費者プライバシー法（CCPA）**などデータ保護規制が強化されている。AIによるビッグデータの処理が企業活動で積極的に活用される現在，これらの規制の遵守だけでは対応できないプライバシーの懸念が生じている。

　例えば，GAFAなどの**デジタルプラットフォーマー**が，ユーザーから取得した個人情報をAIに分析させて，**ターゲット広告**など他のサービスに使用することへの懸念が高まっている。

　また，AIの進化により**顔認証技術**の精度が向上しており，これが市民の行動を監視する手段として使用される危険性が高まっている。また，**コロナ追跡アプリ**に関しても，監視手段として使用される懸念が生じている。これをふまえて，欧州委員会は，2021年，AIをそのリスクに応じて規制する**AI規則案**[104]を発表している。

---

104) Proposal for an AI Regulation laying down harmonised rules on artificial intelligence

経済産業省・総務省は，企業が，プライバシー保護への要請の高まりに対応するための指針として，「**DX時代における企業のプライバシーガバナンスガイドブックver1.1**」を発表している。

（D）フェイクニュースによる誤情報の拡散を通じた知る権利の侵害

AIが精巧な**フェイクニュース**の生成をするために悪用され，これが流布されることにより，人々の誤った情報に基づく行動や意思決定が扇動され，知る権利が侵害される危険性が高まっている。また，コロナ危機下で誤情報の拡散による「**インフォデミック**」によって人々の不安や差別が助長されていることも問題となっている。

3　社会的に脆弱なグループの人権

（1）SDGs/ESG経営における意義

SDGsは，「**誰一人取り残さない**」を理念とし，特に社会的に脆弱なグループに焦点を当てた上で，**ダイバーシティ（多様性）**と**インクルージョン（包摂性）**に基づく社会を目指している。**SDGs目標5**は**ジェンダー平等**，**目標10**は**人と国の不平等の是正**を具体的に掲げている。

指導原則も，各所で，社会的に脆弱なグループの人権に対し特別の注意を払うと共にジェンダーの視点を考慮すべき旨規定しており，人権DDにおいてこれらのステークホルダーの人権には特別に配慮する必要がある。

以下では，女性，性的少数者，障害者，子ども，外国人，先住民・少数民族に関して，企業との関わりで重要な論点やルールを概説する。

（2）女性の権利

（A）国際動向

SDGs目標5は，ジェンダー平等の達成と女性のエンパワーメン

トを掲げている。

国際条約として**女性差別撤廃条約**が採択されているほか，ILO基本条約に基づく中核的労働基準として「**雇用及び職業における差別の排除**」が規定されている。

国連グローバルコンパクト（UNGC）とUN Womenは，企業がジェンダー平等と女性のエンパワーメントに取り組むための原則として「**女性のエンパワーメント原則（WEPs)**」を発表している。

EU非財務情報開示指令では，取締役会のジェンダーを含む多様性が開示項目になっている。ESG投資においても，企業における女性エンパワーメントに着目した指数も普及している。

前述の通り，近年の**Me Too運動**を通じて，**ハラスメント対策**がより一層重要になっており，ILOでも2019年，「**仕事の世界における暴力及びハラスメント条約（190号)**」が採択されている。

（B）国内動向

日本国内でも，**男女雇用機会均等法**に基づき男女共同参画が推進されてきた。また，2016年成立の**女性活躍推進法**では，女性の活躍推進に向けた数値目標を盛り込んだ行動計画の策定・公表や女性の職業生活における活躍に関する情報の公表が企業に義務付けられ，2019年改正で規制が強化されている。女性活躍を推進する企業や子育てサポートを行う企業に対する「**くるみん**」，「**えるぼし**」認証制度も導入されている。

また，第5章でも説明した通り，**コーポレートガバナンス・コード**でも取締役会及び企業中核幹部の多様性の確保が規定されている。また，経済産業省も競争戦略として**ダイバーシティ経営**を推進している。

さらに，第2「労働」で説明した通り，ハラスメント対策も強化されている。

もっとも，日本では，他の先進国と比較して企業幹部における女性比率が低く，女性が多くを占める非正規雇用の格差，男女間賃金格差がいまだ大きいという課題がある。

(3) 性的少数者（LGBT）

LGBTは，Lesbian（女性同性愛者），Gay（男性同性愛者），Bisexual（両性愛者），Transgender（性自認が性別と異なる人）の略であり，性的指向や性自認の観点の少数者の総称をいう。

Questioning（自らの性を明確に定義しない人）を含めて**LGBTQ**，Intersex（インターセックス）を含めて**LGBTI**と呼ばれる場合もある。

EUでは，2000年採択の「**雇用と職場における平等指令**」[105]において，職場における性的指向に基づく差別が禁止されている。多数の国で差別禁止法が整備されており，日本でも**LGBT差別禁止法**を求める意見が上がっている。

国連人権高等弁務官事務所（OHCHR）は，2017年，「**LGBTIの人々に対する差別に取り組むための企業行動基準**」[106]を公表している。

(4) 障害者の権利

(A) 国際動向

SDGsターゲット8.5は，ディーセント・ワークの達成に関して障害者が含まれることを明記している。SDGsターゲット11.2は，持続可能な輸送システムの整備にあたって，障害者などのニーズに特に配慮すべきことも明記している。

国際条約としては，**障害者権利条約**が採択されている。同条約では，障害者に対する**差別の撤廃**や**合理的配慮**，ユニバーサルデザインの促進などが規定されている。

ILOの国際労働基準としては，「**職業リハビリテーション及び雇用（障害者）条約（159号）**」が採択されている。

---

105) Council Directive 2000/78/EC of establishing a general framework for equal treatment in employment and occupation
106) Standards of Conduct for Business on Tackling Discrimination against LGBTI people

国連グローバルコンパクトとILOは，2017年，「**障害者の権利に関する企業向けガイド**」[107] と題するガイダンス文書を発表している。

（B）国内動向

日本国内では，**障害者基本法**，**障害者差別解消法**の下で，障害者に対する差別の解消が図られてきた。**障害者雇用促進法**では，障害者雇用率に相当する障害者の雇用を義務付ける**割当雇用制度**や雇用率未達成の事業主から納付金を徴収する**納付金制度**を定めている。また，使用者に対する職場における合理的配慮も義務付けている。

障害者差別解消法2021年改正により，企業の障害者に対する合理的配慮がより広く義務化された。

バリアフリー・ユニバーサルデザインの関係では，**高齢者，障害者等の移動等の円滑化の促進に関する法律（バリアフリー法）**によりバリアフリーが推進されている。また，2018年には，ユニバーサル社会の実現に向けた諸施策を一体的に推進するために**ユニバーサル社会実現推進法**が制定されている。

（5）子どもの権利

（A）SDGsとの関わり

SDGsの根拠文書2030年アジェンダは，「**子どもたちに投資し，すべての子どもが暴力や搾取から解放される世界**」を目指している（第8段落）。子どもは保護すべき脆弱な人々（第25段落）であると共に，「**重要な変化の担い手**」（第51段落）であると位置付けられている。

SDGsにおいては，**ターゲット8.5**で児童労働の撤廃，**ターゲット16.3**で子供に対するあらゆる形態の暴力の撲滅などが掲げられている。

（B）国際ルール

国際条約としては「**子どもの権利条約**」が採択されている。また，ILO中核的労働基準は，「**児童労働の廃止**」を含んでいる。

---

107) Guide for Business on the Rights of Persons with Disabilities

　これをふまえ，企業には，指導原則に基づき，サプライチェーンを通じた児童労働の廃止のためのDDが求められている。特に**オランダ児童労働DD法**は，児童労働に特化して，サプライチェーンを通じた人権DDを義務付けている。

　また，ユニセフ等は「**子どもの権利とビジネス原則**」を策定しており，企業に対し，児童労働の廃止を超えて，職場・市場・地域社会に通じて子どもの権利を尊重・支援する様々な行動を推奨している。

（C）気候変動と子ども

　気候変動は責任のない子どもなど未来の世代に不公平に悪影響を与えるとして，**グレタ・トゥーンベリ**さんなど環境活動家の発言に注目が集まっている。**Julian対米国政府訴訟**など子どもを原告とする気候変動訴訟が各国で提起されている。子どもを中心として提起された訴訟の**2021年ドイツ連邦憲法裁判決**では，ドイツ政府に対する排出目標の引上げを命じた。

（D）日本国内の動向

　児童労働の禁止や**年少労働者の就業制限**に関しては**労働基準法**で規定されている。このほか，子どもの保護は，**児童福祉法・母子保健法・教育基本法・少年法・児童虐待防止法**などの個別法により図られているが，子どもに関する基本法は存在せず，縦割り行政の弊害が指摘されてきた。この対処のため，政府は，2021年，「**こども家庭庁**」の2023年度創設を含む「こども政策の新たな推進体制に関する基本方針」を閣議決定している。

　また，日本でも「**子どもの貧困**」が大きな社会問題となっており，子供の貧困対策推進法が制定されており，企業にも子どもの貧困対策のための協力も期待されている。

　広告・マーケティングの子どもへの悪影響への懸念をふまえて，セーブ・ザ・チルドレン・ジャパンを中心に「**子どもに影響のある広告とマーケティングガイドライン**」が発表されている。また，ス

ポーツ団体の不祥事や東京五輪を契機として，ユニセフは日本発のスポーツ団体等における子どもの権利尊重のための原則として「**子どもの権利とスポーツの原則**」を発表している。さらに，カカオ産業における児童労働の改善のために，JICAは「**開発途上国におけるサステイナブル・カカオ・プラットフォーム**」を運営している。

(6) 外国人

(A) 関連ルール

　世界各国での政治不安・紛争や貧困を理由に，**難民**や**移民**が増加している。SDGs の**ターゲット10.7**は秩序の取れた，安全で規則的かつ責任ある移住の促進を挙げている。

　難民に関する国際条約として，**難民条約**が採択されている（日本も批准済）。移民に関しては，「**全ての移住労働者及びその家族の権利保護に関する条約**」も採択されている（日本は未批准）。

　日本国内では，**出入国管理及び難民認定法**に基づき，外国人の出入国管理や難民の認定が行われている。

(B) 強制労働のリスク

　2 **(3)** で記載した通り，移民労働者は仲介業者により搾取され，強制労働に巻き込まれるリスクが高い。日本国内でも**技能実習制度等**に関する懸念がある。そのため，企業には，サプライチェーンを通じて国内外の移民労働者に関する人権DDが要求されている。

　また，企業には，社会的に脆弱な立場にある移民・難民への支援も期待されている。

(C) 差別のリスク

　日本国内には**包括的差別禁止法**がなく，外国人に対する不当な差別も問題となっている。

　特定の国の出身者であること又はその子孫であることのみを理由に，日本社会から追い出そうとしたり危害を加えようとしたりするなどの一方的な内容の言動が**ヘイトスピーチ**として問題となってお

り，これを禁止するため**ヘイトスピーチ解消法**が制定されている。

（7）人種・民族

　人種差別に関しては，米国を中心とした**BLM（Black Lives Matter）運動**を通じて，人種差別解消の取組みが企業にも求められている。

　少数民族に関しては，**中国新疆ウイグル自治区でのウイグル人迫害，ミャンマー軍事政権によるロヒンギャ族迫害**など世界各地で紛争が生じており，企業にはこれらの問題に加担することがないようにサプライチェーンを通じたDDが求められている。

　先住民族に関しては，「**先住民族の権利に関する国際連合宣言**」が採択されており，「**自由意思による事前の十分な情報に基づく同意**（FPIC：Free, Prior and Informed Consent）」が人権として認識されている。

---

column

ビジネスと人権に関する行動計画における合意形成

　本書でも解説した通り，2020年10月に，日本政府は，「ビジネスと人権」に関する行動計画（NAP）を発表した。

　筆者は，日弁連から推薦を受けて，ビジネスと人権に関する行動計画に係る作業部会の構成員として，NAPの策定に関与する機会をいただいた。NAP策定の作業部会には，筆者のほか，経済界，投資家，中小企業，労働界，市民社会，国際機関などのステークホルダー団体の関係者が参加してきた。

　筆者が所属する日弁連では，他のステークホルダー団体の関係者に呼びかけて，ステークホルダー間の懇談会を定期的に開

催し，それぞれの立場の意見を共有・調整する機会を持ってきた。その結果，経済界から市民社会まで作業部会に参加する全てのステークホルダー構成員において，NAPに関する「共通要請事項」という形で合意に至り，2回にわたって政府に要望書を提出するに至った。2019年11月，第1共通要請事項として，NAP策定上，特に重要と考えられる5つのテーマ（企業情報の開示，外国人労働者，人権DD及びサプライチェーン，公共調達，救済へのアクセス）につき，要請を行った[108]。また，2020年5月，本書で解説した通り，新型コロナウイルス感染拡大をふまえ，コロナ危機を通じた人権への影響とその対応についてNAPへ組み込むことを含めて，第2共通要請事項を提出した[109]。

　従来の企業活動に関連するルール形成の場面では，経済界と労働界・市民社会は意見が対立することが多く，共通の意見をまとめられないことが多い。しかし，本書に説明した国際的交錯・多様化・流動化するダイナミックなSDGs/ESGルールの形成の中では，日本企業の人権尊重の取組みを促進・支援していくことは，ステークホルダーの権利を擁護すると共に，企業価値の維持・向上にもつながる。このような共通認識の下で合意形成を図ることができたことは，構成員の一人として大変嬉しく思っている。

　NAP策定プロセスを通じて，様々な省庁の関係者とも意見交換させていただく機会をいただいたところ，残念ながら，共通要請事項の内容が，政府が発表したNAPに十分に反映されたとは評価できなかった。とはいえ，近年の「ビジネスと人権」を

108) https://www.ilo.org/wcmsp5/groups/public/---asia/---ro-bangkok/---ilo-tokyo/documents/meetingdocument/wcms_735161.pdf
109) https://www.ilo.org/tokyo/events-and-meetings/WCMS_746763/lang--ja/index.htm

巡る国際的なルール形成をふまえて，政府もNAP発表後に施策
を強化し始めたことは歓迎したい。

　以上のようなルール形成への関与を通じて得た経験や課題を
ふまえ，企業のSDGs/ESGルールの「ダイナミック・コンプラ
イアンス」に関して実践的な助言ができるように尽力すると共
に，NAPの実施・改定の局面でも可能な範囲で貢献できれば幸
いである。

第4　腐敗防止等

1　総論

（1）SDGs 目標16と企業の関わり

　SDGsの目標16は，「**平和で包摂的な社会**」の実現を目標に掲げて
おり，これはSDGs各目標の達成や人々の人権の実現の基礎となる
ものである。

　世界各国で生じている**腐敗，紛争，テロ，組織犯罪，資金洗浄，兵
器**などの問題はこれを阻害するものであり，企業にもこれに加担す
ることのないように，2以降で記載する通り，腐敗防止，紛争鉱物
の責任ある調達その他の対応が求められている。

　また，開発途上国や紛争地域では，**法の支配や司法へのアクセス，
民主的で透明性のある制度**が十分ではないことも，SDGs各目標の
達成や人々の人権の実現を阻害している。企業には，法の支配や民
主制度の尊重や協力も期待されている。

　さらに，SDGsのターゲット16.7の「**あらゆるレベルにおいて，対
応的，包摂的，参加型，および代表的な意思決定を確保する**」は，企
業の組織レベルでは**サステナブルガバナンス**の強化に関連するもの

である。国連グローバルコンパクトでは，**SDG 16 Business Framework**を発表しており，企業がSDGs16目標達成に貢献するための，企業・社会双方のガバナンス強化に向けた枠組みを提供している。

（2）他の分野との関係

上述した腐敗・紛争などの問題は，人々の人権の実現や環境・社会課題の解決を阻害するという点で，密接に関係している。

国連ビジネスと人権作業部会も，2020年，「**ビジネスと人権と腐敗防止を結び付ける**」という報告書を国連人権理事会に提出した。

2　腐敗防止

（1）概要

SDGsの**ターゲット16.5**は「あらゆる形態の汚職や贈賄を大幅に減少させる」を掲げている。

「腐敗」とは，与えられた権限を濫用して私的利益を得ることをいい，**贈収賄，強要，利益相反，リベート，キックバック，横領，背任**などこれらの形態に限られない。

腐敗は，環境・労働・人権などの観点から執行されるべき規制を歪め，国民に対して提供されるべき政府のサービスが適切に提供されるのを阻害し，その結果環境・労働・人権に関する問題をも悪化させるものである。

腐敗防止の国際NGOトランスペアレンシー・インターナショナルは，毎年，各国の**腐敗認識指数（CPI）**を発表しており，開発途上国・新興国において，先進国と比較して，腐敗が深刻な社会問題となっていることを可視化している。

海外では，公務員等から，行政サービスの円滑化のために**ファシリテーション・ペイメント**の支払の要求を受けることも問題となって

いる。

（2）関連ルール

　腐敗防止に関する国際条約として**国連腐敗防止条約**が採択されており，**国連グローバルコンパクト**も，環境・労働・人権に並んで腐敗防止を取組みの分野としている。

　外国公務員等への贈賄行為を企業犯罪として処罰する海外贈賄防止規制も，各国で強化されている。**OECD外国公務員贈賄防止条約**の枠組の下で，**米国海外腐敗行為防止法**（FCPA：Foreign Corrupt Practice Act），**英国贈収賄法**，日本の**不正競争防止法**に基づく**外国公務員贈賄罪**などの規制が導入され，域外適用も積極的に行われている。新興国・途上国の腐敗防止規制も強化されており，例えば中国では**商業賄賂規制**が強化されている。

　EU非財務情報開示指令でも，腐敗防止が開示項目の1つとなっている。

　このように企業における贈賄への関与の発覚は，巨額の制裁金や役職員の身柄拘束，公共事業への入札参加資格の停止措置，取引先・金融機関の取引停止，投融資の引揚げなど企業価値の棄損に直結している。企業の海外贈賄防止対策の観点から，経済産業省は「**外国公務員贈賄防止指針**」を発表しており，日弁連はこれを補完する「**海外贈賄防止ガイダンス**」を発表している。

　腐敗防止に関しては，一企業での対応には限界があり，企業等が連携して対応する「**コレクティブアクション**」が必要とされている。グローバルコンパクトネットワークジャパンと海外贈賄防止委員会では，「**腐敗防止強化のための東京原則コレクティブアクション**」を推進しており，企業と投資家の対話のツールとして「**贈賄防止アセスメントツール**」を公表している。

3　紛争鉱物

（1）概要

　紛争地域等で武装勢力の関与の下での鉱物の採取・取引は，武装勢力の資金源につながると共に，強制労働・児童労働など人権侵害や環境汚染も生じさせる危険性がある。企業は，紛争や人権侵害などの問題に加担しないために，「**責任ある調達**」としてサプライチェーンを通じた紛争鉱物の使用の有無に関するDDを実施する必要がある。

　OECDは，その指針として，「**紛争地域及び高リスク地域からの鉱物の責任あるサプライチェーンのためのデュー・ディリジェンス・ガイダンス**」（紛争鉱物DDガイダンス）を発表している。

　紛争鉱物は，一般的に**錫，タンタル，タングステン，金**を指し，3TGと呼ばれる。これ以外にも**コバルト，マイカ，銅，鉛，ニッケル，亜鉛**などの鉱物について紛争や人権侵害への加担のリスクが懸念されている。

（2）関連ルール

　米国では，**ドッド・フランク法の紛争鉱物条項**に基づき，米国上場企業に対し，**コンゴ民主共和国及びその周辺国**から調達された紛争鉱物の使用の有無に関して，DD・開示を義務付けている。

　EUでも，紛争鉱物規則に基づき，輸入業者に対して，より広く**「紛争地域及び高リスク地域（CAHRAs：Conflict Affected and High-Risk Areas）」**で採取・取引された紛争鉱物について，DDと開示を義務付けている。**CAHRAsリスト**も公表・更新されている。

　いずれの規制も紛争鉱物として3GTを対象とし，かつOECDの紛争鉱物DDガイダンスをDDにおいて参照すべき基準としている。

　重層的なサプライチェーンDDを効果的に実施するために，RBA

は，**責任ある鉱物イニシティブ**（RMI：Responsible Minerals Initiative）という業界横断のイニシアティブを運営している。RMI は，**紛争鉱物調査テンプレート**（Conflict Minerals Reporting Template CMRT）を策定すると共に，監査に適合した**精錬所・精製所リスト**も公表している。

　他の鉱物に関する懸念の高まりもふまえ，RMIは，**コバルト及びマイカ（雲母）**に関する紛争鉱物報告テンプレートも公表している。また，RMIや各鉱物の業界団体は，「**銅，鉛，ニッケル及び亜鉛に関する共同デュー・ディリジェンス基準**」[110)] を発表している。

4　その他

　SDGsのターゲット16.1，16.2，16.4は暴力，違法な資金，武器の取引，組織犯罪の撲滅を掲げている。企業がテロ，組織犯罪，資金洗浄，兵器などの問題に加担しないという観点からは，**マネー・ローンダリング防止，テロ資金供与対策，兵器拡散防止のための経済制裁・輸出管理コンプライアンス，反社会的勢力**など**組織犯罪対策**などのコンプライアンス上の取組みも重要である。

　SDGsの**ターゲット16.3**で記載されている法の支配・司法アクセスや**ターゲット16.6，16.7**と関連する民主制度の確立に向けて，企業が，**途上国の法制度整備支援**に関与することも期待されている。国連グローバルコンパクトは「Business for the Rule of Law Framework」を公表しており，企業が法の支配を尊重・支援するためのガイダンスを提供している。

---

110) The Copper Mark, the International Lead Association (ILA), the International Zinc Association (IZA), the Nickel Institute and the Responsible Minerals Initiative (RMI) "Joint Due Diligence Standard for Copper, Lead, Nickel and Zinc"

企業と投資家の対話を促す「贈賄防止アセスメントツール」

　ESG投資の拡大や多くの企業不祥事の発生を背景に，企業の贈賄リスクをはじめとする不正·腐敗リスクに関して，投資家が関心を強めている。

　海外当局が贈収賄の摘発を強化し，各国で腐敗に対する強い批判が高まる状況において，贈賄への関与の発覚は，企業に対し，法令違反による巨額の罰金，様々な経済的制裁，レピュテーションの低下をもたらし，企業価値の毀損に直結する危険性がある。

　加えて，企業の贈賄への関与は，裏金のプールや虚偽の会計処理を伴うことが多く，企業の誠実性や財務の健全性に多大な疑義を生じさせる。その意味で，企業が実効的な贈賄防止対策を行っているか否かは，投資家などのステークホルダーが企業の不正·腐敗と向き合う姿勢を把握する上での試金石ともなり得る。

　このような問題意識もふまえ，国連グローバルコンパクトに署名する日本企業のローカルネットワークであるグローバル·コンパクト·ジャパン·ネットワーク（GCNJ）は，2018年，日本企業の腐敗防止強化のサポートのために，筆者が運営委員を務める海外贈賄防止委員会（ABCJ）の協力の下，投資家·企業が贈賄リスクを評価するためのツールとして「贈賄防止アセスメントツール」を発表した。筆者も，ワーキンググループ·メンバー委員として，他の専門家とも共同して執筆を担当させていただいた。

　アセスメントツールは，ツールの取扱説明などを記載した序論

に加えて，①STEP1：会社のリスク分類の特定と，②STEP2：各コンプライアンス項目の達成状況の判断に関する2つの質問表シートから構成される。各シートの質問事項に回答することにより，各企業が直面する固有の贈賄リスクの程度が分類されると共に，各企業の贈賄防止対策の達成状況が700点満点で点数化される。このような客観的評価を，企業と投資家のエンゲージメントの出発点として活用できる。実際，すでに一部の投資家は同ツールを活用し企業に対しエンゲージメントを実施している[111]。

　アセスメントツールの意義や活用方法の詳細は，筆者が松原稔氏（現りそなアセットマネジメント責任投資部長）と共同で執筆した「腐敗防止強化に向けた企業と投資家の対話のあり方」（NBL1119号（2018年））も参照されたい。

第5　地域経済

1　総論

　SDGs目標11は「都市と人間の居住地を包摂的，安全，レジリエントかつ持続可能にする」ことを掲げている。このような「**持続可能なまちづくり**」は，地域の人々の生活や仕事の基盤となり，また地域の環境を保全することにもつながるという観点では，他の分野やSDGsの他の目標と密接に関連している。

　国際連合人間居住計画（UN HABITAT）も，「**世界都市報告書2020－持続可能な都市化の価値**」[112] を発表し，持続可能な都市の経済・

111）りそなアセットマネジメント「Stewardship Report 2020/2021」53 頁。
112）UN Habitat "World Cities Report 2020：The Value of Sustainable Urbanization"

環境・社会面におけるそれぞれの価値を明確化している。

2　個別課題

（1）地方創生SDGs

　日本政府は，少子高齢化に歯止めをかけ，地域の人口減少と地域経済の縮小を克服し，将来にわたって成長力を確保する「地方創生」に関する施策を進めている。地方創生をSDGsの理念に沿って進める「**地方創生SDGs**」を，政策の全体最適化，地域課題解決の加速化という相乗効果が期待できるとして，積極的に推進している。

　政府は，「**SDGs未来都市・自治体SDGsモデル事業**」の実施のほか，「**地方創生SDGs官民連携 プラットフォーム**」の運営を行っている。

（2）地方公共団体による登録認証制度

　内閣府は，地域において地方創生SDGsに積極的に取り組む事業者等を可視化するための仕組みづくりを支援するため，2020年，地方公共団体のための「**地方創生SDGs登録・認証制度等ガイドライン**」を発表している。

　多くの地方公共団体が，地域企業のためのSDGsに関する登録認証等制度を構築している。例えば，神奈川県は，SDGsの推進に資する事業を展開している企業・団体等を県が募集・登録・発信する「**SDGsパートナー制度**」を設けている。

（3）地方創生SDGs金融

　内閣府は，地域課題の解決やSDGsの達成に取り組む地域事業者等に対するESG投融資／サステナブルファイナンスを促進し，地域における資金の還流と再投資を生み出す「**地方創生SDGs金融**」を通じた自律的好循環の形成に係る施策を推進している。地方公共団

体等及び地域金融機関等の協働を促進するため，「**地方創生SDGs金融表彰**」を公募している。

　環境省も，金融機関が，地域の持続可能性の向上や地域循環共生圏の創出に資するESG金融促進を図るために，融資・本業支援等でESG要素を考慮するためのガイドとして，「**ESG地域金融ガイド**」を発表している。

（4）持続可能な公共調達

　SDGsのターゲット12.7は「**持続可能な公共調達（SPP：Sustainable Public Procurement）**」を掲げる。地方公共団体が，地域の持続可能性の推進に取り組む企業から優先的に調達を行うことによって，企業の取組みを促進し，地域経済・地域社会の持続可能性を高めることができる可能性がある。CSOネットワークは「**持続可能な地域社会のための公共調達ガイドブック**」を発表し，サステナブルな地域づくりと組織に求められる12の課題を特定している。

（5）里山里海

　里山とは，人手が加わることにより生物生産性と生物多様性が高くなった都市と自然の中間地域をいい，**里海**とは，沿岸海域をいう。

　里山里海は，生物多様性の保全などの環境面での機能と共に，地域経済・地域社会の活性化に資する経済・社会面での機能も期待されており，「**里山資本主義**」，「**里海資本主義**」が着目されている。地域のコミュニティ・企業は，里山里海からの恵みを利活用しながら，持続可能な地域の活性化を促進できる可能性があり，企業・金融機関もこれを支援することか期待されている[113]。

113）第一東京弁護士会環境保全対策委員会「持続可能な地域活性化と里山里海の保全活用の法律実務」（2021年）。

column

里山・里海と持続可能な地域の活性化

　長い歴史の中で様々な人間の働きかけを通じて形成された二次的自然である「里山」，「里海」は，生物多様性などの自然環境・地域社会のための多面的な機能を果たすものとして着目されている。

　里山・里海やその恵みを利活用していくことは，地域の活性化にもつながる。「里山資本主義」[114] の概念の提唱などを通じて，里山・里海の利活用は，お金のみに頼らない新しい資本主義の形としても注目されている。

　しかしながら，地域の高齢化や過疎化の進展を通じて，里山・里海は，その所有者や管理者である地域コミュニティや自治体だけではその維持管理が困難となっている。日本の多くの地域が，所有者不明土地の問題にも，直面している。

　このような課題を解決するためには，私的な土地所有の概念を超えて，地域のコミュニティ，自治体，企業，消費者，投資家等の様々な関係者において価値を共有し，人・もの・お金の流れをつくっていくことが重要である。このことが，持続可能な形での地域の活性化につながり，SDGsの各目標の達成にも貢献することになる。

　第一東京弁護士会環境保全対策委員会では，このような問題意識をふまえ，里山里海に関する法律実務をSDGsや地域創生とも関連付ける形で研究してきた。里山里海を持続可能な形で利活用するための法的・実務的なツール（法制度，契約，情報開示，ガバナンスシステム，ファンド，認証，商標等）の整理も行っ

---

114) 藻谷浩介及び NHK 広島取材班『里山資本主義』（角川書店，2013 年）。

ている。成果物については，筆者も編集・執筆を担当した『持続可能な地域活性化と里山里海の保全活用の法律実務──SDGs，地方創生ビジネス，再生可能エネルギー』（勁草書房，2021年）を参照されたい。

第3部

SDGs/ESG経営と
ルール活用戦略の
実践方法

第1　Q&A でわかる SDGs/ESG 経営における実務上の工夫

　本項では，筆者が企業関係者から聞くことの多いSDGs/ESG経営を実践するにあたっての悩みや疑問を，Q&A形式で回答することにより，実務上の工夫を解説する。

1　Q1：SDGs/ESG 経営について経営陣からコミットメントを得るためにはどのような工夫が可能か？

　SDGs/ESG経営を実践するためには，経営陣がこれにコミットメントし，担当部署が一定の権限・独立性・リソースの付与を受けることが重要である。しかしながら，企業担当者が，経営陣から，SDGs/ESG取組みにより生じるコストに関して理解を得ることに困難が伴う場合も多いと聞く。SDGs/ESG経営強化に関して経営陣からコミットメントを得るためには，以下の対応が考えられる。

（1）SDGs/ESGルールの企業価値への影響を可視化する

　本書の各所で説明した通り，国際的交錯・多様化・流動化するSDGs/ESGルールは，たとえ海外規制やソフトローであっても企業のビジネスモデルに影響を与えており，かつ将来にわたってその影響が強まる可能性がある。

　SDGs/ESGの要素が取引ルールにも組み込まれている中，これに積極的に対応し活用することは，リスク管理のために重要であるのみならず，取引先として競争優位性を高め，案件受注の可能性を高め，かつ投融資先としての魅力を高めることにつながり得る。日本企業が，価格や品質のみで外国企業と競争することが難しくなっていると言われる中，持続可能性の面で強みを発揮することは，機会

を実現する上でも有益である。

　企業価値に関心を有する経営者に対して，このようにSDGs/ESGルールの企業価値への影響を具体的に説明した上で，SDGs/ESGに関する取組みは「コストではなく，保険や投資」であることについて理解を得ることも重要である。

（2）SDGs/ESGを取締役の善管注意義務に関連付ける

　上記の通り，サステナビリティに関する企業に対するリスクが高まっている状況下においては，第2部第5章で説明した通り，そのリスク管理は，内部統制システムの整備義務の内容となり得る。万が一取締役がサステナビリティに関するリスクの対処を誤り，会社に損失を生じさせた場合には，善管注意義務・内部統制システム整備義務違反となる可能性は否定できない。この場合，株主から，株主代表訴訟を提起される危険性もある。このように取締役自身の責任を果たす観点からSDGs/ESG経営を推進する必要があることを説明することも有益である。

（3）SDGs/ESGの要素を役員報酬の決定において考慮する

　第2部第5章で説明した通り，役員報酬の決定にあたって，SDGs/ESGに関連するサステナビリティ指標を考慮要素とすることによって，経営陣のSDGs/ESG経営へのインセンティブを高めることができる。ただし，適切なインセンティブを付与するためには，企業の中期経営計画等の経営戦略，統合報告書，サステナビリティ報告書において特定されたマテリアリティとの整合性も考慮すること含め，報酬制度の客観性・透明性を確保する必要がある。

（4）SDGs/ESGを企業の経営理念や既存の活動に関連付ける

　企業の経営理念やパーパス（存在意義）がSDGsの各目標やESGの要素に関連していることや企業の既存の活動がSDGsの目標達成

やESG課題の対応に貢献し得ることを説明することも，経営者の自主的・積極的な取組みや発信を促す観点から効果的である。

　ただし，このような関連付けのみを行うと現状に満足してしまうことにつながりかねない。関連付けと同時に，既存の活動とSDGsの目標達成やESG課題との間のギャップを明確することにより，既存の活動を基礎としつつ，さらに取組みを推進することが重要である。

（5）社外役員・外部専門家等から協力を受ける

　SDGs/ESG経営の強化について，企業内部の担当者が上司である経営陣を直接説得することはその立場上難しい場合もあるかもしれない。

　そのような場合には，経営を監督・監査する立場にある社外役員の理解を得て，取締役会などの場を通じて，業務執行を担当する経営陣らに対し，問題提起を行ってもらうことも効果的である。社外役員もまた上記の通り，会社法上の善管注意義務を負う以上，自身の職責を果たす上で重要な問題と認識し，主体的に関与してくれる可能性もある。

　一方，社外役員がサステナビリティに関して十分に知識や経験を有しない場合も多い。第2部第5章で説明した通り，外部専門家を活用し，サステナビリティ詳しい外部専門家を委員又はアドバイザーとして採用し，経営陣や社外役員に継続的に助言してもらうことも考えられる。

2　Q2：様々な部門の役職員をSDGs/ESG取組みに巻き込むためにはどのような工夫が可能か？

　同じ社内においても，サステナビリティの担当部署と他部門の役職員との間では，SDGs/ESGに関して重要性の認識に大きなギャップがあることが多い。そのような状況において，担当部署が他部門

の関係者の意識や行動を変えることに困難が伴う。様々な部門の役職員をSDGs/ESG取組に巻き込むためには，**Q1**の通り経営陣のコミットメントを得るとともに以下のような工夫が考えられる。

（1）社員研修の戦略的な活用

　他の役職員にSDGs/ESGの重要性に関する認識を共有するためには社内研修の実施が有益である。ただし，漫然と研修を実施するのではなく，以下のような明確な意図をもって戦略的に活用することが有益である。

（A）SDGs/ESG課題を各事業プロセスに関連付ける

　SDGs/ESGが他人事ではなく自分事であることを自覚してもらうために，SDGs/ESGが事業の各プロセスに関係することを整理した上で，これを具体的に説明することが有益である。

（B）課題意識を共有しコミットメントを得る

　SDGs/ESG課題対応においては現状の取組みを続けるだけでは十分ではなく，将来に備えてルールやステークホルダーの動向の変化を把握しながら対応しなければ，企業も変化に乗り遅れリスクになることを認識してもらうことが重要である。経営陣から，役職員に対して，SDGs/ESGに関する方針や姿勢を説明してもらうことにより，多くの役職員からコミットメントが得られやすくなる。

（C）役職員に対してモチベーションを付与する

　SDGs/ESG課題に取り組むことが，取引先として競争優位性を高め，かつ投融資先としての魅力を高めるという趣旨で，積極的に企業価値を高めることにつながることを具体的に説明することが重要である。また，役職員個人としての環境・社会への貢献にもつながることを説明することも考えられる。

（D）役職員の感度を高め，かつ対応ノウハウを伝える

　各社の事業活動に即した事例を題材として，事前の課題の検討を求めたり，グループワークを実施したりすることなど通じて，参加

者に主体的に議論し，報告してもらうことが有益である。

（E）マテリアリティの高さに応じて研修を実施する

全ての役職員に対し一様に同一の研修を実施するのではなく，マテリアリティの高い国・地域，事業，部門に関して，関連するSDGs/ESG課題について重点的な研修を行うなどメリハリのある対応を行うことが効率的・効果的である。

（2）社内手続規程の整備

役職員からSDGs/ESG課題対応に関して確実に協力を得るためには，役職員が対応すべき事項を定めた社内規程を整備することも有益である。

特に人権・環境DDや苦情処理は，人権・環境に関するリスクやステークホルダーからの苦情に関する情報が現場やサプライチェーンに分散していることが多い。現場の役職員に対し，当該リスク・苦情に関する一次的な対応を求めたり，特にリスクの高い事業活動・取引・苦情に関してはSDGs/ESG担当部署に照会・承認を求めるなどのリスク発見機能を強化するための規程の整備が有益である。

ただし，SDGs/ESGに関しては課題が広範であり，全ての課題について詳細なDDや苦情処理に関する対応・報告を最初から求めようとすると現場の混乱や反発を招くことにもつながりかねない。

そのため，規程においては国際規範をふまえつつDDや苦情処理に関する最低限の対応事項を定めるにとどめた上で，各社において特にマテリアリティが高いと評価した課題について細則で詳細な対応事項を定めることも考えられる。

3　Q3：法務担当者が SDGs/ESG 取組みを実践するにあたって留意すべき事項は何か？

本書で説明した通り，SDGs/ESG経営にあたって，SDGs/ESGルー

ルの戦略的な対応・活用が重要であることふまえると，法務担当者や
法実務家の知見を活用することも有益である。法務担当者がSDGs/
ESG取組みを実践するにあたって以下の点に留意する必要がある。

(1) SDGs/ESG取組みを法務機能の強化につなげる

　企業法務の担当者においては，SDGs/ESGに関して，取り組まな
ければならない法務課題がもう1つ増えたものとして負担に感じる
かもしれない。しかし，SDGs/ESG取組みを通じて，以下の通り，
企業の「ガーディアン」，「パートナー」双方の法務機能[1]の強化に
つなげることができる可能性がある。

(A) 企業の「ガーディアン」としてリスク管理を高度化する

　企業に関連するルールや社会規範が急速に変化・多様化している
現在，企業が現状の法令の違反がないか否かのみを確認するだけで
は，ビジネスリスクを十分に把握できず，また対応が後手に回って
しまう危険性がある。

　企業が，人権・環境DDやESGリスク管理を通じて，ビジネスリ
スクの顕在化にあらかじめ先手を打つことにより，より高度なリス
ク管理が可能となる。

(B) 企業の「パートナー」として法の空白域に挑戦する

　企業のグローバル化・デジタル化やテクノロジーの進展を通じて，
新しい事業領域も急速に拡大している一方，これに対応する法制度
の整備が容易には追い付かない。このような法の空白域の存在は，企
業に不確実性を生じさせており，予期せぬ法的制裁，経済的損害，レ
ピュテーション毀損などをもたらす危険性がある。

　企業が，法の空白域が存在する中で新しい事業領域で挑戦を行う
ためには，人権・環境DDを通じて，ステークホルダーへの影響が

---

1) 法務機能の詳細については，経済産業省・国際競争力強化に向けた日本
　企業の法務機能の在り方研究会報告書(2019年11月19日発表)を参照。

生じないように「自主規制」を行っていることを説明していくことが有益である。このような対応をとることにより，イノベーションを阻害する過度な法規制の圧力に対抗し，「共同規制」を実現できる。

(2) 日常業務においてSDGs/ESG取組みを実践する

法務担当者においては，全く新しいことをゼロから始めるのではなく，下記の図表の通り，日常業務の中において，SDGs/ESGを意識した法務を実践することも効果的である。

法務部門の職能	SDGs/ESG法務の実践例
方針・規程の整備	・サステナビリティ方針やDD・苦情処理に関する手続規程を整備する
取締役会その他社内会議・委員会運営	・サステナビリティ課題を議題に組み入れる ・外部の有識者・ステークホルダーが関与する仕組を導入する
株主総会運営・エンゲージメント対応	・株主・投資家からのサステナビリティ関連の質問への説明を準備する
事業報告書・有価証券報告書・統合報告書などにおける情報開示	・ESGリスク管理状況など非財務情報を開示する
子会社・取引先の管理・監査	・管理・監査の項目として人権・環境項目を組み入れる
契約実務	・契約条項にCSR/ESG条項を導入する
企業買収	・法務DDの一環として買収対象企業の人権・環境課題やそのビジネスリスクを評価する
内部通報・苦情処理・不祥事対応	・広くステークホルダーからのサプライチェーン・人権・環境に関する通報・苦情を対象にする ・サプライチェーン・人権・環境に関わる問題を含めて，広く不祥事を定義し，これを予防・対応する
法務・コンプライアンス研修	・SDGs/ESGルールに関したテーマとした研修を行い，役職員の理解や議論を深める

（3）従来の法務とSDGs/ESG課題対応の違いを理解する

　企業が，SDGs/ESGに関連した特定の法規制への対応や自社のリスク管理のために必要な対応を受動的に行うだけでは，そのような企業の取組みが本当に環境・社会の役に立っているのか疑問が生じ，SDGs/ESGウォッシュの批判を受けることにもつながりかねない。

　SDGs/ESG経営にあたっては，本書で説明した通り，まず環境・社会価値の実現のために，企業のステークホルダーに対する影響に両面的に対応することを起点とすることが重要である。その上で，SDGs/ESGルールを戦略的に対応・活用することにより企業価値の向上につなげるという順序での取組みが適切である。

　このような点で，法務担当者は，従来の法務とSDGs/ESG課題対応において違いがあることも理解した上で，他部門の担当者とも連携しながら，対応していくことが有益である。

4　Q4：リソースが十分ではない中小企業等が SDGs/ESG 経営を推進するためにはどのような工夫が可能か？

　中小企業（大企業の海外子会社も含む）は，人材・資金・知識などのリソースが十分ではなく，SDGs/ESG取組みを行う余裕がない場合もあり得る。中小企業がこのような課題を解決し，SDGs/ESG取組みを推進するためには，以下の取組みが必要である。

（1）経営者が強いリーダーシップを発揮する

　中小企業では，大企業と比較すると，経営者が他の役職員や企業風土全体について強い影響力を有しており，経営者の判断で機動的・柔軟に企業を変革できる場合が多い。そのため，中小企業の経営者自身がSDGs/ESG経営においてリーダーシップを発揮していくことが特に効果的である。

　この場合，経営者がSDGs/ESG経営に関する姿勢を継続的に役職員に対して伝達することが重要である。また，サステナビリティ課題対応の優先順位を高め，一定の予算や人員を確保するように努めることも必要である。

（2）マテリアリティの高さに応じたメリハリのある対応を徹底する

　全てのSDGs/ESG課題に関して一様に対応する必要はなく，自社の事業活動やサプライチェーンとの関係でのマテリアリティを特定し，マテリアリティの高さに応じてメリハリのある対応を行うことが効率的であり，そのことがSDGs/ESGルールと整合している。

　特に人材・資金などのリソースに制約がある中小企業においては，マテリアリティの高さに応じた対応を徹底することが効果的である。このようなリスクベース・アプローチの前提としては，企業のいかなる事業やサプライチェーンのいかなる課題についてマテリアリティが高いかについて，継続的かつ定期的に評価を行っていくことが不可欠である。

（3）外部のリソースを積極的に活用する（ガイダンス・外部機関・
　　外部専門家）

　中小企業においては，企業内部のリソースが限定されている以上，企業外部のリソースを積極的に活用することも重要である。

　実務的な書籍や外部の研修などを通じてSDGs/ESG経営に関する知識やノウハウを学ぶことや外部専門家に相談をすることも有益である。ただし，その場合，SDGs/ESGルール形成の動向を正確に理解した上で，中小企業の実情をふまえた現実的な解決策を提示してくれる専門家に相談をする必要がある。相談を受けた専門家もそのようなアドバイスができるように心がけるべきである。

（4）独自の取組みを推進・発信し，外部とつながる

　中小企業においては，自社の事業活動等を通じて環境・社会価値の創造に貢献している又はその可能性のある取組みがある場合には，それを積極的に推進し外部に発信していくことが，役職員のモチベーションを高め，また外部のステークホルダー等とつながる観点からも重要である。

　筆者が中小企業にアドバイスする際に留意しているのは，上述のような重点的な取組みを特定するにあたっては，一般的・抽象的な取組みよりも，企業の経営理念，事業活動，活動地域に関連し，ステークホルダー等への貢献が目に見えやすい独特かつ具体的な活動を取り上げることである。このことにより，取組みがより多くの関係者の注目を集め，外部のステークホルダー等との対話・連携が容易になる。

　中小企業においては，SDGs/ESG課題全般にわたって十分な取組みができている場合は多くないかもしれない。しかし，ステークホルダー等から学ぶべき点は学び，取組みを改善していく真摯かつ謙虚な姿勢を貫くことができれば，自社の独自の取組みについて積極的な評価を受けつつも，SDGs/ESG課題全体について徐々に底上げを図っていくことも可能となり得る。

5　Q5：サプライチェーンDDにあたって，多数あるサプライヤーなどの取引先を，二次以下のサプライヤーも含めどのように管理すればよいか？

　第2章第1部で説明した通り，企業はステークホルダーに対する負の影響に対処するため，サプライチェーンを通じた人権・環境DDを実施する必要がある。しかしながら，企業において，サプライヤーなどの取引先は，二次以下のサプライヤーも含めると，非常に多数

に上ることが多い。全てのサプライヤー等の取引先に対して，広範に及ぶSDGs/ESG課題に関して一様に管理することは限界がある。

（1）リスクベースでのサプライヤー管理の重要性

　人権・環境への負の影響が生じるリスクの高いサプライヤーについて，当該リスクの高い課題について重点的に調査を行うことが効率的・効果的である。このような対応は，指導原則やOECD指針などの国際規範とも整合する。

　ただし，その前提としては，以下の通り，人権・環境への負の影響が生じるリスクの高いサプライヤーを特定する必要がある。

（2）サプライチェーンのリスク評価における工夫

　サプライチェーンのリスク評価にあたっては，まず類型的にリスクの高い国・地域，セクター，製品及びサプライヤーに該当するか否かを，国際機関・各国政府・メディア・NGOなどが発表している情報を参考としながら，サプライヤーのリスク評価を行うことが出発点となり得る。

　また，サプライヤーに対しアンケートを実施し，回答を受けることもサプライヤーのリスク評価の一環として有益である。ただし，抽象的に法令や方針を遵守しているか否かを確認するような質問項目では正直な回答は得られない可能性がある。むしろ，類型的にリスクを高める要素（例えば，強制労働のリスクであれば，移民労働者の雇用の有無，採用手続の第三者への委託の有無，強制労働リスクが一般的に高い国・地域からの商品の調達など）が存在しないか否かを確認することが有益である。

　このような調査を通じた特にリスクが高いと評価されたサプライチェーンについてはより重点的に調査を実施することが効果的である。

（3）二次以下のサプライヤーに対する調査や影響力の行使における工夫

　人権への負の影響は，二次以下のサプライヤーにも生じるリスクがある。例えば，木材・紙，農水産物，パーム油，紛争鉱物などについては，サプライチェーン上流の原材料の採取の段階で人権侵害や強制労働などの問題が発生する可能性も高いと指摘されている。

　この場合，二次以下のサプライヤーに対する調査や影響力の行使を行う必要があるが，二次以下のサプライヤーとは直接の契約関係を有していないこともあり，調査や影響力の行使に困難を伴う場合もある。

　この点，OECD・DDガイダンスのQ28（68頁）やコラム5（69頁）は，契約関係のない取引先をどのように評価するかに関して解説しており，参考となる。

　まず，直接のサプライヤーを通じて，二次以下のサプライヤーに関連するリスクを企業が評価するために必要な情報を開示するように要請することが考えられる。

　また，サプライチェーンの上流に位置する取引関係先の可視性を向上させるため，既存のトレーサビリティ又は加工・流通過程の管理のスキームを利用することも推奨している。

　さらに，連鎖的な情報開示（ある企業が直接のバイヤーに対して情報を開示した後に，そのバイヤーが開示された情報を下流に位置する自らのバイヤーに伝えること）やフローダウン条項（企業と一次サプライヤーとの間の契約条項を，二次以下のサプライヤーとの契約にも組み込むことを要求する条項）に基づき，二次以下のサプライヤーの情報を収集することも考えられる。

　加えて，サプライチェーン上でコントロール・ポイントに位置するサプライヤー（自社より上流に位置するサプライヤーに対し大きな影響力を有する企業。例えば紛争鉱物に関する精錬所や精製所）のDDのプロセスを評価し，働きかけを行うことも推奨している。

（4）苦情処理メカニズム整備の有用性

サプライチェーンDDでは十分なリスク情報を収集できない場合もあり，これを補完する観点からは，第2部第5章で説明した通り，サプライチェーンを通じてステークホルダーから苦情を受け付ける苦情処理メカニズムを整備することが有益である。

---

6 Q6：企業がステークホルダーからの苦情申立て・問題提起に対応し，ステークホルダーの救済に取り組むにあたってどのような工夫が考えられるか？

第2章第1部や第5部で説明した通り，ステークホルダーを救済すると共に，企業のサステナブルガバナンスを強化する観点からは，実効的な苦情処理メカニズムを整備することが重要である。しかし，企業において，サプライチェーンも含めた様々なステークホルダーの苦情を一様に処理するにはリソースに限界があり，そもそも苦情の受付を躊躇する場合もある。また，企業が苦情処理・問題提起に対応することは法的責任を認めることになってしまうのではないかとの懸念から，防御的な対応となってしまう場合もある。このような課題を解決し，実効的な対応を行うためには，以下の工夫が考えられる。

（1）DDと一体的なリスクベースの苦情処理

企業のリソースの限界をふまえつつ実効的に苦情を処理するためには，深刻度のより大きい苦情に対してより重点的な対応を実施するというリスクベースで対応することが有効となる。このような苦情の深刻度の判断に関しては，人権・環境DDと連動する形で，ステークホルダーに対する負の影響が高いか否かという観点から判断することが重要である。

一方，苦情処理を通じて得られたステークホルダーの懸念や期待を，逆に人権・環境DDにおけるリスク評価に生かすことも有益である。

（2）対話の重視と外部専門家の活用の検討

　上述の通り，苦情の深刻度を評価するにあたっては企業活動のステークホルダーに対する負の影響を把握することが重要であるところ，影響を受けていると主張するステークホルダーの話に十分に耳を傾けてこそ正確な理解や評価が可能となる。

　対話を通じて早期に合意が成立できれば，紛争解決のために余計なリソースやコストをかけずに済む可能性もある。

　一方，苦情処理においては，安易に相手方を「クレーマー」として認定し対話を中止してしまうケースも存在する。当事者が何らかの被害・不安・懸念があるがゆえに感情的になっていたり，強い要求を行ったりしている場合もある。悪意を持った不当要求は謝絶する必要があるものの，そうでなければまずは辛抱強く相手方の話に耳を傾け対話を促進することが重要となる。

　当事者間の対立が大きく対話が困難な場合には，「対話救済ガイドライン」が提案するように，独立した専門家から助言・仲介を受けることも考えられる。

（3）責任と救済の問題を分けて考える

　ステークホルダーの苦情申立て・問題提起に関して，企業の法的責任を認めて謝罪を行ったり，賠償を行うことは，法律関係が明確ではない限り当事者間で合意することが困難な場合もあり，解決までに長い時間を要し被害者の効果的な救済につながるとは限らない場合もある。

　企業に責任があるか否かは別として，企業が何らかの形で関係するところで救済を必要とするステークホルダーが存在する場合には，

企業がステークホルダーの救済に取り組む又はこれに協力すること
は，SDGsの「誰一人取り残さない」の理念に沿う。

　ステークホルダーとの間で後ろ向きな形での紛争ではなく，前向き
な形でのコミットメントを示すことで，企業にとってのリスクを回
避し，むしろステークホルダー等からの積極的な評価につながる可
能性もある。

7　Q7：企業の非財務情報開示にあたって環境・社会への負の影響や ESG に関するリスクを開示するためにはどのような工夫が考えられるか？

　第2部第3章で詳細に説明した通り，企業にはESGに関する非財務
情報の積極的な開示が求められている。

　日本企業においては，企業が環境・社会への負の影響や企業の
ESGリスクを開示した場合に，ステークホルダー等から，企業が問
題を起こしている又は企業に問題が生じているとの批判や不安が生
じることを懸念して，情報開示を躊躇する関係者も少なくない。こ
のようなリスク情報を開示することについて，懸念する社内の関係
者から理解を得るためには，以下のような工夫が考えられる。

（1）リスク情報を開示しないことの不利益を明確化する

　以下の通り，リスク情報を開示しないことの不利益は開示するこ
との不利益をはるかに凌駕する危険性があることを示すことが考え
られる。

（A）グローバルな同業他社と比較する

　欧米企業では，第2部第3章で説明した通り，非財務情報開示規制
やルールの適用により，リスク情報を含めた非財務情報の開示を行
わざるを得ない状況となっている。このような状況下で，ステーク

ホルダーや投資家の評価を高めるために，企業が環境・社会への負の影響の対処を率先し，またESGリスクに効果的に対応していることを戦略的に開示している企業も多数存在する。

　日本企業がリスク情報を開示しないことは，以上のようなグローバルな同業他社と比較して開示情報が大きく見劣りする結果となり得る。

（B）ESG評価機関や市民社会団体の評価基準を分析する

　第2部第3章で説明した通り，投資家にESG評価情報を提供するESG評価機関の評価基準は，対象企業がESGリスクにさらされている程度に応じてどのように当該リスクを管理しているかを評価するものがほとんどである。市民社会団体の評価基準は人権・環境DDの実施状況を評価するものが多く，そこでは，負の影響の大きい分野に重点的な対応を行っているか否かがポイントとなる。

　企業がリスク情報について説明をしないことは，企業がリスクを認識しておらず，これに十分に対処していないと誤解を持たれることにもつながりかねない。

（2）リスク情報を開示することによる不利益を回避する

　リスク情報を開示するにあたってその不利益を回避するために以下のような工夫を行うことも効果的である。

（A）国・地域や業界全体の課題であることを示す

　環境・社会への負の影響やESGリスクは，一企業のみの問題というより，むしろ，当該企業が活動・取引している国・地域や当該企業が属している業界全体の問題であることも多い。このような場合には，国・地域や業界全体の課題であることを示すことで，当該企業のみが問題を起こしている又は企業に問題が生じているとの批判や不安が生じることを回避することができる。

（B）リスクの管理状況を具体的に説明する

　リスク情報を開示すると同時に，環境・社会に対する負の影響の

高い分野で重点的な対応をDDの一環として実施していることや
ESGリスクの高い分野で重点的にSDGs/ESGルールの対応・活用を
行っていることを示すことで，かえってステークホルダー等から信
頼を確保することにつながる。

8　Q8：SDGs目的達成に貢献する企業の事業活動を企業の収益機会につなげるためにはどのような工夫が可能か？

　SDGs目的達成に貢献する取組みは，環境・社会課題の解決に資
するものであると共に，企業の収益機会の実現につなげられるよう
に模索することが重要である。このような取組みの推進のためには，
以下の工夫が考えられる。

（1）企業の既存の活動から発展させる

　どのような企業の製品・サービス・活動がSDGsに貢献しつつ収
益機会の実現につながる「SDGsビジネス」となるか一義的な正解
はない。

　一般的に言えるのは，全く新しい事業・活動を始めるというより
はむしろ，すでに行っている事業・活動がステークホルダーにどの
ようにプラスの影響を与え，SDGsの目的達成につながるのかを特
定した上で，それをさらに発展させていくことが効率的かつ効果的
である。

（2）多様な役職員を巻き込む

　多様なステークホルダーにどのような企業の製品・サービス・活
動が貢献し，そして，それが評価されるのかを検討するにあたって
は，性別・年齢・経験などを超えた多様な視点が重要である。その
ため，SDGs目的達成に貢献する取組みやそれを通じた収益機会の

模索にあたっては，可能な限り，多様な役職員を巻き込むことが効果的である。例えば，若手従業員にも開かれたビジネスコンテストのような形で検討することも有益かもしれない。

多くの役職員がこのプロセスに関与することにより，自社の事業・活動が環境・社会に貢献しているという実感を持つことが可能となり，従業員エンゲージメントを高めるという観点でも，企業価値の向上につながり得る。

(3) SDGs/ESGルールを活用する

自社の事業の製品・サービス・活動がSDGs/ESGに関連する取引ルール（調達基準，投融資基準，規格・認証）に対応したものであることを積極的に発信することで，自社の競争優位性を確保し，収益機会につなげることができる可能性がある。

SDGsに貢献し得る自社の事業の製品・サービス・活動がSDGs/ESGに関連する取引ルールにおいて具体化されていない場合には，政府・市民社会など他のアクターとも連携しながら，ルールの形成を推進することも考えられる。たとえ企業のルール形成の動機の1つが企業の収益実現であったとしても，それが実際にステークホルダーの利益にも沿うものである場合は，ステークホルダーからも賛同や理解を得ることは可能と思われる。

第2 事例を通じたステークホルダー対応の実践手法

本項では，企業によるステークホルダー等への対応が必要となる2つの事例に関してその論点や実践方法を議論する。

1　サプライチェーン上の人権問題と NGO との対話

> 　A社は,労働問題に関して先進国と比較してより多くの課題がある
> とされるアジアの新興国から，その部品・資材を調達し，これを使
> 用して製造した製品を，欧米市場を含む各国に対して輸出している。
> A社のサプライチェーンは重層的な構造になっている。
> 　A社のサプライチェーン上の工場（A社の直接的な取引先ではな
> い)において移民労働者や少数民族出身者の強制労働の被害が生じて
> おりA社もその人権侵害に加担しているとして，国際人権NGO「X」
> が，現地の労働組合と連携した上で，A社に対し苦情申立てを行った。
> 　A社は，Xの苦情申立てについてどのように対応すべきか？
> 　Xが新疆ウイグル自治区にある工場における強制労働に関して苦
> 情申立てを行った場合はどうか？

（1）苦情内容の深刻度の評価

　Xによる苦情申立てへの対応方針を決定する前提として，苦情内
容の深刻度について評価を行うことが重要である。

（A）人権への負の影響

　本件の苦情は，労働環境に関して先進国と比較してより多くの課
題があるとされるアジアの新興国における工場におけるものであり，
一般的にリスクが高い（各国の労働環境については，ILO国際労働
基準の批准状況や勧告の状況，国連人権理事会での各国に対する普
遍的・定期的審査（UPR）の内容，各国政府やNGOが発行する人
権レポートに基づき，一般的な評価が可能である）。

　また苦情は，移民労働者・少数民族出身者に関するものであり，強
制労働のリスクが類型的に高い。

　そのため，人権への負の影響が深刻である可能性があることを前
提に慎重に苦情に対処することが重要となる。

（B）企業にとってのESGリスク

本件の苦情は，直接的な取引先ではないサプライチェーン上の工場に関するものであるが，指導原則などの国際規範は，サプライチェーンを通じた人権DDや必要な場合に是正を要請している。

A社は欧米に対しても輸出している。サプライチェーン上の強制労働の懸念は，米国で関税法に基づく保留措置を受けるリスクがある。またサプライチェーンを通じたDDを実施している顧客である欧米企業との取引関係にも悪影響を生じさせる可能性がある。

以上から，企業のリスク管理の観点からも，苦情への対応が必要である。

（2）苦情処理の実践方法
（A）国際規範に準拠した対応の重要性

本件の苦情は，強制労働というILO中核的労働基準にも規定される国際人権に関するものである。そのため，第2部第1章で説明した通り，指導原則に基づくサプライチェーンを通じた人権DDや是正の観点から，A社として何を実施することが適切かという観点から検討する必要がある。そのことがステークホルダーの利益のためにも，企業のSDGs/ESGルールの対応を通じた企業価値の維持・向上の観点からも重要である。

また，企業の苦情処理に関しては，第2部第1・5章で説明した通り，指導原則の原則31が規定する苦情処理メカニズムの実効性基準に配慮する必要がある。「対話救済ガイドライン」を参照することも有益である。

（B）苦情の受付と対応

まず，A社において，苦情申立てを行っている人権NGOと対話した上で，苦情の具体的な内容について確認を行い，必要に応じて苦情の内容を裏付ける関連資料などの情報提供の要請を行うことが考えられる。その上で，一定期間を設けてA社において苦情に関する

調査・対応を行い，その結果を報告する旨説明することが考えられる。

（C）調査の実施

　調査にあたっては，直接のサプライヤーとも連携して，そもそも苦情の対象となる工場がサプライチェーン上に存在するか否か，対象工場で強制労働に該当するような労働慣行が存在するかを調査する。強制労働の該当性に関しては，現地の法規制の違反の有無と共に，国際労働基準への抵触の有無を含めて検討することが重要である。調査の客観性を確保するためには，外部の独立した法律家・専門家から助言・仲介を受けたり，外部の監査機関に監査について協力を受けることも有益である。

　さらに，ステークホルダーとの対話の観点からは，Xと連携している現地の労働組合や被害を受けている労働者自身からヒアリングを実施することも考えられる。

（D）調査結果をふまえた対応

　調査を通じて，強制労働の事実やそのおそれが判明した場合には，対象工場に対して，是正計画の提出を要請した上で，期間を定めて是正を要請し，これをモニタリングしていくことが必要となる。

　A社が対象工場に対する是正の働きかけに関し十分な影響力を有していない場合でも，直接サプライヤー，X，現地の労働組合とも連携して働きかけを行うことが重要である。

　対象工場が是正に応じない場合には取引関係の終了も検討すべきではあるが，取引関係の終了は問題の根本的な解決にならないことをふまえると最後の手段として検討すべきである。

（E）調査・対応状況の開示

　調査や対応の状況の苦情申立てを行ったXにも，開示を行い，フィードバックを受けることも重要である。

　事実関係に関する認識の相違などから，Xの要求通りの苦情処理ができない場合もあると思われる。また，調査・対応状況について，

機密情報や個人情報の観点からその全てを開示することは困難な場合もある。そのような場合にも，少なくとも，上述の通り，国際規範に準拠し，外部の専門家の助言やステークホルダーとの対話を行いながら，調査・対応を行ったプロセスについて説明を行い，可能な限り理解を得るように努めることが重要である。

（3）新疆ウイグル自治区の工場での問題である場合

新疆ウイグル自治区での強制労働について各国政府やNGOが強い懸念を表明している現状をふまえれば，人権への負の影響のリスクが高く，より一層慎重な苦情処理への対応が必要である。第2部第1章で説明した通り，米国では新疆から調達した製品について原則輸入を禁止とする規制が強化されているための，各国規制のコンプライアンスの観点からも対応が必要となっている。

サプライチェーン全体を通じて新疆ウイグル自治区との取引があるか否かを確認し，ある場合には対象工場について強制労働の関与がないか否かを，各国政府やNGOが発表しているガイダンスやレポートとの関連性もふまえて多角的に調査を行うことが必要である。リスクが特に高い状況をふまえると，外部の独立した法律家・専門家からの助言や外部の監査機関による監査を受けることは不可欠である。また，一部の政府は監査の妨害・制限に関する懸念も表明しているため，監査の実効性をモニタリングすることが必要である。

外部の情報開示に関して，新疆から調達を行っている場合にはこれを開示しないとかえって隠蔽していると誤解を受ける危険性がある。調達をしている場合にはこれを開示しつつ，可能な限りのDDを実施していることを説明することも重要である。

ウイグル問題は，米中の政治対立とも関連しており，企業としていずれの国の意見に賛同するのかを明確に説明することは，不買運動や制裁のリスクも考慮すると困難な場合も多い。各国の規制に対するコンプライアンスはもちろん重要であるが，企業としては何よ

りも人権尊重の姿勢を明確にした上で，米国も中国も賛同している
国連の指導原則に準拠した対応を行うことが，政治的紛争に巻き込
まれないための砦にもなる[2]。

2　気候変動問題とアクティビスト株主との対話

> 　B社は金融機関として，化石燃料のエネルギー事業に投融資を行っ
> ており，投融資先の中には石炭火力発電事業も含まれている。
> 　B社は，環境アクティビスト株主であるYファンドから，気候変動
> 対策に関してエンゲージメント（対話）の要請を受けた。
> 　その後，B社は，Yファンドから，パリ協定の目標に沿った投融資
> を行うための経営戦略を記載した計画を決定し，年次報告書にて開
> 示するように定款変更の株主提案を受けた。
> 　また，B社は，Yファンドから，気候変動対策の専門家を取締役に
> 選任する旨の株主提案も受けた。
> 　B社は，これらのYファンドの行動に対して，どのように対応する
> べきか？

（1）問題の深刻度の評価

　Yによる問題提起への対応を決定する前提としても，当該問題の
深刻度を評価することが重要である。

（A）環境・社会への影響

　化石燃料のエネルギー事業，特に石炭火力発電事業に関しては二
酸化炭素を高排出するものとして，気候変動への負の影響が大きい
と評価されている。

　また，第6章で説明した通り，気候変動は社会的に脆弱な立場に
ある地域住民の人権に影響を与えるものとして，人権問題として理
解されている。

---

2) インタビュー記事「新疆ウイグル問題は3つの視点で考えよ―国際人権
　基準，コンプライアンス，政治・地政学リスク」（日経ESG，2021年5
　月号）。

環境・社会への負の影響が深刻となり得る可能性があることを前提に，慎重に問題提起に対処することが重要となる。

（B）企業へのESGリスク

脱炭素社会への移行が求められ，気候変動に関する様々なSDGs/ESGルールが形成されており，かつ今後もその強化が予想される状況において，石炭火力発電事業を含む化石燃料のエネルギー事業への投融資は，B社にとっても，法規制の執行，監督官庁からの監督，取引先・投融資先からの排除，レピュテーションリスクなど様々なリスクにつながる危険性があり，B社のリスク管理の観点からも対応が必要となる。

（2）ESGアクティビスト株主対応の実践方法

（A）サステナブルガバナンスの視点を踏まえた対応

第2章第5部で説明した通り，サステナブルガバナンスの強化の観点からは，アクティビスト株主に対する固定的な評価は回避し，正当な問題提起に対しては真摯な対応・対話・開示を行う必要がある。

B社は，Yファンドからのエンゲージメントの要請に関して，それが悪意に基づくものであることが明らかでない限りは，アクティビストの会社に対する問題提起の背景を理解するために対話を行うことが重要である。Yファンドの問題提起が合理的である場合にはエンゲージメントを通じて真摯に対応することにより，株主提案を回避できる可能性もある。Yファンドの要求・提案をそのまま受け入れられない場合には，以下の通り，代替策としての会社としての方針を具体的に説明する必要がある。

B社は，Yファンドからの株主提案に関しては，会社法上の規定の要件を満たす場合には株主総会の議案として上程する必要が生じる。Yファンドの株主提案について取締役会として反対する場合には，株主総会参考書類に，その反対の理由や会社としての方針を他の投資家の賛同を得られるように具体的に説明をする必要がある。

（B）気候変動対策に関する会社の方針の開示の必要性

　Yファンドは，B社に対し，パリ協定の目標に沿った投融資を行うための経営戦略を記載した計画を決定し，年次報告書にて開示することの要求・株主提案を行っている。

　B社の取締役会は，Yファンドの要求・株主提案に対応することが合理的ではないと考える場合でも，上述の通り，B社の気候変動対策が環境・社会への影響の対処及び企業価値の維持・向上双方の観点で重要になっている以上，他の株主から理解・賛同を得るためには，代替策を開示する必要がある。

　具体的には，気候変動に関するルール強化の可能性も予測しつつ，リスクを管理し機会を実現するための気候変動対策に関する会社の方針（経営戦略・目標設定・目標達成のための計画）を具体的に説明する必要がある。

　特に二酸化炭素を高排出する石炭火力発電事業などの化石燃料エネルギー事業への投融資に関して，排出削減のためにどのような措置を取るのか，その計画を具体的に説明する必要がある。

（C）気候変動ガバナンス強化に関する会社の方針の開示の必要性

　Yファンドから，B社に対し，気候変動対策の専門家を取締役に選任する旨の要求・株主提案も行っている。

　B社の取締役会としては，Yファンドの要求・株主提案に対応することが合理的ではないと考える場合でも，実効的な気候変動対策のためにはガバナンスが重要であると位置付けられている状況をふまえ，他の株主から理解・賛同を得るために，代替策を検討する必要がある。

　具体的には，気候変動対策及び企業経営双方に精通した専門家を選任することが最も適切である。それが難しい場合でもサステナビリティ委員会の設置や外部の専門家の活用などを通じて，気候変動対策に関して実効的な意思決定ができる体制を整備し，これを説明することが重要である。

地政学リスクの高まりとSDGs/ESG経営の未来

　本書の執筆を終えた2022年3月，ロシアによるウクライナ侵攻が続いており，これまで私達が当然のように享受していた平和，繁栄，自由が危機に直面している。加えて，米中対立の激化，ミャンマーにおける軍事政権の支配を含め，世界各国で紛争や対立が深まっている。企業は高まる地政学上のリスクにいかに向き合っていくかが現在問われている。

　私は，SDGs/ESG分野と共に，経済制裁や輸出管理のようなグローバルコンプライアンス分野も専門としており，「グローバルコンプライアンスの実務」（金融財政事情研究会，2021年）という書籍を執筆する機会もあった。ロシア・中国・ミャンマーなどに対する経済制裁や貿易管理規制が国内外で急速に強化される中で，日本企業は，これらの国で事業を継続するべきか，またこれらの国の企業と取引関係を継続すべきか否か，非常に難しい判断を迅速に下すことが迫られており，私も，多くの日本企業からご相談をいただいている。

　一方，これらの国際紛争は，必然的に紛争に巻き込まれた人々に対する人権侵害を伴う。企業が紛争に対してどのように立ち振る舞うかは，企業のレピュテーションにも大きな影響を与えかねない問題になっている。

　企業が地政学的な問題を対処する場合，関連する経済制裁や貿易管理規制に対応し，その法規制上のリスクを管理することは当然不可欠である。一方，グローバルコンプライアンスを専門とする弁護士として自戒を込めて言えば，逆説的ではあるが，規制対応やリスク管理ばかりにとらわれすぎないようにも留意

する必要がある。企業が規制に対するチェックリスト的な対応に終始すれば，そのような企業の対応が，紛争により影響を受けている人々を置き去りにしていないかステークホルダー等から強い疑問や批判が生じる可能性がある。また，特定の国の規制への対応を強調しすぎると他の国で制裁や批判を受けるといった板挟みの状況に陥る危険性もある。

　不確実性が高まる時代であるからこそ，企業や企業活動に関わる私達は，どのような未来の世界を目指すのか，そのためにステークホルダーや社会との関係でどのような役割を果たせるのか，企業の存在意義（パーパス）を常に意識し，本書で説明したようなSDGs/ESG経営を実践していくことがより一層重要になっている。平時からこのような実践をすることで危機に直面した際にも迅速で的確な判断ができるはずだ。

　SDGsの先にある未来が全ての人々にとって希望が持てる世界となるように，私も，読者の皆様と共に，自身が果たすべき役割や責任に関して，真摯に向き合っていきたい。

用語集（事項索引）

1 重要概念・用語

◆ あ行

アクティブ・オーナーシップ
.... 12, 121, 123
アルゴリズムバイアス 208
移民 206, 215
インクルージョン（包摂性）...... 210
インパクト測定・マネジメント
（IMM）......................... 70
インパクト投資 17, 122, 140, 132
インフォーマル労働者 206
インフォデミック 210
ウェルビーイング 198
えるぼし 211
オクトパスモデル 32
送出し機関・監理団体 205
温室効果ガス 179

◆ か行

カーボンニュートラル（炭素中立）
.... 10, 11, 180
カーボンプライシング（炭素の価格付
け）.............................. 180
顔認証技術 209
拡大生産者責任 185
価値創造ストーリー 32
価値創造プロセス 31, 32, 92
ガバナンス
...... 11, 14, 28, 29, 32, 71, 89, 98, 105
株主資本主義 146
株主提案権 173
過労死問題 197
環境・社会マテリアリティ 20

環境省 77, 126, 131
企業の社会的責任（CSR）.......... 14
企業のパーパスに関する声明 147
ギグワーカー 198, 206, 209
議決権行使・エンゲージメント
.... 12, 121, 123
気候正義（Climate Justice）
.... 182, 207
気候変動緩和 79
気候変動適応 79
気候変動に関する政府間パネル
（IPCC）......................... 179
技能実習制度 215
強制労働 195
金融安定理事会（FSB）.......... 10, 18
金融庁 126, 131
国別目標達成シナリオ 91
クライメート・トランジション・
ファイナンス 130
グリーン証券化債 125
グリーンプロジェクト債 125
グリーンボンド 125
グリーンレベニュー債 125
グリーンローン 127, 128
くるみん 211
グレタ・トゥーンベリ 214
クローバック 165
経済産業省 131, 160
結社の自由及び団体交渉権 195
健康経営 199
現状維持シナリオ 91
原則主義 150
現代奴隷（Modern Slavery）...... 203
公正な移行（Just Transition）.... 208
コーポレートガバナンス報告書 .. 104

用語集（事項索引）

国際サステナビリティ基準審議会
　（ISSB）‥‥‥‥‥‥‥‥‥‥‥ 97
国際人権担当首相補佐官 ‥‥‥‥ 202
国際統合報告評議会（IIRC）‥‥ 92
国連持続可能な開発サミット ‥‥‥ 2
国家人権機構 ‥‥‥‥‥‥‥‥‥ 182
子どもの貧困 ‥‥‥‥‥‥‥‥‥ 214
雇用及び職業における差別の排除
　‥‥‥‥‥‥‥‥‥‥‥ 195, 211
コレクティブアクション ‥‥‥‥ 220
コロナ危機後のより良い社会（Build
　Back Better）‥‥‥‥‥‥‥‥ 207
コロナ追跡アプリ ‥‥‥‥‥‥‥ 209
コントロール・ポイント ‥‥‥‥ 58
コンプライオアエクスプレイン ‥ 150

◆ さ行

最高サステナビリティ責任者（CSO）
　‥‥‥‥‥‥‥‥‥‥‥‥‥‥ 156
再生可能エネルギー ‥‥‥‥‥‥ 191
財務マテリアリティ ‥‥‥‥‥‥ 20
サステナビリティ委員会
　‥‥‥‥‥‥‥‥‥ 34, 155, 156
サステナビリティ条項 ‥‥‥‥ 52, 62
サステナビリティボンド ‥‥ 124, 126
サステナビリティリンクボンド
　‥‥‥‥‥‥‥‥‥‥‥ 124, 127
サステナビリティリンクローン
　‥‥‥‥‥‥‥‥‥‥‥ 127, 129
サステナブルガバナンス ‥ iii, 34, 218
サステナブルファイナンス
　‥‥‥‥‥‥‥‥‥‥‥ iii, 16, 31
里山・里海 ‥‥‥‥‥‥‥‥‥‥ 226
サプライチェーン DD ‥‥‥ iii, 30, 47
サプライチェーン・バリューチェーン
　排出量 ‥‥‥‥‥‥‥‥‥‥ 181
サプライチェーンマッピング ‥‥ 58
ジェンダー平等 ‥‥‥‥‥‥‥‥ 210
持続可能な公共調達（SPP）‥‥‥ 226

持続可能な天然ゴムのための新たな
　グローバルプラットフォーム
　（GPSNR）‥‥‥‥‥‥‥‥ 190
持続可能なまちづくり ‥‥‥‥‥ 224
児童労働 ‥‥‥‥‥‥‥ 195, 213, 214
シナリオ分析 ‥‥‥‥‥‥‥‥ 11, 91
自発的国家レビュー（VNR）‥‥‥ 3
指標・目標 ‥‥‥‥‥‥‥ 11, 89, 98
社会的インパクト・マネジメント
　‥‥‥‥‥‥‥‥‥‥‥‥‥‥ 72
自由意思による事前の十分な情報に基
　づく同意（FPIC）‥‥‥‥‥‥ 216
従業員エンゲージメント
　‥‥‥‥‥‥‥‥‥ 34, 156, 166
受託者責任（スチュワードシップ責
　任）‥‥‥‥‥‥‥‥‥‥‥‥ 132
循環経済（サーキュラーエコノミー）
　‥‥‥‥‥‥‥‥‥‥‥‥ 79, 183
上昇温度 2℃ 達成シナリオ ‥‥‥ 91
上昇温度 2℃ 未満達成シナリオ ‥ 91
人権・環境 DD ‥‥‥ 6, 18, 30, 39, 137
人権尊重責任 ‥‥‥‥‥‥‥‥ 6, 39
人権方針 ‥‥‥‥‥‥‥‥‥‥‥ 39
人的資本・知的資本・社会関係資本
　‥‥‥‥‥‥‥‥‥‥‥‥‥‥ 32
スコープ 1・2・3 ‥‥‥‥‥‥‥ 181
ステークホルダー ‥‥‥‥‥ 9, 24, ii
ステークホルダー資本主義 ‥‥‥ 30
ステークホルダー資本主義指標 ‥ 149
ストレスチェック ‥‥‥‥‥‥‥ 197
生態系保全 ‥‥‥‥‥‥‥‥‥‥ 79
生物多様性 ‥‥‥‥‥‥‥‥‥‥ 4
精錬所・精製所リスト ‥‥‥‥‥ 222
世界経済フォーラム（WEF）‥‥ 148
責任ある鉱物イニシティブ（RMI）
　‥‥‥‥‥‥‥‥‥‥‥‥‥‥ 222
責任ある大豆に関する円卓会議
　（RTRS）‥‥‥‥‥‥‥‥‥ 190
責任ある調達 ‥‥‥‥‥‥‥‥‥ 221

セクシュアルハラスメント ········· 197
是正・救済 ··················· 39, 56, 60
説明義務 ······························ 174
善管注意義務 ························ 152
線形経済（リニアエコノミー）···· 183
戦略 ········ 11, 32, 71, 89, 98, 105, 106
ソーシャル証券化債 ·············· 125
ソーシャルプロジェクト債 ······ 125
ソーシャルボンド ·················· 125
ソーシャルレベニュー債 ·········· 125
ソーシャルローン ··········· 127, 129
ソフトロー ···························· 24

◆　た行

ターゲット広告 ····················· 209
ダイナミック・コンプライアンス
　··························· ii, 22, 29
ダイナミック・マテリアリティ ···· 21
ダイバーシティ（多様性）
　················ 34, 102, 156, 210
ダイバーシティ経営 ················ 211
タクソノミー（分類）··············· 78
脱炭素社会への移行（トランジショ
　ン）······················ 10, 130
誰一人取り残さない（no one will be
　left behind）········· 2, 201, 210
男女間賃金格差（Gender Pay Gap）
　································· 197
炭素国境調整メカニズム（CBAM）
　································· 181
炭素税 ································ 180
知的資本 ······························ 92
地方創生 SDGs ····················· 225
中国新疆ウイグル問題 ·············· 216
長時間労働 ···························· 197
調達先（サプライチェーン）········· 6
ディーセント・ワーク ·············· 195
締約国会議（COP）················· 180

デジタル・トランスフォーメーション
　（DX）····························· 208
デジタル・フリーダム ·············· 208
デジタル・ライツ ·················· 208
デジタルプラットフォーム ·· 198, 209
同一価値労働同一報酬 ·············· 196
統合報告書 ···························· 92
統合報告フレームワーク ············ 92
投融資先（インベストメントチェー
　ン）································ 6
特定技能 ······························ 206
途上国法制度整備支援 ·············· 222
トランジション（移行）ファイナン
　ス ····························· 17, 82

◆　な行

内部公益通報対応体制 ·············· 169
内部通報・苦情処理制度
　··················· 34, 60, 156, 169
内部統制システム整備義務 ········· 152
なでしこ銘柄 ························ 161
難民 ································ 215
燃費規制 ······························ 181
納付金制度 ···························· 213

◆　は行

パーパス（Purpose）··········· 30, 146
パーパス経営 ························ 146
廃棄物性の終了（End of waste）
　································· 184
排出量取引制度（ETS）·············· 180
ハラスメント対策 ·················· 211
バルディーズ号原油流出事故 ······ 188
パワーハラスメント ················ 197
非財務情報開示 ······· 12, 31, 121, iii
ビジネスモデル ··········· 32, 92, 105
ビジネスラウンドテーブル（BRT）
　································· 147
非正規雇用 ···························· 206

ファシリテーション・ペイメント
   ································· 219
フェイクニュース ················ 210
副産物（By product）·········· 184
腐敗認識指数（CPI）············ 219
ブラックロック CEO 書簡「A Sense
   of Purpose」··············· 147
紛争鉱物調査テンプレート（CMRT）
   ································· 222
紛争地域及び高リスク地域
   （CAHRAs）··················· 221
ヘイトスピーチ ·················· 215
法の支配 ························· 218
保留命令（WRO）················· 51

◆ ま行

マイクロプラスチック ··········· 183
マタニティハラスメント ········· 197
マルス ··························· 165
マルチステークホルダーイニシアティ
   ブ（MSIs）····················· 55
水ストレス ······················ 188
水リスク ························· 189
ミャンマー・ロヒンギャ問題 ····· 216
無形資産 ·························· 32
メンタルヘルス問題 ·············· 197

◆ や行

役員報酬へのサステナビリティ指標の
   組入れ ····················· 34, 156
より包括的な企業報告のための共同意
   思表明 ························· 100

◆ ら行

ラナプラザ事件 ··················· 55
リスク管理 ················ 11, 89, 98
レピュテーションリスク ······ 11, 89

◆ わ行

割当雇用制度 ····················· 213

◆ 英・数字

1.5℃目標 ···················· 10, 180
2030 アジェンダ ·············· 2, 201
2050 年カーボンニュートラル
   ······················ 10, 183, 192
2℃目標 ······················· 10, 180
3R（Reduce（削減），Reuse（再利
   用），Recycle（リサイクル）····· 183
3TG（Tin, Tantalum, Tungsten
   and Gold）··················· 221
AEL（Aquaculture Eco-Label）認
   証 ···························· 191
ASC（Aquaculture Stewardship
   Council）認証 ················ 191
BBB（Build Back Better）········ 207
BLM（Black Lives Matter）運動
   ································· 216
CAHRAs（Conflict Affected and
   High-Risk Areas）リスト ······· 221
CBAM（Carbon Border
   Adjustment Mechanism）····· 181
CDP 気候変動プログラム ··········· 182
CDP フォレストプログラム ········ 188
CDP 水セキュリティプログラム
   ································· 189
CHRB（Corporate Human Rights
   Benchmark）··················· 55
CMRT（Conflict Minerals
   Reporting Template）·········· 222
COP（Conference of the Parties）
   ································· 180
CSO（Chief Sustainability
   Officer）····················· 156
CSR（Corporate Social
   Responsibility）··············· 14

CSR 条項　62 条
DNSH（Do Not Significant Harm）
　　　　　　　79, 140
End of waste … 184
ESG インコーポレーション … 122
ESG インテグレーション … 134
ESG 条項 … 135
ESG 投融資／サステナブルファイナ
　　ンス … iii, 16, 31
ESG 評価機関 … 18
ETS（Emission Trade System）
　　　　　　　180
FIP（Feed-in Premium）制度
　　　　　　　191, 192
FIT（Feed-in Tariff）制度 ·· 191, 192
FPIC（Free, Prior and Informed
　　Consent）… 216
FSC（Forest Stewardship Council）
　　認証 … 54, 187, 190
GAP（Good Agricultural
　　Practices）認証 … 190
GIIN（Global Impact Investing
　　Network）… 70, 73
GPSNR（Global Platform for
　　Sustainable Natural Rubber）
　　　　　　　190
GRI（Global Reporting Initiative）
　　　　　　　18
GSA（Global Sustainable
　　Investment Alliance）… 123
GSG（Global Steering Group for
　　Impact Investment）… 74
ICGN（International Corporate
　　Governance Network）… 153
ICMA（International Capital
　　Market Association）… 125, 126
IFRS（International Financial
　　Reporting Standards）財団
　　　　　　　18, 96

IIRC（International Integrated
　　Reporting Council）… 18
IMM（Impact Measurement and
　　Management）… 70
IMP（Impact Management
　　Project）… 68
IRIS＋ … 70
ISSB（International Sustainability
　　Standards Board）… 18
JTM（Just Transition Mechanism）
　　　　　　　208
KTC（Know The Chain）… 55
LGBT/LGBTI/LGBTQ … 212
LMA（Loan Market Association）
　　　　　　　127
Me Too 運動 … 197, 211
MEL（Marine Eco-Labels）認証
　　　　　　　191
MSC（Marine Stewardship
　　Council）認証 … 54, 188, 190
MSIs（Multi-Stakeholder
　　Initiatives）… 55
NCP（National Contact Point）
　　　　　　　138, 182
NDPE（No Deforestation, No
　　Peat, No Exploitation）… 190
PAI（Principal Adverse Impact）
　　　　　　　140
PEFC 認証 … 187, 190
RE100 … 192
REDD プラス … 187
Renewable Energy & Human
　　Rights Benchmark … 192
RMI（Responsible Minerals
　　Initiative）… 54, 222
RSPO（Roundtable on Sustainable
　　Palm Oil）認証 … 54, 190
SASB（Sustainability Accounting
　　Standards Board）… 18, 95

SBT（Science Based Targets）
.... 181
SDGs（Sustainable Development
Goals）
——ターゲット 8.5 ... 196, 212, 213
——ターゲット 8.7 203
——ターゲット 8.8 205
——ターゲット 10.7 215
——ターゲット 16.3 ...... 213, 222
——ターゲット 16.5 219
——ターゲット 16.6，16.7 222
——目標 3 198
——目標 5 210
——目標 6 179
——目標 7 179
——目標 8 195
——目標 10 210
——目標 11 224
——目標 12 178
——目標 13 178
——目標 14・15 179
——目標 17 4
SDGs/ESG ウォッシュ 19, 30, 78
SDGs インパクト管理 .... iii, 30
SDGs インパクト認証 71
SDGs パートナー制度 225
SDGs 未来都市 225
SIMI（Social Impact Management
Initiative）............................ 72
SPP（Sustainable Public
Procurement）.................... 226
VNR（Voluntary National
Review）................................. 3
VRF（Value Reporting
Foundation）........................ 96
WRO（Withhold Release Order）
.... 51

2　重要法令・ルール・判例等

◆　あ行

インパクト測定・マネジメント実践ガ
イドブック 75
インパクト投資の運用原則 77
インパクトファイナンスの基本的考え
方 77
ウォーター・スチュワードシップ
.... 189
英豪現代奴隷法 43, 104, 203
英国サプライチェーンの透明性に関す
る実務ガイド 43
英国贈収賄法 220
欧州連合（EU）一般データ保護規則
（GDPR）............................... 209
欧州連合（EU）AI 規則案 209
欧州連合（EU）気候関連情報開示ガ
イドライン 102
欧州連合（EU）再生可能エネルギー
指令 190, 192
欧州連合（EU）サステナビリティ
DD 指令案（CSDDD）
.... 9, 48, 155, 164, 170
欧州連合（EU）サステナビリティ開
示指令案（CSRD）................ 103
欧州連合（EU）サステナブルファイ
ナンス開示規則（SFDR）
.... 8, 19, 80, 139
欧州連合（EU）事業及びサプライ
チェーンを通じた強制労働リスクに
対処するための DD ガイダンス
.... 203
欧州連合（EU）タクソノミー規則
.... 79, 140
欧州連合（EU）使い捨てプラスチッ
ク指令 185

欧州連合（EU）非財務情報開示指令
　（NFRD）……… 19, 45, 80, 211, 220
欧州連合（EU）非財務情報開示指令
　ガイドライン ……………………… 102
欧州連合（EU）木材規則 ………… 189
欧米紛争鉱物規制 ………………… 104
大阪ブルー・オーシャン・ビジョン
　……………………………………… 185
オランダ最高裁 Urgenda 事件判決
　………………………………… 182, 207
オランダ児童労働 DD 法 …… 203, 214
オランダ・ハーグ地裁シェル社判決
　……………………………………… 207
温室効果ガスプロトコル（GHG プロ
　トコル）…………………………… 181

◆　か行

海岸漂着物処理推進法 …………… 186
外国公務員贈賄罪 ………………… 220
外国公務員贈賄防止指針 ………… 220
会社法
　――303 条 ……………………… 173
　――304 条 ……………………… 173
　――305 条 ……………………… 173
　――314 条 ……………………… 174
会社法施行規則 93 条 …………… 174
海洋汚染防止条約 ………………… 18
価値協創のための統合的開示・対話ガ
　イダンス（伊藤レポート 2.0）
　………………………………… 32, 105
企業内容等の開示に関する内閣府令
　……………………………………… 106
気候変動関連財務開示（TCFD）提
　言書 ……………… 10, 18, 132, 180
気候変動適応法 …………………… 183
気候変動リスクを金融監督に統合する
　ためのガイド …………………… 135
気候変動枠組条約（UNFCCC）… 180
技能実習法 ………………………… 205

クライメート・トランジション・ファ
　イナンスに関する基本指針 …… 131
クライメート・トランジション・ファ
　イナンス・ハンドブック ……… 130
クリーンウッド法 ………………… 189
グリーンから始めるインパクト評価ガ
　イド ……………………………… 78
グリーンボンドガイドライン
　………………………………… 125, 126
グリーンボンド原則（GBP）・19, 125
グリーンローン及びサステナビリ
　ティ・リンク・ローンガイドライ
　ン ………………………… 129, 130
グリーンローン原則（GLP）……… 128
グループ・ガバナンス・システムに関
　する実務指針 …………………… 164
グローバル・ガバナンス原則
　――の原則 1（取締役会の役割と責
　務）…………………… 157, 159, 167
　――の原則 3（取締役会の構成及び
　指名）…………………………… 162
　――の原則 4（企業文化）
　……………………………… 167, 171
　――の原則 5（役員報酬）……… 164
　――の原則 10（株主総会）…… 174
　――の指針 1.1 責務 …………… 167
　――の指針 1.4 対話 …………… 159
　――の指針 1.7 委員会 ………… 157
　――の指針 1.8 助言 …………… 159
　――の指針 4.2 公益通報 ……… 171
　――の指針 4.6 ステークホルダー
　との関係 ………………… 167, 171
　――の指針 4.8 労働安全衛生 ‥ 168
公益通報者保護法 ………………… 169
公益通報者保護法を踏まえた内部通報
　制度の整備・運用に関する民間事業
　者向けガイドライン ……… 169, 171
公正なグローバル化のための社会正義
　に関する ILO 宣言 …………… 195

コーポレートガバナンス・コード
（CGコード）……… 11, 19,104, 105,
149, 150, 183, 211
——基本原則 2 ……………… 104, 150
——原則 2−3 …………………… 150
——原則 2−4 …………………… 160
——原則 2−5 …………………… 171
——基本原則 3 …………………… 105
——原則 4−11 …………………… 161
——補充原則 2−3 ① …… 150, 152
——補充原則 2−4 ① …… 151, 161
——補充原則 3−1 ③ …… 105, 151
国際人権章典 ………………………… 6
国連グローバルコンパクト ………… 220
国連責任銀行原則（PRB）
……………………… 16, 19, 127,128
国連責任投資原則（PRI） 12, 19, 121
国連腐敗防止条約 ………………… 220
個人情報保護法 …………………… 209
子どもに影響のある広告とマーケティ
ングガイドライン ………………… 214
子どもの権利条約 ………………… 213
子どもの権利とスポーツの原則 ‥ 215
子どもの権利とビジネス原則 …… 214
コロナ危機後のより良い社会に向けた
革新的かつ責任ある企業行動に関す
る基本アクション ………………… 207

◆ さ行

サーキュラー・エコノミーに係るサス
テナブル・ファイナンス促進のため
の開示・対話ガイダンス ………… 185
再エネ海域利用法 ………………… 192
再エネ特措法 ……………………… 192
サステナビリティボンドガイドライ
ン ………………………………… 126
サステナビリティリンクボンド原則
（SLBP）…………………………… 127

サステナビリティリンクローン原則
（SLLP）…………………………… 129
サプライチェーンにおける外国人労働
者の労働環境改善に関するガイドラ
イン ……………………………… 206
「持続的な企業価値の向上と人的資本
に関する研究会」報告書（人材版伊
藤レポート）……………… 166, 196
社会的インパクトに関する共通規範
……………………………………… 69
社会的インパクト・マネジメント・ガ
イドライン ………………………… 72
循環経済・政策パッケージ ……… 184
循環経済における欧州プラスチック戦
略 ………………………………… 185
循環経済ビジョン 2020 ………… 185
障害者基本法 ……………………… 213
障害者権利条約 …………………… 212
障害者雇用促進法 ………………… 213
障害者差別解消法 ………………… 213
障害者の権利に関する企業向けガイ
ド ………………………………… 213
女性活躍推進法 …………………… 211
女性差別撤廃条約 ………………… 211
女性のエンパワーメント原則
（WEPs）…………………………… 211
森林と土地利用に関するグラスゴー首
脳宣言 …………………………… 187
森林に関するニューヨーク宣言 ‥ 187
森林破壊フリー製品規則案 ……… 188
スチュワードシップ・コード
（SSコード）……… 17, 19, 132, 133
全ての移住労働者及びその家族の権利
保護に関する条約 ……………… 215
生物多様性基本法 ………………… 189
生物多様性条約 …………………… 189
生物多様性民間参画ガイドライン
……………………………………… 189

赤道原則（Equator Principles）
　…………………………… 132, 137
責任ある企業行動のための OECD
　デュー・ディリジェンス・ガイダン
　ス ……………………… 41, 138
　──のステップ 1 …………… 56
　──のステップ 2 …………… 57
　──のステップ 3 …………… 58
　──のステップ 4 …………… 59
　──のステップ 5 …………… 59
　──のステップ 6 …………… 60
先住民族の権利に関する国際連合宣
　言 ……………………… 216
贈賄防止アセスメントツール …… 220
ソーシャルボンドガイドライン … 126
ソーシャルボンド原則（SBP）…… 126
ソーシャルローン原則（SLP）…… 129

◆　た行

ダイバーシティ 2.0 行動ガイドライ
　ン ……………………… 162
対話救済ガイドライン ………… 172
対話救済基本アクション ……… 172
ダボス・マニフェスト - 148, 164, 167
男女雇用機会均等法 ……… 197, 211
地球温暖化対策推進法 ………… 182
地方創生 SDGs 登録・認証制度等ガ
　イドライン ………………… 225
中国外国法令域外適用ブロッキング規
　則 ……………………… 205
中国反外国制裁法 ……………… 205
ドイツ・サプライチェーン DD 法
　…………………………… 104, 170
ドイツ連邦憲法裁判決 ………… 214
同一労働同一賃金ガイドライン … 197
東京五輪持続可能性に配慮した調達
　コード ………………… 52, 62
投資家と企業の対話ガイドライン
　…………………………… 151, 157

銅，鉛，ニッケル及び亜鉛に関する共
　同デュー・ディリジェンス基準
　…………………………… 222

◆　な行

名古屋議定書 ………………… 189
難民条約 ……………………… 215
日弁連 ESG ガイダンス ……… 107, 135
日弁連海外贈賄防止ガイダンス ‥ 220
日弁連人権 DD ガイダンス ……… 62

◆　は行

パートタイム・有期雇用労働法 ‥ 197
廃棄物処理法 ………………… 185
働き方改革関連法 …………… 197
パリ協定 ………………… 9, 180
バリューチェーンにおける環境
　デュー・ディリジェンス入門 …… 53
バルディーズ原則　188
バングラデッシュアコード …… 55
ビジネスと人権に関する行動計画
　（NAP）………………… 53, 201
ビジネスと人権に関する指導原則
　（UNGP）…………… 6, 136, 210
　──の原則 12 …………… 195
　──の原則 16 …………… 56
　──の原則 18 …………… 159
　──の原則 29 …………… 170
　──の原則 31 …………… 172
不正競争防止法 ……………… 220
腐敗防止強化のための東京原則コレク
　ティブアクション …………… 220
プラスチック資源循環戦略 …… 186
プラスチック資源循環促進法 …… 186
フランス注意義務法 …… 46, 104, 170
フリーランスとして安心して働ける環
　境を整備するためのガイドライン
　…………………………… 198

265

紛争地域及び高リスク地域からの鉱物の責任あるサプライチェーンのためのデュー・ディリジェンス・ガイダンス ⋯⋯⋯⋯⋯⋯ 221

米国ウイグル強制労働防止法 ⋯⋯⋯⋯⋯⋯⋯⋯⋯⋯⋯⋯ 51, 204

米国 ERISA 法 ⋯⋯⋯⋯⋯⋯⋯ 17

米国海外腐敗行為防止法（FCPA）⋯⋯⋯⋯⋯⋯⋯⋯⋯⋯⋯⋯ 220

米国 OFAC 規制（グローバル・マグニツキー制裁プログラム）⋯⋯ 204

米国カリフォルニア州サプライチェーン透明化法 ⋯⋯⋯⋯⋯ 104, 203

米国カリフォルニア州消費者プライバシー法（CCPA）⋯⋯⋯⋯⋯ 209

米国関税法 ⋯⋯⋯⋯⋯ 50, 203, 204

米国ドッド・フランク法紛争鉱物条項 ⋯⋯⋯⋯⋯⋯⋯⋯⋯⋯ 221

米国貿易円滑化貿易執行法 ⋯⋯⋯ 51

米国輸出管理規則（EAR）⋯⋯⋯ 204

米国レイシー法 ⋯⋯⋯⋯⋯⋯⋯ 189

ヘイトスピーチ解消法 ⋯⋯⋯⋯ 216

包括的差別禁止法 ⋯⋯⋯⋯⋯⋯ 215

ポジティブ・インパクト金融原則 ⋯⋯⋯⋯⋯⋯⋯⋯⋯⋯⋯⋯ 75

ポスト 2010 年目標（愛知目標）⋯⋯⋯⋯⋯⋯⋯⋯⋯⋯⋯⋯ 189

◆ ま行

民間企業の気候変動適応ガイド ⋯ 183

◆ や行

ユニバーサル社会実現推進法 ⋯⋯ 213

◆ ら行

労働安全衛生法 ⋯⋯⋯⋯⋯⋯⋯ 197
労働基準法 ⋯⋯⋯⋯⋯⋯⋯⋯ 214
労働施策総合推進法 ⋯⋯⋯⋯⋯ 197

労働における基本的原則及び権利に関する ILO 宣言 ⋯⋯⋯⋯⋯⋯ 195

◆ 英・数字

AB5 法 ⋯⋯⋯⋯⋯⋯⋯⋯⋯⋯ 198

Business for the Rule of Law Framework ⋯⋯⋯⋯⋯⋯⋯ 222

CCPA(California Consumer Privacy Act) ⋯⋯⋯⋯⋯⋯ 209

CSDDD（Corporate Sustainability Due Diligence Directive）⋯⋯⋯⋯⋯⋯ 9, 48, 155, 164, 170

CSRD（Corporate Sustainability Reporting Directive）⋯⋯⋯⋯ 103

DX 時代における企業のプライバシーガバナンスガイドブック ver1.1 ⋯⋯⋯⋯⋯⋯⋯⋯⋯⋯⋯⋯ 210

ERISA（Employee Retirement Income Security Act）⋯⋯⋯⋯ 17

ESG・SDGs を考慮した役員報酬ガイドライン ⋯⋯⋯⋯⋯⋯⋯ 164

ESG 地域金融ガイド ⋯⋯⋯⋯ 226

ETI ベースコード ⋯⋯⋯⋯⋯ 53

FCPA（Foreign Corrupt Practices Act）⋯⋯⋯⋯⋯⋯⋯⋯⋯ 220

FLA 職場行動規範 ⋯⋯⋯⋯⋯ 53

G20/OECD コーポレートガバナンス原則 ⋯⋯⋯⋯⋯⋯⋯⋯⋯ 150

GDPR（General Data Protection Regulation）⋯⋯⋯⋯⋯⋯ 209

GRI スタンダード ⋯⋯⋯⋯ 9, 98

IIRC 統合報告フレームワーク ⋯⋯ 32

ILO 移民労働者条約（改正）（97 号）⋯⋯⋯⋯⋯⋯⋯⋯⋯⋯⋯⋯ 205

ILO 基本 8 条約 ⋯⋯⋯⋯⋯⋯ 195

ILO 仕事の世界における暴力及びハラスメント条約（190 号）⋯⋯⋯⋯⋯⋯⋯⋯⋯⋯⋯ 197, 211

ILO 職業リハビリテーション及び雇用（障害者）条約（159 号）···· 212

ILO 多国籍企業宣言 ········· 8, 41, 195

ILO 中核的労働基準 ····························· 6

ILO 同一報酬条約（100 号）······· 197

ILO 民間職業仲介事業所条約（181号）····························· 205

IMP 規範 ··································· 69

ISO26000 ······················ 15, 53

Julian 対米国政府訴訟 ········· 182, 214

LGBTI の人々に対する差別に取り組むための企業行動基準 ··············· 212

LGBT 差別禁止法 ····························· 212

NFRD（Non-Financial Reporting Directive）······· 19, 45, 80, 211, 220

OECD 外国公務員贈賄防止条約 ····················· 220

OECD 多国籍企業行動指針 ··················· 8, 41, 136

PRB（Principles for Responsible Banking）················· 16, 19, 127, 128

PRI（Principles for Responsible Investment）··············· 12, 19, 121

RBA 行動規範 ································ 53

SASB スタンダード ··························· 95

SDG 16 Business Framework ·· 219

SDGs アクションプラン（行動計画）···························· 3

SDGs インパクト基準 ····················· 70

SFDR（Sustainable Finance Disclosure Regulation）··························· 8, 19, 80, 139

TCFD（Task Force on Climate-Related Financial Disclosures）··························· 10, 18, 132, 180

UNGP（UN Guiding Principles on Business and Human Rights）··························· 6, 136, 210

ZEV（Zero Emission Vehicle）規制 ························· 181

重要概念・用語・法令で学ぶ
SDGs/ESG 経営とルール活用戦略

2022年5月30日　初版第1刷発行

著　　者　　高　橋　大　祐

発 行 者　　石　川　雅　規

発 行 所　　株式会社 商 事 法 務
　　　　　　〒103-0025 東京都中央区日本橋茅場町 3-9-10
　　　　　　TEL 03-5614-5643・FAX 03-3664-8844〔営業〕
　　　　　　TEL 03-5614-5649〔編集〕
　　　　　　https://www.shojihomu.co.jp/

印刷／広研印刷㈱
Printed in Japan